气候经济

Climate Crisis Economics

[英] 斯图尔特·P. M. 麦金托什 ◎ 著
(Stuart P.M.Mackintosh)

吴琼 祝韵 ◎ 译

中国出版集团
中译出版社

图书在版编目（CIP）数据

气候经济 /（英）斯图尔特·P. M. 麦金托什著；吴琼，祝韵译 . -- 北京：中译出版社，2025. 7. -- ISBN 978-7-5001-8266-5

Ⅰ. F061.3

中国国家版本馆 CIP 数据核字第 202558AJ22 号

Climate Crisis Economics/by Stuart P. M. Mackintosh/
ISBN: 978-0-367-47869-8
Copyright © 2022 Stuart P. M. Mackintosh
Authorized translation from English language edition published by Routledge, a member of Taylor & Francis Group LLC;
All Rights Reserved.
China Translation & Publishing House is authorized to publish and distribute exclusively the Chinese (Simplified Characters) language edition. This edition is authorized for sale throughout Mainland of
China. No part of the publication may be reproduced or distributed by any means, or stored in a database or retrieval system, without the prior written permission of the publisher.
Copies of this book sold without a Taylor & Francis sticker on the cover are unauthorized and illegal.

著作权合同登记号：图字 01-2024-4076 号

气候经济
QIHOU JINGJI

著　　者：[英] 斯图尔特·P. M. 麦金托什（Stuart P. M. Mackintosh）
译　　者：吴　琼　祝　韵
策划编辑：于　宇
责任编辑：于　宇
文字编辑：华楠楠
出版发行：中译出版社
地　　址：北京市丰台区右外西路 2 号院中国国际出版交流中心 3 号楼 10 层
电　　话：（010）68002494（编辑部）
邮　　编：100069
电子邮箱：book@ctph.com.cn
网　　址：http://www.ctph.com.cn

印　　刷：固安华明印业有限公司
经　　销：新华书店
规　　格：710 mm×1000 mm　1/16
印　　张：24.75
字　　数：310 千字
版　　次：2025 年 7 月第 1 版
印　　次：2025 年 7 月第 1 次印刷

ISBN 978-7-5001-8266-5　　　定价：89.00 元

版权所有　侵权必究
中译出版社

献给乌娜（Una）、约翰（John）和伯纳德（Bernard）。

前　言

2050：我们面临怎样的气候变化

今天是 2050 年 1 月 1 日，星期六。全球气温持续上升，现在的气温已经比工业化前高了 2 摄氏度，而且似乎还在不停地攀升。在这个元旦，大气中的二氧化碳含量为 505ppm[①]，这是 400 多万年来从未出现过的情况。这是一个严峻的气候指向标。科学家们断言，不可逆的临界点已是避无可避。在 2050 年，问题不再是是否会达到临界点，而是下一个临界点在哪儿，来得有多快。

此时危机四伏。

夏季北冰洋海冰在 2043 年就消失了，因此幸存的石油巨头们放手一搏，纷纷涌入化石能源做最后的争夺。他们迅速开启北极勘探，加剧了温室气体的排放，妨碍了气候目标的实现。在过去的 30 年里，化石能源游说集团成功地破坏了碳定价和碳征税的努力成果，如今盘踞如故。他们的胜利是我们星球的噩耗。

2050 年，除了喜马拉雅山脉，几乎所有高山冰川都消失了，全世界的大江大河都在萎缩干涸。

海平面正在以每百年近 2 米的速度上升，比预期高一倍。科

[①] ppm（parts per million）是一种表示浓度的单位，表示每 100 万份气体中含有多少份二氧化碳。1ppm=0.0001%。

学家们担心可能会发生类似古新世—始新世极热事件①或新仙女木（Younger Dryas）期气候骤变的事件②。

严重的洪涝灾害、飓风、台风的频率和严重程度都有所上升。全球各大城市，从美国的华盛顿特区、新奥尔良、曼哈顿和迈阿密，到越南胡志明市、泰国曼谷市、英国伦敦市和荷兰阿姆斯特丹市，都将遭受重创。洪水、侵蚀、财产损失、居民健康恶化，以及数万亿美元的经济损失，都是这些大城市及其居民所承受的日益高昂的代价。在气候变化的推动下，极端海洋和天气状况使沿海城市的宜居性备受质疑。在美国，一场日益壮大的运动呼吁将国会大厦迁往费城。

据报道，格陵兰岛的冰盖融化程度越来越高。美国国防部模拟了冰盖部分坍塌的情景，根据模拟结果转移了海滨实物资产。

南极西部冰原巨大的冰山正在崩解，稳定性不断降低。科学家警告说，南极东部冰原的部分地区也出现了不稳定迹象。

每年夏天，西伯利亚的大片地区都会燃起熊熊大火。北方森林遭受破坏，永久冻土正在融化。北极圈内的夏季最高气温常常超过38摄氏度。据报告，由于大量冰冻甲烷水合物融化，北极地区出现大量沸腾水柱，加剧了已经穷途末路的气候反馈回路。

2050年，亚马孙雨林的消亡让人日渐担忧。研究人员认为，气温上升、降雨变化和非法砍伐森林削弱了雨林作为碳汇的能力。出现人类灭绝事件在很大程度上是因为国家毫无作为、短期主义和

---

① 古新世—始新世极热事件（Paleocene-Eocene Thermal Maximum，PETM），特指地质历史中发生在古新世—始新世界线附近的一次突发性的全球气候异常事件。这里特指大型全球变暖事件。
② 新仙女木事件是末次冰消期持续升温过程中的一次突然降温的典型非轨道事件，对于研究古气候、古环境的快速突变事件和短周期现象，合理评估现今气候环境条件并做出气候变化的预测有着重要的意义。

民族主义抬头，反对共同且协调的气候解决方案。世界上1/4的物种濒临灭绝或已经灭绝，其中包括北极熊、巨型鲸类、卢旺达山地大猩猩、蓝鳍金枪鱼、数十种鲨鱼、众多鸟类和数千种昆虫。澳大利亚独特的动植物是受影响最严重的生态系统之一，许多有袋动物物种正在消失。一场浩大、持续的环境和物种消亡正在疯狂肆虐。全球一些地区已经进入新的气候变化状态，一种新的平衡。

澳大利亚每年都会发生大面积野火，烧毁数百万英亩①土地，内陆地区的温度高达50摄氏度，足以让白天在户外活动的人丧命。农业遭到严重破坏，毫无经济可行性。澳大利亚大部分内陆地区干旱、荒漠化。瑞士再保险公司（Swiss Re，以下简称瑞再）2020年发出的生态系统崩溃预警已然成真。

2050年，加利福尼亚州年复一年地遭受野火重创。尽管加利福尼亚州投入了大量资金，明确了净零承诺，但仍然无法阻止由其他因素导致的温升趋势。现在，野火季占据全年大部分时间。缺水问题日益严重，空气质量受到严重影响。这都会影响当地的宜居性，越来越多的人远迁到科罗拉多州丹佛市等地，寻求更清新的空气、摆脱烟雾。

各国政府及其领导人对这些失败负有主要责任。怯懦的领导人不愿意在地球和气候变化问题上做出应有的阐述，因为他们担心激怒选民。随着时间一年年过去，实现净零之路越来越陡峭。转型的短期经济成本上升，加大了达成共识和采取行动的难度。太多的部门和企业逃避了真正的地球成本账单，温室气体排放量继续上升。

碳税和排放配额交易制度在第26届联合国气候变化大会

---

① 1英亩 ≈ 4 046.86平方米。——译者注

（COP26）①之后的几年内确实更加普及，但它们没有一致的定价，也没有逐年增长。因此，碳定价的总体水平仍然过低，无法对激励机制和市场行为产生显著影响，尤其是在污染最严重的市场。

一些地区和国家，特别是欧盟，设计了有效的净零计划的技术和法律路径，成功扭转了国家级温室气体排放曲线，几乎在2050年前实现了国家级净零目标。但如果其他国家没有类似的计划，欧洲对温室气体排放的影响并不足以阻止搭便车的国家、不受监管的市场和污染企业排放的整体上升。

2021—2024年，拜登政府试图通过美国绿色新政等措施，向新的气候变化叙事和政策立场跃进。这在全球范围内广受欢迎。然而，美国国内的政治掣肘使得碳定价、监管转变和绿色新政受阻。民主党在2022年国会中期选举中的失利进一步推迟了美国的政策行动。2024年，共和党在唐纳德·特朗普（Donald Trump）等新领导人的领导下取得胜利，逆转了气候政策方面的微弱进展，美国开始背弃气候缓释、低碳转型和地球发展。本土民族主义政治再次阻碍了共同行动，大肆破坏共同气候目标。地缘政治紧张局势加剧。

21世纪20年代，美国和中国的关系是世界上最重要的双边关系之一。

美国开倒车，并再次在气候问题上实行孤立主义和否认主义。中国加快了气候转型的步伐，力图在绿色经济技术领域占据主导地位。随着美国的落后，中国发展得更快、更环保，欧洲也是。这种分歧（否认主义与绿色活力）导致了21世纪20年代中期的分化。尽管新的所谓"红—绿—蓝"中欧轴心在实现净零目标方面取得了

---

① COP26是于2021年11月在苏格兰格拉斯哥举行的缔约方大会。它的召开可能会成为应对气候变化的关键政策时刻。美国、中国、日本和其他国家都做出了净零承诺，市场也在转型，COP26是各国政府表明其政策共识发生永久性转变并强调行动紧迫性的一次机会。

长足进步，但由于美国的背弃，它们也不可能实现全球排放目标是毋庸置疑的。

领导人错失了改变碳叙事的机会。最重要的是，国际社会没有一致地履行承诺。联合国的确试图监督（或至少报告）碳定价，然而，与之前的许多尝试一样，联合国无法强制执行承诺并将其付诸实践。这表明，在地缘政治外交之外，联合国无法像一个执法机构来运转，因为成员国没有做出执行承诺。

因此，在2020年及以后，市场没有得到有效激励，对温室气体排放的监督也不严格。在监督和监管不足的情况下，市场和企业并没有完全将碳成本内部化。许多公司只遵守法律条文（像以前一样），而不遵循国家规章的精神，这往往导致温室气体减排极少或根本没有。市场依旧运转，但并没有保证奖励那些向净零运营和战略进行有效转型的企业，也没有保证惩罚那些没有这样做的公司。温室气体越积越多，继续流动。在这方面，一些国家（主要是欧洲国家）再次采取了更有力的监管行动，它们的企业也大步迈向净零转型之路。但如果没有更广泛的国际应用和遵守，这些效果不足以转变全球市场的意识和行动。

新的碳抵消、碳衍生品和证券产品应运而生，但买卖双方都在操纵这些市场。卖方抛出对温室气体排放毫无作用的证券，而买方在明知（或肯定怀疑）这些证券本身毫无气候价值的情况下，遵照要求买进。钱赚了、挥霍了、转移了，地球却变暖了。

在2021年召开的COP26及其之后的几十年里，一些市场、行业和企业确实响应了要求，转变了战略和商业叙事。大量领先企业和某些行业开始向太阳能、风能、电池、电动汽车领域转型。这些商业活动也的确为地球和消费者带来了益处。投资者要求变革，一些国家政府设定了边界、期望和法规，企业积极响应。工业部门和企业，尤其是在欧洲、中国和其他绿色经济体，市场份额增加了，表现优于污染企业。然而,其他经济部门并没有取得相应的成功,净零转型步履蹒跚。

太多的参与者和企业直到2050年都没能快速、彻底地实现转型。最明显的是工业制造和建筑业的落后;系统和产品(如水泥和金属制造)都没能转向净零循环经济,必要的全球改造和重建仍未完成。

造成净零转型失败的不仅是工业和建筑部门,消费者和农民也难辞其咎。很多消费者还在大量消耗肉类,尤其是牛肉。在主要市场,农业生产方式并没有改变。因此,反刍动物的温室气体排放量不仅没有减少,反而增加了,因为几乎没人改变自己的饮食习惯,人类吃着吃着就走向了下一个气候临界点。

从中美洲到中东、非洲,再到亚洲部分地区,腐败、人口和经济压力削弱了这些国家的实力,生态系统危机加剧了这一切。这些国家无法哺育人民,而人民不得不成千上万地背井离乡。21世纪40年代爆发的气候难民危机比21世纪20年代美国和欧洲的难民危机有过之而无不及。

最终,领先经济体的领导人没能兑现每年投入适量可控的资金和(占国内生产总值的)2%的资金转移来支持净零转型,这使各国举步维艰,加剧了地缘政治危机和动荡。这种鲁莽的吝啬,意味着各国无法实现净零转型。更可怕的是,社区在气候灾害、内乱和社会动荡的重压下崩溃了。持续的移民危机助长了民族主义以及领先经济体选举和政治中的排外倾向,进一步扼杀了气候变化取得进展的可能性。

回顾过去,人们普遍认为,全球气候缓释的成本在经济上是完全可控的,是一笔划算的交易。但是,离谱的经济建议、拙劣的模式设计、软弱的领导力、无力的政策执行、自私自利,以及太多关键国家的短视决策,使一些国家难以实现必要的飞跃和政策变革。

前　言

本书认为，如果能从新冠疫情和之前的危机中吸取教训，从模型、定价、激励、机构、市场和政策中吸取教训，我们仍然可以改变气候变化，即我们关于气候变化的共同故事和理解，并承担起寻找可行解决方案的责任，采取适当的行动。我们可以设定监管和市场预期，在我们触发不可逆的温室世界临界点之前，利用市场确保公平、可持续、有弹性地过渡到净零经济。

为此，我们需要向碳宣战。实现经济脱碳需要我们所有的经济社会都做出改变。但领导者、企业和社区可以实现净零转型，一些国家、领导人、部门、企业和社区已经开始行动了。如果我们能实现飞跃，规划未来路径，制定、监督和执行政策，前路仍然是可控的。

本书认为转型仍然是可以实现的，并指出了确保转型所需的模式、政策和实践。

目 录

第一章 危机是变革的熔炉：15条重要经验

  一、领导力永远是第一位的   007
  二、协同合作是共同应对的关键   008
  三、及时行动，拒绝等待   009
  四、一切皆有可能   009
  五、政府是我们最后的依靠   010
  六、机构和权威专家非常重要   011
  七、必须承受巨大压力   012
  八、实现目标需要个人承担责任   013
  九、公平性是必要且必需的   014
  十、要找到向所有人传达紧迫感的方式   014
  十一、坚决捍卫事实   015
  十二、危机加速了社会进化建设   016
  十三、市场一旦激活，就能迅速行动   016
  十四、公司层面的承诺和参与很重要   017
  十五、危机迫使重新审视价值观   017

第二章 前景与模型

  一、放长眼光   027
  二、认识模型的局限性   028

I

三、眼界的悲剧　　029
　　四、经济故事：个人和政策的行动指南　　032
　　五、气候变化模型　　034
　　六、肥尾和临界点　　048
　　七、采取行动、测试模型与政策工具　　057
　　八、重访道德哲学家亚当·斯密　　060
　　九、我们需要"道德理性人"　　062

第三章　目标设定、碳定价机制及落后者惩罚
　　一、长期目标与阶段性步骤　　087
　　二、碳定价　　095
　　三、碳排放权交易制度　　105
　　四、多高的碳价才算高　　116
　　五、COP26 和碳定价的临界点　　119
　　六、我们能在 COP26 上达成共识吗　　123
　　七、建立气候联盟　　125

第四章　人口结构、投资格局和激励机制
　　一、X 一代和千禧一代的绿色浪潮　　138
　　二、转变信号：绿色正成为稳健投资的代名词　　141
　　三、TCFD 报告框架　　149
　　四、新市场和新机遇　　157

第五章　零碳新世界：用制度创新强化市场结果
　　一、世界碳组织　　177
　　二、国家碳银行　　181
　　三、助力绿色全球化 2.0 的制度创新　　190

第六章　绿化产业政策：加速推广落实净零排放

- 一、公共政策是推动者、支持者和抱薪者　　200
- 二、推广效率、技术成本、创新和净零转型　　204
- 三、波浪式推广　　207
- 四、创新不是偶发的，而是渐进和迭代的　　208
- 五、重大、急剧和持续的变革　　209
- 六、我们眼前山高路陡　　244
- 七、有可能出现更陡的 S 形曲线　　244

第七章　绿化叙事

- 一、新叙事创造新现实　　257
- 二、虚假叙事与应对气候变化　　259
- 三、对话如何改变思想并推进绿色共识　　263
- 四、共同对话改变了我们的故事和成果　　270
- 四、气候变化对话和行动能力授权　　279
- 五、构建新故事，一起向未来　　285

第八章　脱碳、经济增长和公正转型

- 一、增长还是不增长　　294
- 二、绿色未来的新形态　　295
- 三、构建绿色全球化 2.0　　297
- 四、我们所有人的绿色新政　　298
- 五、全新的绿色全球化 2.0　　304
- 六、去增长问题　　317
- 七、公平、信任和机会　　320
- 八、让转型真正启动　　336

第九章　临界点竞赛

　　一、领导力永远重要　　346
　　二、立即行动　　348
　　三、停止贴现未来　　348
　　四、激励机制　　349
　　五、建立监督绿色经济的机构　　351
　　六、加快技术创新和传播速度　　353
　　七、进行对话　　355
　　八、构建绿色全球化 2.0　　357
　　九、变革即将到来　　359

后　记　　361
致　谢　　363
缩略语表　　365
索　引　　367

第一章
危机是变革的熔炉：15 条重要经验

此时此地，就是我们对于气候变化的底线。

——通贝里（Thunberg，2019）

净零排放不是一句口号，而是基于科学的要求。

——卡尼（Carney，2020）

政治不应被经济左右，经济也同样不该受制于"效率至上"的技术主义。在人类的共同利益面前，为了广大生命，尤其是人类，政治与经济之间亟须展开一场坦诚而有效的交流。

——弗朗西斯（Francis，2015）

气候变化危机是我们这个时代面临的关乎生死存亡的挑战。地球的温度左右着生命的延续，地球的未来和所有生命的存亡，将取决于我们为遏制全球升温做出的共同努力。大气中的二氧化碳含量不断增长是不争的事实，且破坏性越来越大。人类既短视又自私，看不到气候变化带来的风险已从远处的地平线上迫近，也意识不到我们唯一的家园——地球，既承载我们的共同利益，同时又是脆弱的，而这可能导致我们万劫不复。不能再这样下去了。

2021年1月，大气中的二氧化碳（CO_2）浓度达到人类记录以来最高值414ppm（见图1-1）。全球温测也从另一方面佐证了这一危险事实：2020年是历史记录到的最热的一年（*Scientific American*，2020）。和4年前的厄尔尼诺现象带来的全球高温不同，2020年令人窒息的高热并没有厄尔尼诺加持。这是一个危险的警报：未来由于人类活动排放的温室气体，温度将长期、持续攀升。

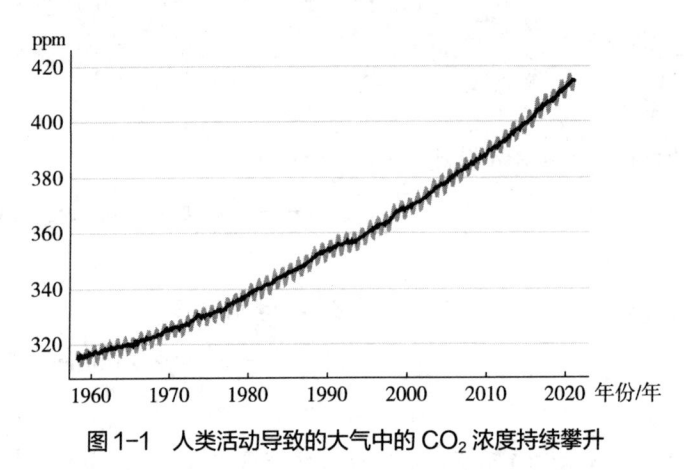

图1-1 人类活动导致的大气中的 CO_2 浓度持续攀升

来源：美国国家海洋和大气管理局（NOAA）全球监测实验室海洋学机构。

全球温升带来的影响中，极端天气事件是一个代表性事例。西伯利亚地区是辽阔的极寒之地，2020年在多个地区记录到超过37摄氏度的高温，创下了新的世界纪录。如果没有人类活动，这样的温度8 000年才会出现一次。野火肆虐于美国加利福尼亚州和澳大利亚，更将亚马孙森林化为焦土。伊拉克的高温也创造了历史纪录：在露天处，太阳能充当你的厨子，直接将一块牛排烤熟，或把一片上好的三文鱼烤焦。洪涝、飓风和台风席卷全球沿海地区。孟加拉国的1/3地区深受台风导致的洪涝之害。美国公布一个季度内被正式命名的风暴高达30个——有史以来最多的风暴数量，这直接导致美国国家海洋和大气管理局给季度末的风暴命名时因英文字母不够用，征用了希腊字母。在此之前，通常一个季度内会有12个被正式命名的风暴（CBS，2020）。

这一系列反复且高频的破纪录数字，共同指向一个事实：若人类应对气候变化行动失败，无法实现科学诉求的净零排放，我们将迎来一个气候恶劣的未来（Carney，2020）。从冰芯获得的长期气候数据显示，人类活动导致温度产生了一个类似曲棍球棒形状的急速上升曲线（见图1-2）（Littlemore，2009），这是已经被证实和广泛认可的。我们对于"人类世"① 和人类共同造成的灭绝事件负有清晰而不可推卸的责任。

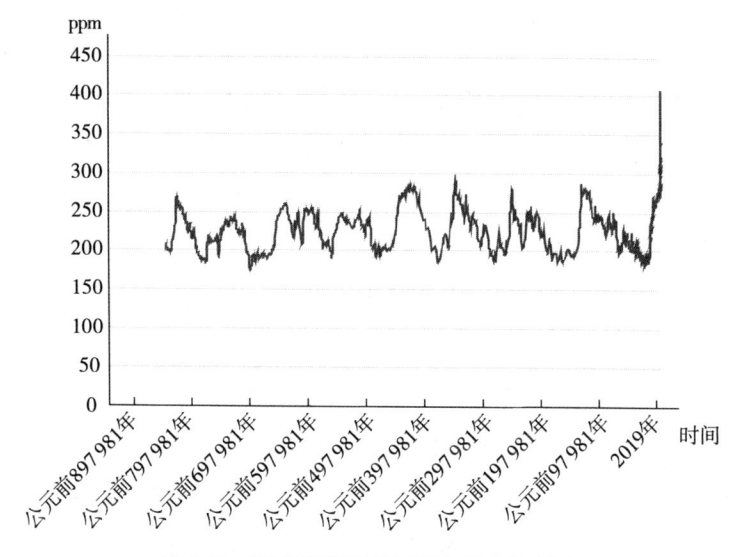

图1-2　80万年以来的最高大气CO_2浓度

来源：NOAA，2018；G30，2020。

今天，气候变化的尾部风险以一系列迫在眉睫、可怖、非线性

---

① "人类世"（Anthropocene epoch）一词由已故诺贝尔化学奖得主保罗·J. 克鲁岑（Paul J. Crutzen）"一时兴起"而发明，用来描述一个新的地质时代。在这个时代，人类对地球产生了深远的影响，是时候确认一个新的地质时代——"人类世"了。

层层叠叠的形式展现在我们眼前：北极冰雪、高原冰川、格陵兰岛冰盖坍塌消融，亚马孙和东部森林的回枯，南极冰盖的坍塌、西伯利亚永冻层的消融，桩桩件件，都是人类的噩梦。但我们发现，这些悲剧通过温室气体的存量和流量因素联系在了一起。我们共同面对的最根本的挑战在于，必须认识到气候危机是人类面对的最大的威胁。这个威胁正在变得越来越紧迫，"如果我们没法认识到这一点，其他事物都无足轻重"（Mackintosh，2019）。

2021年，美国大多数州及其领导人在全球外交目标上达成了一致，即压平温室气体排放曲线、在2050年前达到碳中和。虽然这个目标的达成还未可知，而且后续必要工作的推进受到较大阻碍。从高污染的当下转型向可持续的未来、保障公正转型、创造一个可再生能源驱动的、平等共享的绿色全球化2.0，是一个极其艰巨的任务。但完成这项任务并非毫无可能。要达到净零目标，我们得发动碳战争，扭转政府目标转向净零，使所有的商业、专利和发明与气候目标保持一致，并且设定相应的短中长期目标。

要完成脱碳的任务，必须将市场及其运行机制利用起来，因为市场可以加速绿色转型进程、扩大公共政策影响、增强相关政策效果，同时在各行各业重新播下"绿色经济叙事"的种子。在此经济愿景里，市场与地球各自的需求之间需要达到一个平衡点，毕竟没有地球，市场运行也无从谈起。"政治和经济领域之间"也需要"为了广大的生命开展一场坦诚的交流"（Francis，2015）。经济应该为我们的地球服务，需要摒弃对新自由主义团体的错误崇拜，并认识到经济学和整个经济体都是必须服务于社会目标的。

危机一旦被认识，就会成为变革的坩埚。危机使我们警觉，甚至可能使我们害怕，但它们要求我们采取行动，迫使我们做出反应、集中精力、解决问题，并寻求新的方法来应对日益增加的危险。危机创造了新的选择和可能性，并使新的政治、经济和商业联盟得以形成。危机可以扩大视野，转变观点，改变联盟、市场、经济、实践，以及个人和商业战略。危机可能具有破坏性，但它们也是创新、建设、改革、重新想象和重生的驱动力。

虽然新冠疫情的全球应对存在方方面面的不足，但是其中还是有一些教训对我们如何构建气候危机经济的解决方案颇具启发性。

我总结了从新冠疫情中学到的15条重要经验，与应对气候危机也密切相关，我们在气候变化相关的社会、政府、经济及个人层面的共同应对与行动中，可以借鉴这些经验。

一、领导力永远是第一位的

领导力无论何时都是第一位的。危机中，明智的领导是政策成功响应的前提。全人类都深受疫情之苦，疫情给社会、健康和经济生活带来方方面面的后遗症还在或多或少地影响着每个人。然而，有些国家比别国更加挣扎，部分原因在于缺少有一致性、公信力、人心所向的领导者。例如，美国不仅缺乏总统的领导力，也缺少全国性的共同应对。由于特朗普总统不顾科学建议，没有要求戴口罩，没有组织应对行动，更没有进行追踪和溯源，美国有数十万人失去了生命。和美国类似，英国首相鲍里斯·约翰逊（Boris Johnson）一开始在领导力和疫情信息传递、政策制定与执行的一致性上都表现得不尽如人意。英美两国无论从死亡率还是经济的角度，都交出了灾难性的答卷。在危机中缺乏一致、可信的领导，令这两个国家处理疫情的方式比许多其他发达经济体（如德国、日本、韩国和新加坡）更糟糕。甚至与许多低收入国家（如泰国和越南）相比，英美两国的表现也不佳。这场疫情教会我们一件本应人尽皆知的事情：领导力对政策效果永远至关重要。

事实上，在应对气候变化方面，强有力的领导是必要条件。有了领导力，国家目标就会更明确，方法更一致，政策更恰当，实施速度更快，公信力和可预见性也更强，从而扩大政策的覆盖面和影响。受信任的领导人可以加速行动，推动社会和经济朝着净零目标前进。如果我们要实现气候变化净零目标和温室气体减排，对所有级别的领导的要求（无论是政府、地区、地方，还是企业层面的领导）都是如此。

二、协同合作是共同应对的关键

新冠疫情的经历告诉我们，国家和国际层面协调与合作的重要性。应对措施有力的国家（澳大利亚、日本、韩国、新西兰、新加坡）情况较好，感染和死亡人数也少得多。国际层面的协同是缺位的。美国在疫情应对上领导的不作为，减缓甚至阻碍了国际社会的应对行动。特朗普总统对国际外交的敌意，以及他让美国退出世界卫生组织（WHO）的行为，都成了影响这场大范围危机应对行动的复杂因素。结果，面对一场真正的全球危机，国际上交出的答卷杂乱无章。这与2008年二十国集团领导人峰会（G20）应对国际金融危机形成了鲜明对比，当时乔治·W. 布什（George W. Bush）总统和戈登·布朗（Gordon Brown）首相确保G20国家就大规模、协调一致的应对、增加资源和必要的改革达成了一致。

我们应对气候危机和改革努力的经验教训是显而易见的。全球领导力和合作参与对于实现全球气候变化目标至关重要。具体来说，由于美国和中国温室气体排放的规模，美国和中国的领导和合作对于确保进展是必要的。如果没有这些国家参与，集体气候变化目标几乎不可能实现。相反，有了建设性的参与、新的延伸承诺和新的绿色政策平衡，通往净零排放的气候治理路径变得显而易见。

三、及时行动，拒绝等待

这场疫情清楚地告诉我们，危机下拖延行动的代价高昂、损失惨痛。迅速应对远比坐以待毙好得多。特朗普和鲍里斯·约翰逊对疫情应对滞后，中止疫情封控，同时释放混乱、误导性的信号。美国没能做到及时、清晰、前后一致地应对疫情，付出了生命的代价，误导民众的同时，带来了更严重的后果。与此相对，决策果断、行动迅速的领导人，成功地压平了疫情曲线，挽救了生命，缓解了前两轮曲线攀升的极端影响，从相关的封锁中迅速抽身，还减轻了经济受到的负面影响。正如巴尔姆福德等（Balmford et al., 2020）所言，没有什么能够取代"及时行动"。

应对气候变化可以从中借鉴的经验是：拒绝等待。立刻行动，为实现净零承诺加速，不要再将未来折现了。大量证据表明，对气候变化而言，未雨绸缪的成本远低于事后补救付出的代价。我们现在就需要采取行动，调整目标、缩紧时间线，并制定清晰、一致的政策。30多年的行动拖延、化石燃料游说、政党怯懦和失信，我们发现反反复复推迟气候应对政策造成的代价是极其高昂的。滞后的行动导致净零之路更为陡峭，极端天气的危险性和严峻度进一步提升，让非线性的气候变化临界点离我们更近。我们需要正视气候危机。

四、一切皆有可能

新冠疫情危机展现了当每个人都意识到发生公共紧急事件时，是如何在不同的选项中进行选择、放大和切换的。危机之际，原本毫无可能的事情在几天之内成了现实，例如大量使用国家权力，大范围撬活财政和央行资源，甚至使全球经济宕机关停。2021年春季之前，仅是发达国家就花费了惊人的14万亿美元用于紧急财政救济，为人民提供生存支持和安全保障，让人们能够居家办公或休假，维持经济运转。然而，这样一场跨越政治立场和地域、投入巨额资金的行动，在2020年1月初仍被认为是天方夜谭。一场危机一旦被人们意识到并理解，将颠覆性地改变政治经济决策路径。财政和政府的疫情应对展现了在紧急情况下可以采取哪些行动。当需要采取极其激进的措施才能够渡过难关时，这些措施的规模程度可能是平日无法想象的。

气候政策告诉我们，当人们正视危机且意识到必须立即采取行动时，可以动用大范围的公共资源，采取非常规的戏剧化措施，并利用国家公权力。如果我们能在疫情危机中做到这种程度的跃变，那在比疫情规模更大的气候危机中，更理当如此，进行一切必要的转变。

未能正视气候危机，就遑论应对。一旦对危机的认知有了突破，一个全新的政治经济绿色均衡点便触手可及。对于那些认为气候行动"完全不可能"或"进展龟速且无力"的人而言，这是一个答案。推动社区和行动者认识到危机，某一瞬间到达的认知拐点将戏剧性地影响整个应对行动的事态和速度。

确实，我认为2021年的我们正处于气候变化叙事和政策临界点的边缘。确切的最终拐点我们很难判断，但历史上的危机事件告诉我们，拐点降临之际是极其突然、惊人且戏剧化的。例如2021年的美国政权更迭以及中国做出碳中和承诺，是至关重要的促成因素，其伴随的外交和政策共识中的关键转变，推动了气候变化叙事的政策从一个破坏性的否认状态转变至一个积极寻求解决方案的状态。

五、政府是我们最后的依靠

新冠疫情危机表明，当死神敲门时，能看到的自由主义者更少。死亡在大地上游荡时，我们大多数人期待且要求政府采取行动解决危机，并拯救我们。发达国家的政府花费超14万亿美元用于财政救济，央行也给市场放出了几近无限制的流动性。反对医疗和经济封锁的声音固然存在，相比起部分国家或群体的抵制，政府被依赖并采取行动的现象更为显著，其采取的措施得到了绝大部分居民的支持和遵守。危机事件揭露并强调了政府在保障共同财富、健康和福祉方面扮演的角色是核心、持续且关键的。市场不仅不能也不会在你筹码输尽之际拯救你，相反在危机逼近时会宕机、失效。只有政府作为人民的代理人和公仆，能够调动必需的资源、权力和机关，掌舵通向健康、经济和生态的安全稳定。

气候危机反复强调了这一关键的教训。要达到我们的共同目标，保障地球和气候安全以及经济韧性，我们需要也必须依靠政府的援助。应对气候变化行动之根本首先在于政府在防范措施、过渡路径和共同目标方面采取行动、制定法规及进行监管。疫情同时提醒了我们，市场也是依赖政府的行动、指引、法规和监管，才得以正常运转并支撑我们实现在社会、健康、经济和生态上的共同目标。为了保障气候目标的实现，我们需要清楚地认识到政府在应对危机方面，在制定经济和生态环境保护措施奠定基础过程中持续扮演了关键角色。

六、机构和权威专家非常重要

疫情告诉我们，国内外权威机构在其中的重要性。这些组织为公众提供信息，为政策制定者提供建议，为政策落地提供协助。世界卫生组织就是这样一个关键参与者，尽管它受到了美国决策者的诽谤。欧盟发挥了重要的协调作用，不仅为各成员国服务，而且还主办了部署全球开发疫苗筹集资金的重要国际会议。在美国国内，可信赖的机构及其主要专家，如美国疾病控制与预防中心和美国国家过敏与传染病研究所原所长安东尼·福奇（Anthony Fauci）博士，提供了公正、可信信息的重要渠道。在危机中，公众希望从可信的中间人那里听到事实真相，而不是车轱辘话和混淆视听的信息。

对气候政策设计和行动的启示是：在《联合国气候变化框架公约》缔约方大会（COP）层面下，机构建设在政策目标的传播及其连贯实施方面非常重要。我们将利用、加强和重新利用现有机构，以实现气候目标。必要时，也可以建立全新的机构。在我们努力向净零碳排放转型的过程中，我们不该假定架构一成不变，可能需要进行制度方面的创新，确保各国家、市场和经济体对我们的净零目标实施、调整和遵守。

七、必须承受巨大压力

疫情彰显了普通人的非凡毅力。其展现了普通公民响应社会和社区需求，长期承受巨大负担的意愿和能力，而且往往毫无怨言。整个城市、地区和国家都被封锁，活动受限，旅行中止，甚至也被禁止与亲友相见。

数十亿人类愿意共同承担如此沉重的负担，是人类社会、伦理和道德本性的杰出证明。我们中的许多人，当然是大多数人，为不认识的人，为永远不会见面的人承担了压力。虽然有一些人对医疗封锁表示反对，但大多数人通过遵守封锁规定、改变生活习惯、开展远程工作、限制接触家人及外人，以及许多其他方式，为减少死亡而负重前行。

正如巴尔姆福德等（Balmford et al., 2020）所言，疫情危机和气候变化危机都要求"决策者和公民从社会整体利益和子孙后代的利益出发"。这一教训——当公认的严重危机来临时，大多数人都是合作的、利他的——具有启发性和积极意义。在其他战争和贫困时期，我们也看到了这种无私精神。当社会和个人的生存受到威胁时，他们可以共同承受巨大的压力。

八、实现目标需要个人承担责任

疫情应对依赖于政府的行动、指导和资源，但如果没有全社会的个人对作为和不作为持续承担大量责任，我们的集体健康目标就不可能实现。个人责任感强，同时社会凝聚力和集体责任感强的国家表现较好。日本没有发生任何封锁或停工事件[①]，是二十国集团中死亡率最低的国家。截至2021年1月，一年内只有不到2 000名日本人死于新冠。日本之所以能在公共卫生方面取得骄人成绩，是因为日本人遵守了卫生建议（戴口罩、洗手、自我隔离）。而很多国家的死亡率则远远高于日本，部分原因在于社会纽带较弱，人们对卫生要求和实践的响应程度不高。因此，美国的个人主义和不负责任导致了近50万人死亡（数据截至2021年1月中旬）。

这次疫情表明，只有全球公民都通过个人行动支持净零目标和转型路径，我们的气候变化目标才能实现。公众需要能够可视化的科学，并更好地理解如何改变个人行动以应对气候变化风险（Baskin，2020）。更清晰的认识会带来更大的责任感，进而改变我们的行为、购物和饮食习惯，以及我们对待彼此、地球和社区的方式。然而，归根结底，我们每个人都有责任采取行动，将气候变化风险内化，从而帮助我们所有人实现净零排放，为我们的子孙后代创造一个宜居的地球。

---

① 实际上2021年11月30日起日本进行了封国，持续至2022年3月21日。——译者注

九、公平性是必要且必需的

疫情凸显了公平在社会交互中的重要性，因此也凸显了公平担责的重要性。当危机来临时，人们要求所有人都公平地分担负担，很少或没有特殊待遇，或富人一个规则，穷人另一个规则。回想一下，英国首相约翰逊的特别顾问多米尼克·卡明斯（Dominic Cummings）为迎合自己的私生活而违反封锁法时，在英国引起了轩然大波。公众的愤怒是普遍的、强烈的。人们要求公平分担负担，而不是对某些人进行特殊对待。

气候危机还要求我们认识到，在国内国际气候变化政策的基本属性中逐步发展的公平性和社会要求。因为只有确保公平性和公正转型，我们才能更顺利地实现净零排放。公平性和公正转型不是（政策制定过程中）后置的考虑要素，而是构建通向净零排放的可行途径的重要结构要素。

十、要找到向所有人传达紧迫感的方式

然而恰在此时，我们需要采取全面的行动，以最低的成本来阻止疫情的蔓延。这种沟通的困难之处，在于人们很难理解非线性指数增长的概念。另外，一些国家（比如美国）的公民，没有可参考的标准，因此很难评估衡量风险。这种对风险的低估，以及在佩戴口罩和保持社交距离方面的不良行为，再加上缺乏风险规避的意识，这些因素共同导致了感染率和死亡率的上升。而在其他国家，情况要好得多，特别是那些直面过严重急性呼吸综合征（SARS）的国家，如日本、韩国和新加坡。

这对制定气候变化政策的决策者来说，启示在于，我们需要设计新的机制来广泛宣传气候风险和成本。正如教皇方济各（Francis

在 2015 年所言，我们需要"开启一场新的对话，讨论我们如何共同塑造地球的未来。这是一场需要人人参与的对话，因为我们当前面临的环境挑战，以及催生这些挑战的人类根源，正影响着我们每一个人的生活"。我们需要用一种易于理解、吸收、深思并采取行动的方式，来阐述气候变化所带来的危机。这些故事和叙事有助于认清威胁的严重性，并激励人们采取行动。社区应当启动一个"通过建设性对话形成叙事的迭代过程……这个过程应尽可能让更多的利益相关者参与其中"（Bushnell, Workman and Colley，2016：1）。

对于制定和实施气候变化政策的决策者和实践者来说，他们可能需要创建新的平台和对话方式，以去政治化的方式讲述和分享气候变化的故事。我们需要将讨论建立在理解、共识以及明确无误的事实之上，这些事实的准确表述应是无可争议的。一旦对事实达成共识，行动的紧迫性就显而易见，讨论的重点可以从互相指责和反驳转向对话，而对话的核心议题应该是我们需要做什么以及由谁来执行，而不是气候危机是否存在。

十一、坚决捍卫事实

在新冠疫情大流行期间，假新闻在互联网上的猖獗传播令人警醒。数千万的美国人和全球其他地方的数亿人吸收了人工智能（AI）算法提供给他们的错误信息，将他们引入了更深的黑暗，其中充满假新闻和诱导点击的扭曲观点。在许多国家，大部分公众似乎都是从脸书（Facebook，已于 2021 年更名为 Meta）、油管（YouTube）、推特（Twitter）和照片墙（Instagram）等来源不明的网络平台上获取新闻。

在气候变化行动宣贯中得到的教训是，决策者和实践者需要在各种论坛中，以明晰且去政治化的语言，强调并反复重申气候变化的事实。尽管科学界认为证据已经明确无疑，这种基于事实的对话也必须在社会中持续进行，贯穿社区、社会和经济。

十二、危机加速了社会进化建设

疫情加速了许多已经在发展中的社会和经济趋势。例如，视频会议已经成了标准的会议方式，远程办公从偶尔的选择变成常态。现在，许多服务行业的首席执行官（CEO）看到了员工生产力的提升以及场地成本的降低，对许多人而言，向远程办公的转变可能会成为永久性的改变。又如商务航空出行的崩溃，2021年的航空旅行量仍然不到2019年底的10%。几乎没有航空公司的高管认为2021年的业务会回到正轨。人们依然会乘坐飞机，但频率会减少，这将有助于飞机温室气体减排。没有人认为2021年一切就能恢复如初。

类似的推动力量已经开始显化，在应对气候危机及其对我们经济和商业运行模式的影响时，我们必须对这种推动力予以支持。加速这种转变不仅是必要的、可行的，更是紧迫的。

十三、市场一旦激活，就能迅速行动

在新冠疫情暴发初期，公众普遍认为，研发并推出一种病毒疫苗平均需要长达10年的时间，即使我们能找到一种疫苗，至少也需花费多年时间。然而，在政府的鼓励和支持下，还有巨额合同的激励下，全球各地的制药公司纷纷加速疫苗开发的步伐。值得一提的是，截至2021年1月，已有7种疫苗完成研发并投入生产，且在全球范围内开始接种。这是一项真正惊人的成就，充分展示了当集体和私人目标一致，需求极为迫切时，私营企业和公共机构所能取得的成就。

这是气候变化下关于市场动力的重要一课。一旦制定了明确、可预测、可信且覆盖面广泛的气候变化监管目标,个体企业就能迅速开始以其为目标,抓住经济机遇,从而推动温室气体减排。可以得出这样的结论:"气候变化与经济增长并无本质上的冲突"(Baskin,2020)。相反,我们的经济、投资者和行动者,如果得到有效的激励、监管和监督,可以反过来推动气候温室气体目标的实现。

十四、公司层面的承诺和参与很重要

新冠疫情表明,市场和企业是实现政府制定的健康目标的重要参与者。大多数企业都明白,它们的经营需要社会和经济许可,必须按照法规和社会期望行事。新冠疫情改变了企业的经营要求和规则。一些公司关闭了,更多的公司在新冠疫情的新常态下继续经营,改变战略、产品、方法和做法。

世界各地的企业为在新冠疫情下存活,采取了非同一般的灵活措施和变革,这也给气候变化带来了显而易见的启示:企业是可以进行重大变革的,但前提是必须有适当且明确的沟通、理解、规划和执行。事实上,实现净零排放目标所需的转型虽然是革命性的,但相对较为长远,在30年或更长的时间内是可以实现的。

十五、危机迫使重新审视价值观

新冠疫情迫使我们所有人考虑什么是有价值的,什么是必要的,什么是没有价值的。我们认识到了工人的价值,包括杂货店工人、送货工人、老年护理人员、医疗保健人员和紧急医疗技术人员。我们曾将这些工人的劳动视作理所当然，而新冠疫情迫使我们重新思考并认识到他人的价值。从疫情的角度来看，杂货店工人确实比经济学家重要得多。人必须有饭吃，才能活下去。

人们需要重新评估经济资源和人民的价值，包括货币价值和非货币价值。同时，人们也需要重新评估应如何从经济、情感、道德和心理上，珍视土地、空气、水和海洋。在评估他人（包括人类和其他生物）价值的时候，我们需要更加重视伦理和道德因素。

在本书中，上述这15条经验将反复出现。我们会讨论很多实际案例，这些案例表明，相关的教训和经验正被吸收，并在领导者、政府、社区、经济体、市场、公司和个人的行为中体现。同时也会探讨一些其他例子，这些例子中还有大量工作需要做。我们必须认识到气候状况本身就是一种危机，然后才能开始运用危机经济学和政治经济学的解决方案来应对我们在净零转型路上所面临的无数挑战。

关于气候经济我还想说明一点。我所说的气候经济是指为应对气候变化和加快向净零转型所需的经济和政治经济政策及具体方案的一揽子解决方案。

如果要加快转型，避免以温室世界的方式改变社会叙事和经济，就必须在短期、中期和长期应用气候经济学的解决方案。

实践气候经济要求我们现实地看待我们的经济叙事，重新审视和思考我们对新古典主义概念的盲目坚持，这些概念和市场的运作及表现方式并不相符。坦率而现实地看待自由市场的局限性以及监督和监管的必要性，尤其是在应对气候变化挑战时，会让我们得出不同的结论。这些结论与自由市场的运作并不相悖，而是需要重新调整影响我们决策过程的各种因素，并重新评估我们对奖惩措施的基本假设。

提供有效的气候经济解决方案需要使用模型来回答摆在我们面

前的关键问题:"价格信号和模型如何才能帮助我们顺利实现领导人和各国政府一致认为至关重要的净零目标?"气候变化建模充满了预测困难、政治假设和价值判断的问题。为了让这些模型成为有效的气候经济顾问,我们应该对其进行仔细检查,并根据它们是否有助于决策者实现净零转型目标进行判断。

如果主流模型得到的温度结果与人类和地球生存与可持续发展的需要远远不符,我们就需要重新审视模型和相关的假设。若发现该模型未能考虑到对气候结果产生不利影响的实际风险和政治经济动态,我们就需要考虑是否需要设计新的模型或使用新的假设。第二章探讨了这一前景不明、模型不完善和假设存疑的问题,并提出在我们寻求实现净零气候目标和经济转型的过程中,主流模型是否仍然适用的问题。

第三章是关于气候目标的内容。各种迹象表明,大国可能进一步提高自身的净零排放目标。总体来说,它们可能正在将看似不可能的事情变为可行和可以实现的,尽管净零碳排放目标仍然困难重重且十分遥远。领导力和雄心很重要。这方面尽管挑战很大,但并非全是坏消息。

要确保压平温室气体排放曲线,意味着气候危机经济学必须直面市场在气候变化问题上的最大失误:市场未能将碳成本内部化,以反映当前对地球造成的实际损害,而这种损害仍在不断增加。如果我们不向碳宣战,不逐步对碳定价,不改变激励机制、市场预期、市场反应和应对策略,气候危机经济学的方案就没法成功。第三章罗列了一些碳定价机制的方案,并介绍了实践案例。这一章对几种碳定价机制进行了评估,包括碳税和碳排放权交易机制,以及其他表明我们可以压平排放曲线、实际推进并加速这种变化的证据。要充分践行气候危机经济学的解决方案,仅靠碳定价是不够的,还必须同时改变市场观念。碳定价有助于启动这一进程,但它并不是唯一的正反馈循环通路。

市场激励机制和动态也必须迅速转型和发展，以便实体经济和企业可以相应地调整其策略。在这方面，转变已经开始，并在加速。例如，社会趋势和人口结构的变化有助于实现气候变化目标，对那些采取积极行动的公司给予奖励，而对那些落后的公司进行惩罚。这样的市场变化不仅改变了投资的回报，也改变了市场参与者的预期和成果。第四章重点介绍了积极的市场动态的证据，表明积极的市场动态已经开始支持向净零排放转型，并且正在推动这一过程。

进一步制定更具挑战性的净零排放目标是叙事和政策转变的起点，但归根结底，最重要的还是始终如一地执行。为了将目标转化为实际成效，需要有制度上的创新来保证这些目标不仅仅是口号，而是变成市场参与者和个人都明白并相信的可靠政策，并且这些政策能够得到有效的执行和监管。第五章简要介绍这样的制度创新，它们能够确保目标不仅仅停留在纸面上，还在现实中得以实现。

实际上，气候危机经济学和政治经济学解决方案所需的许多技术和机制已经存在。遗憾的是，大多数技术和机制的实施和应用速度还不尽如人意。在国家产业政策绿色化的支持下，这种情况必须改变。政府的作用不是选择特定的赢家或输家，而是创造一个更加绿色、更有利于可持续环境的市场运作环境。这包括调整规章制度、提供正确的激励措施以及建立支持性的框架。通过这样做，政府能够利用动物精神，引导市场动力，使其朝向对地球有益的方向发展。政府在支持创新和提高新技术普及率方面起着关键作用，它可以使新技术扩散S形曲线变得陡峭，确保这些新技术能够迅速普及并取代旧的、高污染的做法，转向碳中和与负循环经济模式。这是一个庞大的任务，需要跨多个行业和市场进行转型，而许多领域才刚刚开始这个转型过程。在这方面，精心设计的法规和激励措施对于制定转型路径和里程标记以及促进推广和脱碳速度同样至关重要。第六章重点讨论了这种技术推广面临的挑战，并举例说明了哪些是领先者，哪些是落后者。

在各国制定更具挑战性的目标、加快转型、实施政策、设计机构以协助和促进技术推广的同时，重新构想气候变化叙事和故事、扩大对话和讨论也将至关重要。我们需要找到一种恰当的方式，针对气候变化风险展开交流，就事实达成共识，并转向具体的解决方案。在许多地方，气候变化的叙事和故事已经在发生变化。在其他一些社会分裂程度更高的地方，还需要做更多工作来增进理解和促进对话。全球各地的城市和地方已经展示了如何有效地进行这样的对话。年轻人已经接受了这一挑战，参与到关于净零排放的辩论和实践中。新的叙事元素正在出现，并需要被进一步推广。第七章讨论了叙事在应对气候变化的净零排放之路中所扮演的核心角色。

我们可以创造一个不同于反乌托邦（dystopian）的未来，即绿色全球化 2.0。这种经济转型已经开始。绿色全球化 2.0 将成为一个引擎，带我们向更加绿色、更加繁荣、更加公平的未来进发。经济增长与实现净零排放之间并不存在无法解决的冲突。可持续、有韧性、广泛的增长将加速实现绿色全球化 2.0。绿色全球化 2.0 的基础不仅包括我们定价的货币价值，还包括自然景观和生态系统的道德和伦理价值。第八章描绘了这一可能更具道德和伦理意义的可持续绿色全球化 2.0 的新形态。

在本书中，我认为，一旦足够多的群体（无论是地理、政治、经济还是社会层面的）认识到气候危机的本质，明白气候危机是迫在眉睫的，也是唯一具有划时代意义的挑战，我们就可以采取行动进行应对，以确保实现净零排放，创造绿色全球化 2.0。危机是铸造变革的熔炉。一旦正确认识危机，就会引发在政策、经济、商业和个人层面上迅速而广泛的反应和改变。顷刻之间，解决气候危机不再是天方夜谭，因为全民都开始集思广益，全力以赴。

　　本书所讲述的不是一个关于失败的故事。相反，本书讨论的是我们在哪些方面取得了成功，哪些方面处于领先地位，哪些方面还需要努力，以及哪些方面已经在进行中，当然，还有许多进展过于缓慢的领域。本书认为，我们可以在2050年之前实现脱碳的净零排放未来。我也相信，未来的绿色全球化经济会更好、更公平、更可持续、更有韧性、更有活力。但是，这种转变不可能自然而然地发生，而是需要政府、市场、企业和个人的共同努力，所有人都必须向净零排放目标看齐。

参考文献

1. Balmford, A., Fisher, B., Mace, G.M., Wilcove, D.S., and Balmford, B. (2020) 'Analogies and lessons from COVID-19 for tackling the extinction and climate crisis'. *Current Biology*, 30 (7 September): 936–983.
2. Baskin, K. (2020) 'Four lessons from COVID-19 to help fight climate change'. MIT Sloan School of Management, 22 June [Online]. Available at: https://mitsloan.mit.edu/ideas-made-to-matter/4-lessons-COVID-19-to-help-fight-climate-change (accessed: 22 January 2021).
3. Bushnell, S., Workman, M., and Colley, T. (2016) 'Towards a unifying narrative on climate change'. Grantham Institute Briefing Paper No. 18, Grantham Institute, Imperial College of London, London.
4. Carney, M. (2020) BBC Reith Lectures. Lecture 4 [Online]. Available at: www.bbc.co.uk/ programmes/articles/43GjCh72bxWVSqSB84ZDJw0/reith-lectures-2020-how-we-get-what-we-value (accessed: 14 January 2020).
5. CBS. (2020) 'The record-shattering 2020 hurricane season, explained', 20 November [Online]. Available at: www.cbsnews.com/news/atlantic-hurricane-season-2020-record- breaking (accessed: 19 January 2021).
6. Francis. (2015) 'Laudato Si' [Online]. Available at: www.vatican.va/content/francesco/en/encyclicals/documents/papa-francesco_20150524_enciclica-laudato-si.html (accessed: 14 January 2021).
7. G30 (Group of Thirty). (2020) *Mainstreaming the Transition to a Net-Zero Economy*. Washington, DC: Group of Thirty.

8. Littlemore, R. (2009) 'A review of Michael Mann's exoneration'. *DESMOG*, 4 December [Online]. Available at: www.desmogblog.com/review-michael-manns-exoneration (accessed: 19 January 2020).
9. Mackintosh, S. (2019) Discussion with a leading economist. Author's notes, December. Manzanedo, R.D. and Manning, P. (2020) 'COVID-19: Lessons for the climate change emergency'. Science of the Total Environment, 742: 1463–1465. (10 November). [Online]. Available at: https://doi.org/10.1016/j.scitotenv.2020.140563 (accessed: 17 May 2021).
10. *Scientific American.* (2020) 'NASA says 2020 tied for hottest year on record', 14 January [Online]. Available at: www.scientificamerican.com/article/2020-will-rival-2016-for- hottest-year-on-record (accessed: 19 January 2021).

第二章
前景与模型

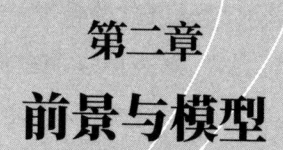

气候经济要求我们风物长宜放眼量,这样才能解决前所未有、规模空前的全球性问题。人类要理解近乎无限的关联因素,通常包罗万象,有时又玄妙莫测,因为我们要探究的是既像森林大火一样迅猛,又像红杉树一样生长缓慢的过程。这是难上加难的。我们通常着眼于自己、家庭和社区的今天,也许还包括明天,但10年、20年或30年以后呢?我们并不会想那么远。

一、放长眼光

然而,应对气候危机要求我们将经济和社会视野从个人的、信息不充分的、短视的决定,延展到对公共利益的考量,把我们对社区和家庭的同理心从自身延展得更深远、更文明、更实际。

当我们彼此、我们与地球的情感紧密相连,当我们理解彼此的挣扎和努力,当领导者带领我们发掘"天性之美"(Pinker,2012),而不是民族主义和本土主义之恶时,我们就能实现这样的飞跃。

有效应对气候变化需要社会和个人放长眼量,加深对当前危机的理解,强化集体利益、效用和责任担当的理念,提升地方、国家和国际各个层级,从家庭到社区乃至全球行动必要性的意识。我们要铭记我们是命运共同体,对彼此、对地球负有共同责任,我们要在实现净零的道路上携手并进。

二、认识模型的局限性

经济模型和叙事必须恰如其分，才能帮助我们实现当今社会所承诺的气候目标。但常态是经济模型不能胜任这个任务。模型可能削弱关键市场、政策和个人转型，乃至妨碍行动，也许是因为模型设计、假设错误、意识形态倾向、思想狭隘，也或许仅仅是囿于气候变化复杂预测的局限性。简而言之，我们的一些宏观模型越来越偏离政府、企业、选民和孩子们的要求。我们需要更好的模型来指明前进道路。

我们必须扪心自问："这个模型能否帮助实现净零——这个科学家认为对持续生存至关重要的目标？如果一个模型假设导致的结果远远超出了世界各国政府所追求的温度目标，即《巴黎协定》中将气温升幅限制在比工业化前高出1.5摄氏度的目标，结果产生了一个所谓的"最优"结果，预测气温将上升3—3.5摄氏度甚至更高，我们就必须问："对我们地球而言，这真的是最优结果吗？"答案是："不，不是。"

气候经济学还必须注重设计路径、工具和机制来加快实现净零，并尽可能接近《巴黎协定》的温升目标。如果某个模型或假设无益于此，我们就应将其束之高阁，改弦更张。

本章认为，用于预测气候变化对经济影响的主流模型妨碍了我们的气候目标，导致决策者没有足够的紧迫感来应对日益逼近的气候危机。

我们的思考方式和模型使用不仅要有助于实现气候政策目标，还要让我们对行动与否的代价了然于心。地球的利害关系无可比拟，我们必须警惕肥尾风险，关注非线性临界点和转折点，这些都可能导致地球气候从当前的脆弱平衡进入温室状态。如果模型不能纳入这些动态系统，我们就需要寻找新理念、新模式来思考气候危机，包括实事求是地看待全球范围内经济建模的操作方案及其可行性。

应对气候变化需要我们将经济学与科学数据以及地球预警相结合。我们需要考虑道德、伦理和管理问题，而不仅仅是短期的个人效用、自身利益或不考虑社会因素和责任的自我毁灭行为。正如教皇方济各所强调的，我们的经济必须服务于社会，确保地球的存续。要做到这一点，我们就必须做出道德和伦理的抉择以及经济决策。经济服务于社会，不应屏蔽批评、监管或调整。

应对气候变化的第一个挑战是扩展我们的视野。也就是说，我们需要把紧盯明天、下一期经济增长数字或下周失业数字的目光转向长远。只有这样，我们才能更好地认识问题及其严重程度，以及应该采取的措施。把目光投向遥远的地平线并非易事，因为我们没有可以借鉴的框架或范例。

三、眼界的悲剧

当前气候危机在全球蔓延，远超人类和社会的理解。英国央行前行长、现任联合国气候行动与金融特使马克·卡尼（Mark Carney）称之为"我们眼界的悲剧"。卡尼指出：

> 我们不需要一队精算师来告诉我们，气候变化的灾难性影响将超越大多数行动者的传统视野——祸害子孙后代，但当代人没有直接动力去解决这个问题。

我们中大多数人都无法看到足够长远的未来，无法理解气候变化可能对地球造成多么大规模的长期影响。时间跨度大到我们的思维无法企及。我们不会说："我记得上一个全球变暖时期我们做了什么。"

除了《旧约》中流传了数千年的诺亚方舟寓言,人类历史上没有任何关于地球气候突然发生不可逆转的巨大变化的记录。人们认为诺亚洪水是地中海洪水自南向北流经地峡,淹没了将其与黑海隔开的陆地而发生的。这种洪水可能确实发生过,但我们"无法确定,而且(这个案例)超出了人类经验的范围"(DeFries et al., 2019:5)。科学告诉我们,气候突变曾经发生过,但它们已消失在历史长河中。

例如,古考古学揭示了1.1万年前的新仙女木时期气候突变(NOAA,2020),表明我们星球的气候可以在一个生命周期内从一种平衡转变为另一种平衡。在这一时期,气温升高导致北海淹没了非常肥沃的欧洲土地。这片区域有山脉、河流和多格河岸沿线的聚居区。多格河岸是一块面积相当于荷兰的陆地,我们的史前狩猎采集祖先可以通过这座陆地桥从爱丁堡走到奥斯陆,但它现在消失在北海之下了。

把时间距离拉长到千年,从考古学和历史学的角度来看,罗马帝国的崩溃也与一段时期的气候变暖、严重干旱以及埃及粮食连年歉收有部分关系。罗马的稳定受到影响主要是因为,它庞大的人口依赖埃及的谷物、橄榄油和西班牙的葡萄酒等很多进口货物。就在罗马养活子民都艰难无比的时候,气候变暖驱使难民和部落越过帝国的外部边界,与罗马军团发生冲突并大获全胜,进一步破坏了帝国的稳定(Harper,2017)。当然,这些神话传说、旧石器时代、考古研究,以及早期历史的关于气候变化影响人类社会的案例,并不是我们现如今共同叙事和理解的一部分。2021年,社会中没有类似的气候现象。正因为如此,我们很难理解过去数年中因个人和集体行动所造成的全球气候危机的严重性。然而,要实现净零排放的未来,就需要社会、政府乃至个人扩展政治、社会、经济和自身视野。我们需要现在就承诺目标,承担实现的代价,但结果要几十年后才能完全显现。因此，尽管我们必须意识到实现气候目标的成本和负担，我们也需要可操作的短期、中期和长期目标，还要有清晰可见的效益。政府在这方面至关重要。政府可以拓宽我们的视野、制订长期计划，帮助我们解决"公地悲剧"[①]问题。

"公地悲剧"有悖于我们必须实现的气候目标，这也是缔约方大会试图通过协调实施温室气体排放目标来解决的问题。各国政府可以大有作为，比如致力于改变我们应对气候变化、转型和净零工业再绿化、再发展、再循环的叙事。

把村里的公共用地想象成村民可以放牧的牧场。理性但自利的每个人都希望积累财富，因此每个人都会在公地上放一头牛。最后，随着每个村民都增加一头牛，公地最重要的资源——草场退化，牧场衰退，无人获利。这也是我们地球的"公地悲剧"。在这种情况下，"毁灭是所有人奔向的终点，在一个相信公地自由的社会中，每个人都在追求自己的最大利益。公地自由给我们所有人带来毁灭"（Hardin，1968）。

气候变化是眼界狭隘的终极后果和"公地悲剧"，是典型的全球公共品，因为每个国家的温室气体排放都会累积导致总量增加，但每个国家减少温室气体排放所付出的代价可能会高于带来的直接利益，除非采取有效的集体行动，阻止"白食者"继续污染，损人不利己，而这些通常是更贫穷、更边缘化、更弱势的国家和群体。认识到视野的局限性，打开眼界格局都非易事，解决全球"公地悲剧"也一样困难。这两项挑战都需要政府、经济、企业和个人采取行动加以纠正。政府要为社会和经济设置边界、路径和规则。各国政府要协调一致、共同行动，这对于拓宽我们的视野至关重要。这

[①] "公地悲剧"在经济学中是指个人为了追求私利而忽视社会福祉。这将导致过度消费，最终耗尽公共资源，损害每个人的利益（Boyle，2020）。

正是缔约方大会谈判的目的所在。至本书写作完成为止，它们取得的成果不尽如人意，但在2021年，成功的机会似乎更大了。

经济学也必须转变认知，要认识到自身叙事的偏差，模型和思维方式的局限性，从而更有效地应对气候变化，助力设计行之有效的政策方案。总之，平衡需要重构。

四、经济故事：个人和政策的行动指南

经济学也有自己的叙事。席勒（Shiller，2019）将经济学叙事定义为"有可能改变人们经济决策的有感染力的故事"，他描述了经济学叙事的7种形式。这些叙事影响并推动着我们——从科技繁荣到萧条，从信贷推动的大放水到国际金融危机，从比特币繁荣到萧条再到繁荣。我们常常察觉不到这些叙事在推动我们，并改变我们的思维和行动。许多叙事都是短期的，如"立即入手比特币"；有些是长周期的，但影响重大，如"房价只会上涨"。这些故事促使个人采取行动，导致泡沫膨胀直至崩溃。还有其他持续多年的经济叙事，对我们的政策对话和经济体系影响深远。

经济意识形态叙事波澜起伏，从古典主义到凯恩斯主义，再到新古典主义和新凯恩斯主义；从供应派到需求派。经济意识形态叙事的相对力量此消彼长。古典经济学在20世纪早期占据主导地位，为政府如何应对大萧条提供了依据。如赫伯特·克拉克·胡佛（Herbert Clark Hoover）总统拒绝牺牲国家利益来避免灾难，他在经济和意识形态方面的失败导致美国陷入了历史性困境。

美国总统富兰克林·德拉诺·罗斯福（Franklin Delano Roosevelt）提出了积极的国家对策，并在20世纪30年代和40年代三次大获全胜。罗斯福运用国家力量来应对经济和规划，还包括战争准备和大萧条后的经济重建。战争经济具有干预性和指向性，它是

国家工业政策的写照，推动了盟军的胜利。经济市场助益良多，但战时受到国家的严密管控和干预。

战后经济学和意识形态支撑了由固定货币和金本位制构成的全球强监管体系。这一国际架构由约翰·梅纳德·凯恩斯（John Maynard Keynes）和他的同事们设计，由美国及其盟国创建，旨在重构全球经济。凯恩斯主义经济学在整个20世纪50年代和60年代主导了经济发展的方向。这期间婴儿潮鼎盛，经济迅速增长，欧洲和日本在美国政府的资金和支持下重建。政府的采购和干预确保了经济的持续增长，目标是充分就业。

从20世纪60年代到70年代，英国出现了滞胀，经济停滞和通货膨胀同时发生。各国在社会动荡、罢工和其他紧张局势中挣扎。深陷越战泥潭的美国放弃了布雷顿森林体系的固定汇率制，以应对自身经济的萎靡不振。英国在北爱尔兰面临恐怖主义，一个疲软的国家显然无力采取行动稳定经济或解决社会和经济弊病。

经济越发萎靡不振，新自由主义经济学家抓住了机会，米尔顿·弗里德曼（Milton Friedman）、弗里德里希·哈耶克（Friedrich Hayek）、基思·约瑟夫（Keith Joseph）等人将矛头对准了似乎已经走到尽头的凯恩斯主义。与凯恩斯主义相反，他们倡导自由市场，释放"动物精神"①，支持转向长达数十年的放松管制，这一转变形成了有利于市场的经济平衡。国家退让了。

奥地利新自由主义派在美国和英国胜出了，他们以市场为中心的论调在美国主导的国际准则制定机构中根深蒂固。这种经济叙事从国家行动、国家支持、产业政策和战略方向果断转向了信奉无约束的市场，市场经济凌驾于其他混合体之上，尽管这些混合体在欧

---

① "动物精神"是凯恩斯创造的一个术语，用来描述人们在经济紧张或不确定时期如何做出金融决策，包括买卖证券。

洲大陆和亚洲依然存在（有时甚至繁荣兴旺）。

从20世纪70年代末开始，美国总统罗纳德·里根（Ronald Reagan）、英国首相玛格丽特·撒切尔（Margaret Thatcher），以及他们意识形态的追随者，包括美国总统比尔·克林顿（Bill Clinton）和英国首相托尼·布莱尔（Tony Blair）等中左翼领导人，广泛支持新自由主义、以市场为中心的神话，即无形之手的力量、市场解决方案的重要性，以及避免国家对经济及其发展方向的干预。市场永远是最明智的。

占主导地位的新自由主义叙事及其各个方面，构成了我们今天仍在自我灌输的经济故事，经济学家在向许多主要政府提供政策建议时也倾向于使用这种叙事。然而，这种说法限制了我们在指导经济发展道路方面所能采取的应对措施，因为它不承认采取紧急的、共同的地球气候行动是必要的。经济学家需要清醒地认识到这种叙事和模型的局限性甚至失败，以及他们并不能提供气候变化危机的解决方案。因此，我们可以在寻求构建气候经济学叙事模型的过程中，开始应用针对气候变化的解决方案，无论是经济的定价、法律的反垄断和税收，还是监管的激励和惩罚。

经济学家和政策制定者必须重新考虑用于阐释气候变化路径的经济模型。遗憾的是，主流模型及其假设拖累了我们共同应对气候变化的速度。

五、气候变化模型

多年来，经济学家一直用综合评估模型（IAMs）来解决气候变化问题。早期的综合评估模型就是加入了温室气体排放模块的能源经济模型。如今，综合评估模型已经成为帮助人们直观了解气候政策和方法的标准工具，其中包括碳循环模型和简易气候模型。许多经济学家使用综合评估模型来衡量气候变化和政策的影响，但这些模型的应用和结果仍存在争议。平代克（Pindyck，2017）认为：

> 综合评估模型有一些关键的缺陷，导致其作为政策分析工具几乎毫无用处……（它们）给人一种科学和精准的假象，使决策者误以为模型预测很科学。

潜在用户要了解综合评估模型的缺陷和局限性。气候经济模型并非事实。最好秉持"所有模型都是错误的，但有些模型是有用的"（Box，1970）。潜在用户需要牢记，模型的有效性取决于使用环境。如果在急流中使用静水独木舟，就会翻船。同样，如果用错了气候模型，或者在模型中做了错误的假设，那么输出结果就会有问题，并可能得出错误结论，进而导致危险的政策决定。

模型充其量只是现实的简化摹本，我们可以通过模型来可视化可能的理论结果。这些结果从根本上取决于选择的假设（增长率、投资或储蓄倾向、当前和未来的碳成本等）。这些假设会产生经济和道德影响。有人可能宁愿寅吃卯粮，也不愿为孩子们受到的威胁买单，从而愧对子孙后代。还有人可能忽视其他物种，否认大自然和赖以生存的生态系统的重要性。然而也有人可能会平等地珍视后代，认同保护地球应当共同行动，给成本和风险赋予不同的权重，这样在综合评估模型中的输入也会相应改变。

模型是非政治的，但我们的输入不是。对政治和道德判断进行辩论是合理的。我们在工作和决策中其实一直这样做。在论证缓释气候变化的利弊及其成本和收益时，经济学家会采取含蓄或明确的政治立场。我们最好在所用的模型中明确伦理和政治判断。模型使用者应该明确其政治经济和意识形态立场，承认他们使用模型来帮助校准并实现这些立场。政策制定者不应认为使用任何特定的模型就能得出唯一的最优解。模型只是工具，而且是有许多缺陷的工具。模型可以帮助决策，也会阻碍行动，因为如果模型得出的结论是暂缓必要的气候行动，反而助长了反对者和否认者的气焰。

最著名、最具影响力的综合评估模型是威廉·诺德豪斯（William Nordhaus）在1992年设计的。他的动态综合气候经济模型（DICE）赢得了2018年诺贝尔经济学奖，并为经济学界提供了数十年的全球气候变化影响估算工具。该模型最常用于估算缓释成本、碳成本、最优全球气温升幅以及未来几十年的各种发展路径，但它对气候变化经济叙事的影响并不积极。

DICE可供非专业人士免费下载或在线使用，但它并不覆盖经济和气候过程的所有细节。相反，它是一个简单的经济模型和气候模型的结合体，为学生和政策制定者提供了一个思考气候政策和如何利用现有方法手段的工具。DICE允许用户调整有关增长、储蓄、排放等方面的假设，以观察相应的产出变化。它揭示的是政策如何影响结果。

DICE是一种经济增长模型，假设在有劳动力和资本的情况下进行经济生产，经济产出的一部分用于投资，为未来创造资本，其余用来消费。DICE假设"幸福"完全取决于今天的消费，也就是说，它假定最大的效益来自消费。像其他模型一样，DICE中得出的结论受制于模型所依据的假设的稳健性和真实性（Parramore，2019）。DICE与其他所有综合评估模型一样，都受限于输入假设相关的限制因素。DICE颇具争议，因为它的某些迭代结果加剧了行动停滞不前，强化了那些认为气候变化危害是夸大其词的可信度，因而削弱了确保净零排放的驱动力。DICE的明显缺陷包括高折现率、代际不公平、增长假设和损害函数。

下文将讨论DICE作为主流气候模型和经济叙事的缺陷。不幸的是，"过去几十年来，世界各国政府都没能采取积极的气候行动"，DICE要负部分责任（Hickel，2016）。

（一）折现率

气候经济学叙事中关键的第一步是要认识到，我们不再奢望对未来讨价还价，因为气候危机的未来几乎就在我们眼前，我们有伦理和道德义务来保护地球，用当下的投入来为子孙后代保护它。折现是将未来的成本转换为当期现金流，折现率决定了未来几十年成本和收益的现值。折现率对制定气候政策至关重要，因为它决定的是当今社会应投资多少来控制未来气候变化的影响。从历史上看，经济学家更倾向于使用长期政府债券的市场回报率来折现。

折现率是 DICE 的关键因素，它决定了我们现在是消费、储蓄还是投资来缓释未来的风险。如果我们在构建经济叙事时使用较高的折现率，那么投资缓释气候变化的经济动机就会降低。诺德豪斯 2007 年的 DICE 最开始使用的折现率非常高——5%。由此得出的结论是：经济上立即为缓释气候变化的投资是不值得的，因为储蓄的回报率非常高，即不采取行动的回报率非常高。DICE 的政策结论是等待，不必缓释气候变化，这很可能导致决策者在气候变化问题上的踟蹰不前。随后的模型调整将折现率降至 3%。即使在 2018 年的最新版本中，现行的 DICE 折现率也比《斯特恩气候变化经济学评论》中建议的折现率高出一倍多（Stern, 2006）[①]。斯特恩建议

[①] 《斯特恩气候变化经济学评论》（*The Stern Review on the Economics of Climate Change*）是经济学家尼古拉斯·斯特恩（Nicholas Stern）在 2006 年 10 月 30 日为英国政府发布的一份长达 700 页的报告，斯特恩是伦敦经济学院（LSE）格兰瑟姆气候变化与环境研究所（Grantham Research Institute on Climate Change and the Environment）的主席，也是利兹大学（Leeds University）和伦敦经济学院气候变化经济学与政策中心（Centre for Climate Change Economics and Policy）的主席。这份报告讨论了全球变暖对世界经济的影响。虽然这不是第一份关于气候变化的经济报告，但它是同类报告中篇幅最长、最广为人知、讨论最广泛的一份，其意义重大。

的折现率低于1.4%。在这个低得多的数字下,现在进行补救来应对未来气候变化的影响更为合理,因为未来的美元并不比现在的美元有价值。决策者应该听取斯特恩的意见,而不是诺德豪斯的。

我们不应该赋予一种模型或一种方法过多的权力。不过,我们可以假设一个 DICE 的反馈回路。早期的模型迭代使用了很高的折现率,结论表明采取减排行动价值很低,甚至毫无意义。这导致了模型指引下的政策不作为。这种不作为导致温室气体排放加剧,气候恶化。随着实际气候的恶化,模型进行了小幅调整,但这些调整不足以推动有意义的政策转变。因此,气候政策的不作为在一定程度上是由模型假设和产出误导的。对于经济模型或全球气候问题而言,这不是一个富有成效的反馈回路。

特朗普政府生动地诠释了滥用碳定价和折现会如何产生深远的政治影响和问题(见专栏2.1)。

专栏 2.1　折现的有害使用

有意使用高折现率会使模型结果出现偏差,因为所使用的高折现率会对政策评估产生巨大影响(Fleurbaey and Zuber, 2013)。政府决策者心知肚明,他们也清楚高折现率会减缓政策行动的势头,因为它会向各级政府发出信号:现在投资并不审慎,等待才是最好的选择。特朗普或者至少是他内阁中一些有政治动机、精通数学的官员,明白输入会影响模型产出,从而影响决策。

这一认识就是政府2018年修订碳成本计算方式背后的原因。特朗普政府官员首先将碳成本从奥巴马政府估计的每吨50美元降至每吨1—7美元,使污染付出更多代价,但使减排显得不值得。随后,特朗普团队将折现率从(已经很高的)2.5%—5%上调至5%—7%(*New York Times*, 2018)。特朗普明白,在成本效

> 益分析中使用高的折现率实际上会抹杀采取保护行动的合理性，因为模型表明，与其现通过投资减少温室气体排放，还不如把钱存起来。
>
> 　　特朗普政府的例子表明，高折现率会产生扭曲失真、道德可疑、政治有害的影响。

（二）代际不公平：我们重视子孙后代

折现率越高，我们对后代福祉的重视程度就越低，对地球或后代未来的关心程度就越低。DICE这种代际方法，就像生日歧视。它表明，时间距离越远，关心越少，哪怕是生存问题。这在伦理道德上是有问题的，也是不现实的，因为我们的资源是有限的，生物圈也只有一个。这在伦理道德上也是难以接受的，因为它惩罚了子孙后代。

DICE的高折现率基于一个错误的假设，即现在的消费总是优于今天投资明天。然而，这与我们在社区和家庭的行为方式并不相符。想一想家庭和社区为照顾和教育子孙后代所投入的大量资源。在美国，假设一对夫妇在2015年生一个孩子，到孩子高中毕业将花费28.4万美元（USDA，2020），然后还要花一大笔钱送孩子上大学。不过这些家庭都能接受这笔费用，他们选择投资后代的未来，而不是即时消费或存钱买新厨具、新船、大篷车或休闲车。全世界的家庭都不遗余力地为子孙后代提供教育，保障他们的未来。与赌博或酗酒相比，大多数家庭（如果有能力的话）都会优先通过教育来投资子女的未来。

气候危机即将来临。当我们全球碳预算耗尽时，2020年出生的孩子才刚刚成年，步入职场。正如父母、祖父母、叔叔阿姨和社区投资于我们的孩子一样，社会也需要投资于气候缓释和产业转型。只有这样，我们才能确保明天不会更惨。反之，如果我们不投资这些，未来经济状况恶化的可能性就会增大。

（三）增长假设：未来我们都会更富有吗

DICE还有一个缺陷：对未来经济增长的假设过于乐观。未来我们都会更富有吗？也许不会。现在乐观的增长假设可能有问题，鉴于美国、日本和欧洲几十年来一直处于长期停滞状态，主要表现在增长缓慢、不尽如人意、通胀率极低、消费疲软和生产率低下。我们是否应该拒绝当下投资和消费，为不确定的明天储蓄？假设几十年后地球和我们的经济，相对来说不受气候变化态势的影响，这可信吗？这与我们所观察到的气候变暖现象背道而驰。假如现在不缓解气候变化，不投资绿色技术，明天是否会增加成本，降低潜在增长率、工人和土地生产率？对许多国家和群体来说，明天的情况很可能比现在更差，尤其是如果我们现在不投入，不为明天的净零工业转型打好基础的话。

如果我们任由当前的温室气体排放趋势和气候变化态势发展下去，明天我们都会更惨。DICE过于乐观的假设和增长演绎忽视了气候变化给数亿人带来的日益严重的经济损失和破坏。根据联合国政府间气候变化专门委员会（IPCC）的定期报告，这些风险已经显现，而且损害似乎还在加剧。类似DICE等综合评估模型并没有充分考虑气候危机的反馈回路可能导致增长减弱。

（四）损害函数：未来经济灾难的成本不断上升

综合评估模型和DICE中的一个关键假设涉及所谓的损害函数——气温上升与经济增长之间的关系，以及温室气体排放增量和存量加剧气温上升和经济损害的程度。与折现率一样，由于全球未能解决温室气体排放问题，DICE的调整逐渐强化了损害函数，但DICE是否捕捉到了未来损害的程度呢？DICE研究了过去气候变化的代价，并据此向前推断，加入了一个 25% 的"模糊系数"。

DICE 的经济损害结论是决策不作为的秘诀。诺德豪斯（Nordhaus，2017）使用自己的损害函数得出结论是：

> 把所有因素考虑在内，最终估算的结果是：在温度升高 3 摄氏度的情况下，损失为全球收入的 2.1%；在温度升高 6 摄氏度的情况下，损失为全球收入的 8.5%。

气候否认者和反对者欢欣鼓舞，懒政者也是。诺德豪斯认为，如果全球气温比全球科学界和 IPCC 达成的共识所建议的温度高一倍，那么经济成本确实非常低。诺德豪斯对温升 6 摄氏度造成的较高损失进行估算，时间跨度超过一个世纪，并得出了令人难以置信的结论：每年的经济成本不到国内生产总值的 0.1%。

将损害函数设得如此之低，就是强化"等待"这一隐含建议，即现在不投资缓释气候变化。毕竟，损害是微不足道的。就像阿尔弗雷德·纽曼（Alfred Neuman）的口头禅："我有什么好担心的？"（Neuman，1954）

如果我们低估了损害，假设人们将来会更加富裕，那么现在采取行动的好处对政策制定者和规划者来说又是一文不值了，这显然是危险的。

DICE 的负面影响可能"非但不能理性引导政策，反而使社会陷入虚假的安全感"（Keen，2019）。我们应该撇开 DICE 的经济影响结论，转而研究其他估算方法和证据。

证据表明，许多人，尤其是我们当中最贫穷的人，已经面临着气候变化带来的日益严重、威胁生命和经济代价高昂的影响。气候变化导致的天气事件的频率和严重程度都在增加。如果不采取任何措施，继续按照"一切照旧"^①情景来排放温室气体，天气事件可能在未来几年或数十年内就会变得更加恶劣，而不是数百年后。这些恶劣天气现象造成的经济损失越来越大，全球变暖对生态系统和国家造成的影响也越来越大，这些影响相互关联、日益严重、代价高昂，虽然诺德豪斯对损失的估计很低。

瑞再拥有世界上最专业的气候风险分析团队之一，它发出的警报也许是最响亮的。瑞再对气候变化的经济成本进行了估算，作为再保险公司，他们必须这样做才能规避巨额损失。他们发现，经济成本非常高，而且可能变得异常巨大，这个发现真是警世钟。

（五）生态系统崩溃非同小可

瑞再估计，由于生物多样性减少，全球 1/5 的国家将面临生态系统崩溃的风险。所有国家的居民都依赖自然生态系统，水能载舟亦能覆舟。经济依赖于这个统称术语——生物多样性和生态系统服务（BES）。通俗地说，这包括粮食供应、水安全和空气质量，所有这些对社区和经济的稳定都至关重要。生物多样性和生态系统服务的退化代价惨重，比 DICE 估算的损失数字高出许多量级。

瑞再发现，发展中经济体和发达经济体都将面临风险，而非常依赖农业部门的发展中经济体（如印度和巴基斯坦，这个名单很长，风险人口巨大）尤其容易受到生物多样性和生态系统服务的冲击。报告还发现，在 39 个国家中，超过 1/3 的生态系统处于脆弱状态；巴林、塞浦路斯、以色列、哈萨克斯坦和马耳他的生物多样

---

① IPCC 的代表性浓度途径（Representative Concentration Pathway，RCP）8.5 情景假设排放量有增无减，显示了"一切照旧"情景下的危险。RCP 8.5 情景下，碳浓度使全球平均每平方米变暖 8.5 瓦特，相对于工业化前，RCP 8.5 将使 2100 年的气温上升约 4.3 摄氏度。更多详情，请参阅：https://climatenexus.org/climate-change-news/rcp-8-5-business-as-usual-or-a-worst-case-scenario。

性和生态系统服务排名最低；全球国内生产总值（GDP）的55%，即41.7万亿美元，依赖于高效运转的生物多样性和生态系统服务；东南亚主要经济体、欧洲和美国面临生物多样性和生态系统服务衰退的风险（Swiss Re，2020）。

> 东南亚主要经济体、欧洲和美国已经实现了经济多元化，但也面临着生物多样性和生态系统服务衰退的风险。因为重要的单个经济部门可能会受到单一生物多样性和生态系统服务因素的影响，例如缺水会对一个国家的制造业、房地产和供应链产生破坏性影响。

作为世界领先的再保险公司之一，瑞再敲响了警钟，估算的损失比DICE大得多，我们应该予以关注。瑞再生物多样性和生态系统服务崩溃的情景如噩梦一般，促使我们采取行动。我们每天、每年都能看到全球各地不断付出代价，这表明DICE的损失假设太低了。

（六）难以承受的热浪

热浪的严重程度和发生概率一直在增加，如今不断被打破的高温纪录警示着我们面临的危险。2020年，巴格达的气温高达52摄氏度，这是一个惊人的数字——温度高到无法烹饪上等的三文鱼，对稀有的牛排却是恰到好处（*Washington Post*，2020）。破坏性热浪在欧洲（2003、2017、2020）、俄罗斯（2010）一再出现，在东非还伴随着干旱（2017），以及在南部非洲也伴随着干旱（2015）。研究表明，到2100年，将有数十亿人面临热浪压顶。

日益严重的热浪不仅是健康灾难，还会造成经济损失，影响农业生产，使农作物枯萎、受涝受损。高温还会降低农作物的营养价值，因为随着气温升高，农作物的蛋白质含量会下降。随着当地气温升高，劳动生产率也会下降，尤其在印度和巴基斯坦等地区，那里的劳动者每天在田间地头和大街上工作时都要暴露在阳光下。温度逐步升高，酷暑天难以户外作业，不仅仅是午间时段。英国气象局称，如果不采取行动，"很明显，随着全球气温的上升，世界上最热的地区将不再适宜生存"（BBC，2020a）。根据 IPCC 的"一切照旧"情景，印度和巴基斯坦部分城市地区可能成为世界上第一波出现热浪的地方，热到足以让坐在树荫下的健康人丧命。麦肯锡公司（Mckinsey & Company，2020）预计，到 2050 年，印度一些地区每年出现这种热浪的概率将超过 60%，并警告说，到 2070 年，全球超过 19% 的地区可能会成为几乎不能忍受的高温区。

这种灾难的经济成本是多少？有人认为穷人会待在原地中暑而死吗？不，他们会迁徙，引发比现在更大的气候大迁徙（World Bank，2018；Lustgarten，2020）。但我们的综合评估模型和 DICE 在损害函数中并未包含这些情景。

（七）潮水汹涌，台风呼啸

人们不是被炙烤，就是被水淹。比如 2020 年，孟加拉国 37% 的国土被洪水淹没，这是 1.6 亿人赖以生存的土地。对孟加拉国人来说，如此大规模的洪水和逐渐丧失的土地，经济和社会代价是巨大的。他们所面临的是洪水导致的生态系统崩溃（Swiss Re，2020）以及很有可能的经济崩溃。

对于这些个人的、经济和社会的悲剧，综合评估模型和 DICE 无法为我们提供答案。简单的全球宏观模型既无法捕捉区域气候灾害的巨大影响，也无法捕捉反复发生的恶劣天气事件的长期侵蚀后果。二三十年后，孟加拉国人的境况是否会大为改观，这一点还远未明了。无情的海平面上升、越来越强的台风、紊乱或增强的季风，连同其他自然灾害都表明，气候变化对经济造成的负面影响将会更大，而不是更小。

洪灾及相关损失注定要增加。比如，地势低洼的胡志明市在2050年可能会遭遇洪灾，经济损失将达5—10倍；曼谷也极易遭受洪灾，如果不采取行动，将面临"无休止的洪水"（*Bangkok Post*，2019）。我们应该如何计算潜在损失并应对这些灾害带来的危险？全球宏观模型无法给出答案，但政策和规划可以。

加勒比和中美洲国家，其中一些已经衰败了，机构脆弱、难民危机、社会暴力不断增加，这些国家怎么办呢？恶劣天气事件、当地气候的变化以及对这些国家经济活动的影响（例如天气、气候对咖啡生产的影响）很可能会破坏它们的经济。南部非洲国家的人口迅速增长，天气和生态系统危机重重，政府和机构腐败，无法在管理经济的同时应对干旱。全球宏观模型也无法给我们答案。太多时候：

> 经济评估没有考虑到同时在世界各地可能产生的巨大影响，这些影响将导致大规模迁移、流离失所和冲突斗争，造成大量人员伤亡。（DeFries et al., 2019：3）

（八）发达经济体同样面临严峻挑战

落后经济体受气候危机的影响总是最大的，但发达经济体也并非没有受到影响。例如，英国伦敦正受到海平面上升和潮汐的影响，泰晤士河堤坝自1982年建成以来已加高了193次（*Thames Barrier*，2020）。这一屏障保护着130万人和伦敦市中心价值2 750亿英镑的财产，否则一旦涨潮，这些资产就会被淹。工程师发现，2070年以后，堤坝将不足以保护伦敦。伦敦的规划者们已经在为这座城市的未来寻找新的解决方案。

袭击美国的破坏性洪水和飓风越来越多。2012 年，美国飓风桑迪造成了 620 亿美元的损失；2017 年，飓风哈维造成了 1 900 亿美元的损失。气候影响和严重的洪涝风险反映在美国住房市场上，洪水易发地区的住房成本不断上涨。正如纽约时报（*New York Times*, 2020）观察到的："越来越多的银行让沿海地区购房者支付更多的首付款，一般是购房款的 40%，高于传统的 20%，这表明贷款人已经意识到气候风险，并希望减少自己的资金风险。"这些银行正在迅速把这些面临风险的沿海抵押贷款转移给美国政府机构，他们不想持有将被淹没的资产。

这种由极端天气事件引发的沿海洪灾代价高昂。1980 年以来的 246 次（截至 2019 年 4 月）气象灾害中，热带气旋造成的损失最大，总损失达 9 275 亿美元，平均每次损失近 220 亿美元。仅在 2018 和 2019 年，美国的损失就高达 910 亿美元和 450 亿美元（NOAA，2019）。

2021 年 2 月，冰冻了美国大部分地区的极地旋涡，是另一个与气候变化相关的恶劣天气事件的例子。得克萨斯州大部分地区被大雪覆盖，冰冻数日；数百万人断电，饮用水短缺；数十人死于失温。保险费用预计将是得克萨斯州有史以来最高的一次。

欧洲最近还有一个例子，让人们认识到气候变化对经济造成的损害。德国 2018 年的经济衰退不仅是大众汽车的排放造假丑闻造成的，它还受到莱茵河极低水位的严重影响。莱茵河流经以出口为导向的制造业重地鹿特丹港的中心地带。在这里，气候联通一体，相互影响。莱茵河的水源来自高山冰川，随着降雪减少，融雪和河水也随之减少。正如一位德国分析师指出的："气候变暖意味着像今年夏天的极低水位事件很可能再次发生"（*Business Insider*，2019）。2018 年，德国在莱茵河的涓涓细流中艰难挣扎，其他地方却已火烧眉毛。

（九）野火肆虐全球

野火肆虐，经济损失持续攀升。2020年，加利福尼亚州、俄勒冈州和华盛顿州大火燎原的面积是2019年的26倍。对于这场灾难，俄勒冈州州长回应说："这确实是西岸气候变化的风向标。这给我们所有人敲响了警钟，我们必须竭尽全力应对气候变化。"华盛顿州州长称这场大火是"世界末日"；加利福尼亚州州长表示，关于气候变化的辩论答案已经显而易见（BBC，2020c）。加利福尼亚洲2019年野火和天堂镇的损失高达800亿美元。

其他地方的大火也在肆虐。2019年，澳大利亚的野火规模是此前记录的25倍，造成的损失高达1 000亿美元，4.8亿只走兽和爬行动物丧生。2018年，加拿大的野火造成了100亿美元的损失，烧毁了150万英亩土地（约0.607平方千米）。而在2019年，西伯利亚2.1万平方英里（约5.4万平方千米）的苔原燃起熊熊大火，增加了温室气体排放，也说明北方可能会经常发生火灾（Mckinsey & Company，2020；University of Sydney，2020）。

西伯利亚冻原正在被炙烤。2020年春季，西伯利亚北极圈内区域的气温飙升至38摄氏度，创下有记录以来的最高温（BBC，2020b）。这比6月份的平均最高气温还要高出18摄氏度。这种破纪录的气温表明，北极地区的变暖速度是全球平均水平的两倍多，同时会影响森林火灾、农业、当地永久冻土的融化和温室气体排放。

正如保罗·克鲁格曼（Paul Krugman）观察到的："虽然气候变化的所有后果需要几代人的时间才能显现，但其间会发生许多局部的、突发的灾难。《启示录》将成为新常态，而这就发生在我们眼前"（Krugman，2020）。当我们根据这个不断变化的现实重新调整我们的叙事和模型时，我们必须认识到独立天气事件的严重性在增加，同时也要关注更令人不安的肥尾和临界点问题。

六、肥尾和临界点

我是苏格兰人,来自一个悲观的、多代同堂的加尔文主义传统家庭。我不是唯一一个悲观的苏格兰人。比如邓肯在《加尔文的小书》(*The Wee Book of Calvin*)中回忆了他祖父经常念叨的各种消极谚语,比如"黑暗无孔不入"和"没有期待就没有失望"(Duncan,2004)。我也在努力"永远看生活的光明面"(Monty Python,1979),避免再次陷入苏格兰式的悲观主义。

虽然在讨论肥尾、临界点和反馈回路时很难乐观,但我们必须考虑到肥尾风险和噩梦般的临界点。

肥尾风险是气候变化叙事和风险测算的重要组成部分,但许多经济模型并没有考虑这些风险。复杂性、不确定性、规模和时限都超出了模型框架,因此,默认做法是考虑较小、较次要的风险,这些风险可以从过去的证据和经验中观察到的渐进变化而推断出。包括诺德豪斯在内的经济叙事人,都有"火鸡投票赞成过圣诞节"一样的问题(Taleb,2010)。我们从过去预测未来,就像预测火鸡未来一样,忽略了圣诞节前夕突然死在农夫手中的致命尾部风险,而这一风险就在眼前。

肥尾风险的定义是:与正态分布相差三个标准差以上的风险发生概率。图 2-1 是肥尾分布与正态分布的对比。

气候变化的最大尾部风险与一般的经济或金融尾部风险不同,因为"极端负面影响是不可忽视的。如果不了解可能出现严重问题的未知情况,这带来的深刻的结构化不确定性,通常伴随着地球损害重大且无限的下行可能性"(Weitzman,2011)。瓦格纳和魏茨曼(Wagner and Weitzman,2015)发现,经济学中常用的成本效益分析大大低估了气候变化的肥尾风险。他们强调,如果政府在做出政策决定时将这些风险考虑在内,那么采取行动的压力就会增加,决策过程也会随之改变。瓦格纳和魏茨曼（Wagner and Weitzman，2015）计算得出，我们面临地球最终温升6摄氏度或更高的概率超过10%，这意味着人类在这个星球上的冒险就此结束。

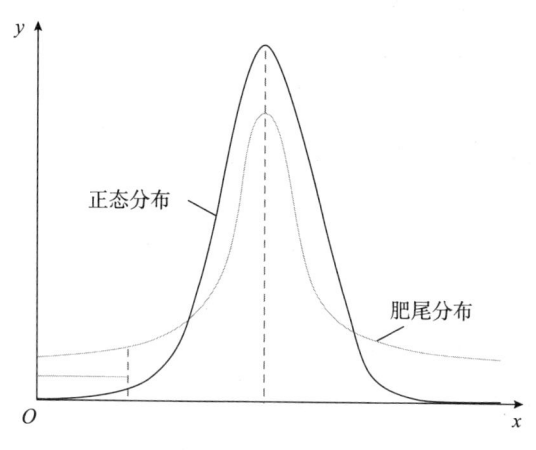

图2-1 正态分布与肥尾分布

毁灭文明的气候变化肥尾风险为10%，这足以促使我们所有人立即采取行动。毕竟，如果我告诉朋友，他们走在街上被杀的概率大于1/10，他们就会拒绝上街，并要求采取保护措施、增加治安支出。然而现在，许多企业、政客和相当一部分选民仍然愿意承担这种个人、企业和地球风险。

太平洋煤气电力公司（Pacific Gas and Electric）是位于加利福尼亚州的一家破产的电力公司。在迅速变暖和逐渐干旱的气候环境下，他们知道，或者说应该知道，老旧的输电线和配电网络中的一些部件可能会引发失控的野火，从而带来极大的尾部风险。这家公司的成本效益分析本应包括这些风险，以及一旦发生大火，烧毁周围环境并造成人员伤亡而可能承担的巨额赔偿责任。然而，这家公司却没有维修线路来确保它们在易燃环境中的安全运行。由于过于乐观、平庸、错误的成本效益假设，2018年天堂镇有86人被烧死。

在全球范围内，我们面临不止一个可能的肥尾风险，而是许多越发令人震惊，甚至可怕、相互关联、非线性的肥尾风险，所有这些临界点都是我们不希望也无法应对的新平衡。如果我们不能根据瓦格纳和魏茨曼（Wagner and Weitzman, 2015）的警告采取行动，将历经一系列气候临界点，走向文明的终结。

历史表明，气候变化发生得很慢，几乎难以察觉，直到它变得非常快。旧石器时代和新仙女木时期的考古记录就是明证（见专栏2.2）。

专栏 2.2 气候突变曾经发生过

新仙女木时期（1.1 万—1.45 万年前）

新仙女木时期——以当时欧洲常见的一种花卉仙女木（dryas octopetala）命名——从大约 1.45 万年前持续到 1.1 万年前。在那期间，地球气候迅速变化，从逐渐变暖到变冷，再到小冰河时期，最后又突然变暖。最重要的是，温度和气候状态之间的转变发生得非常迅速。大约 1.15 万年前，格陵兰岛的气温（通过冰芯分析测得）在 10 年内惊人地上升了 10 摄氏度，而世界其他地区也在不到 30 年内发生了这一巨变（Alley, 2000）。

地球历史上的这一考古事件凸显的是，复杂、非线性、相互关联的气候系统中的变化一般发生得很慢，随后变化又可能发生得非常快。这是状态发生重大变化的自然规律。变化并不总是一个渐进、平稳的过程，它可能是从一种状态到另一种平衡突然、惊人的转变。当达到一个新的平衡时，至少在我们的生命和文明相关的时间尺度内，是不可逆的。

古新世气候变暖

在 5 500 万年前的古新世—始新世极热时期，地球表面温升约5—8摄氏度。古新世—始新世极热事件是地球历史上气候变化最迅速、最剧烈的时期之一（Wright and Schaller，2013）。

气候变暖导致大部分冰原融化，再加上海水的热膨胀和其他因素，海平面比现在高出约70—140米（Haq et al.，1987），持续时间超过1.5万年。其实这个海平面上升的速度比现在要慢。

海平面以每百年1—2米的速度上升——如果发生在今天，这速度足以迫使主要港口不断搬迁，并造成数万亿美元的房地产损失（世界上大多数人口居住在与海平面几乎齐平的沿海城市）。

那个时期的海水温度比现在要高得多，南极洲沿岸的温度约为20摄氏度。热带海洋就像泡澡水一样。西非沿岸的温度为36摄氏度。这样的温度和海洋化学物质对许多海洋生物和鱼类来说是致命的，因为它们的外壳结构会遭到破坏（Earth in the Future，2021）。

古新世—始新世极热时期看似遥远，变化速度缓慢，其实不然。在古新世—始新世极热时期，地球曾两次大幅变暖（称为极热）。这两次变暖发生在短短13年内（Wrrght and Schaller，2013）。虽然事件传导机制尚不清晰，但所传达的信息却很清楚：一旦发生转变，就是不可逆的。17万年来，气温一直保持在较高水平（BBC，2015）。

这两个史前案例都提醒我们，气候变化看似缓慢，实则不然。

我们星球上的许多方面看似相对稳定，气候变化几乎难以察觉。然而，在看得见的灾难之间，微小的变化不断叠加、积蓄，累积量越来越高，突然严重爆发的可能性越来越大，直到变成看得见的灾难。千里之堤，溃于蚁穴（Gladwell，2000：1），尤其是当这些影响被放大数10亿倍时。最终，我们的行星系统可能会"因为微小的扰动而发生质变，而且可能比我们估计得更快……关键在于某个临界点，系统的未来状态会发生质变"（Lenton et al., 2008）。

科学家们认为，临界点是由一系列相互关联的反馈回路和螺旋组成的，而我们只了解其中的一部分。不过他们观察到，这些反馈回路将相互关联的气候和物理临界点拉得更近、更快，并使当地和全球气温升高。一些地方已经出现了区域性临界点。

澳大利亚的大火以及2020年加利福尼亚州大火就是肥尾事件。通向新平衡的临界点可能不仅仅出现在分布的最末端。澳大利亚的决策者在2019年春季体验了气候变化风险情景。他们确定了高温驱动因素、干旱、大风，以及东南沿海一系列重大丛林火灾导致的关键肥尾情景。仅仅几个月后，这种肥尾风险就应验了。澳大利亚很可能已经越过了一个临界点，进入了永久性的新野火平衡。没有人指望澳大利亚会突然变得更加湿润，不再经历严重干旱，丛林火灾减少，回到20世纪四五十年代更加宜居的气候状态。同样，加利福尼亚州和美国西部的部分地区可能也正面临着每年火灾规模和破坏程度的关键点。

图2-2显示了肥尾和临界点的相互联系。2019年的肥尾事件和临界点A将澳大利亚推向新平衡A，即严重野火成为常态的情景。一切看似循序渐进，其实是到达了临界点。我们不能假定气候变化是线性或渐进的。澳大利亚并不是孤例。

再看看太平洋小岛屿国家的临界点。他们的家园真的要被淹没了。1979年从英国获得独立的太平洋中部岛国基里巴斯就是一个例子。基里巴斯的最高点仅高出海平面2米，它正在沉入水下。基里巴斯1/7的人口已经成为气候难民。你总不能对太平洋岛民说："别担心，临界点和危险还没到来……坚持住。"他们做不到。对他们来说，临界点已经到来（BBC, 2019）。对其他地区而言，临界点可能出现得更晚一些，如图2-2关键点和新平衡所示，即肥尾B、临界点B和新平衡B。

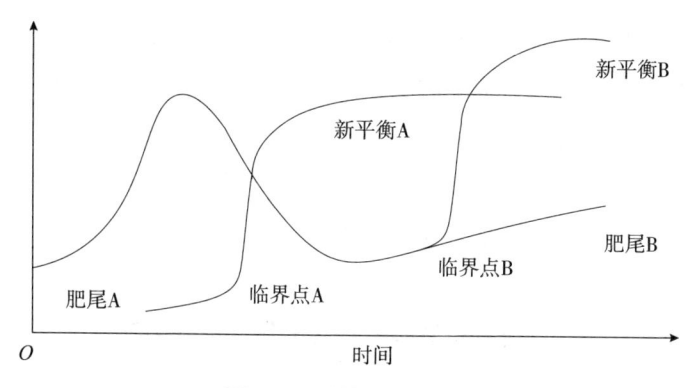

图 2-2 关键点和新平衡

当临界点出现时,"有一些物理过程作为气候和生物圈的非线性正反馈,在通过临界点后,可能会不可逆转地将地球系统转变为新的变暖状态"(Steffen et al., 2018)。我在本章开头指出,这些尾部风险很难融入我们的叙事,更不用说我们的经济叙事和模型了,因为它们确实是"人类历史上前所未有的"(DeFries et al., 2019:12),然而,我们仍然需要了解它们,并制定政策和得出个人的结论。

专栏 2.5—专栏 2.11 按地球气候威胁和温升程度从高到低列示了临界点。在每个标题中,我都列出了目前科学界对不可逆转地触发相关问题所需的临界温升估值。这并不是一份详尽无遗的清单,还有其他已知但多数只是部分了解,还有一些尚待发现。科学家们不断发现他们以往不知道或只部分了解的复杂关联。

这些临界点和气候状态或平衡转变的时间跨度可能非常长,许多往往超出预测周期,但有一些明显越来越近,年复一年地创下新纪录。

临界点看起来并不赏心悦目,而且有些已然逼近。如果我们不能在"此时此地"采取行动,其他临界点就会迫在眉睫。临界点必须成为我们气候经济测算和政策矩阵的一部分。

如果临界点让我们感到不安,那么气候敏感性也应如此。气候敏感性是指地球系统对特定温升的反应程度。它是 IPCC 所有分析和模型的基础。如果地球的敏感性降低，这是个好消息，因为我们将有更多的行动空间。但如果地球比我们假设得更加敏感，这是个可怕的消息，因为灾难离我们更近了。专栏 2.3 讨论了越来越多的证据表明我们可能搞错了气候敏感性。

专栏 2.3 可能过于保守地估计气候敏感性

我们对地球的诊断，即我们对相互关联的气候问题严重程度的衡量标准，可能过于乐观。研究人员认为，我们可能搞错了一个重要的模型驱动因素——气候敏感性。如果是这样的话，我们就更有必要采取紧急行动了。气候敏感性是指 IPCC 模型里对全球大气中温室气体比工业化前水平增加一倍的影响所做的假设。综合评估模型和 DICE 关于气候敏感性采用一致的假设。但这些假设并非一成不变。2020 年的研究表明，我们可能低估了这一关键因素。

迄今为止，模型普遍估计，温室气体比工业化前增加一倍，可能导致温度升高 3 摄氏度，这给了决策者和行动者一些操作空间来通过平滑的路径实现净零，并以《巴黎协定》1.5 摄氏度的温升为目标，尽管平滑路径正在变陡、变短。但是，如果气候敏感性被低估了呢？不仅 IPCC 低估了，其他很多模型也都低估了。2020 年，参与 IPCC 第六次评估报告进程的机构所做的模型表明，25% 的模型显示敏感性从 3 摄氏度急剧上升到 5 摄氏度，该报告将于 2021 年 11 月在格拉斯哥召开的 COP26 上发布（*The Guardian*，2020b）。

我们现在最好的模型中有 1/4 估计温室气体增加一倍可能使温度升高 5 摄氏度。这些模型不是业余人士建立的，它们包括英国气象局和欧洲共同体的地球系统模型。也许这些模型是错的，但如果这些估计哪怕有一点正确的可能性，我们都将面临真实而现实的危险：即使我们实现了现在的目标，也会很快触发多个临界点，并随之跃入一个新的、可怕而危险的、更热的气候平衡。

如果我们对气候敏感性的认知有误，那我们的孩子在有生之年就可能经历以下临界点：北极夏季冰川消失、北极冰川消失、格陵兰冰盖崩塌、南极西部冰盖崩塌、亚马孙雨林消亡、北方森林消亡。

鉴于这些相互关联的行星运行规模，我们必须承认气候存在着很大的不确定性。我们仍然不知道一个系统对另一个系统的确切影响，其中的错综复杂难以理解，令人困惑。在许多学科领域，我们只有非常片面的知识。这些临界点假设仍然只是情景假设，但全球科学家们正在不断检验、探究它们，运用更多的数据，优化模型来完善假设情景。尽管如此，随着时间的推移，人们对它们的发展方向和相互联系会有更好的理解，也会有更多的实证数据支持。气候的方向性趋势始终是加剧变暖，达到一个或多个临界点的危险。

气候经济学的叙事和情景应当在模型中包括低概率、高风险事件。决策者应该像银行、保险公司和再保险公司现在所做的那样，用低概率、极高风险、高成本的结果对计划和战略进行压力测试。

我们的经济叙事和模型往往不包括肥尾，因为这样更容易排除复杂和低概率的事件。这是错误的。正是这些"灰犀牛"（Wucker，2016）——已知但被忽视的气候风险和事件——可能会杀死生活在孟加拉国、新奥尔良、南加州或加勒比海地区的你。

我们的模型今后应包括国别和全球的肥尾风险。许多特定行业的保险模型已经包括极端天气事件、气旋、飓风和干旱。要对这些风险进行规划和评估，正如沃德所说："经济学家和财政部部长们必须停止依赖那些根本不符合目的的模型……这一代经济模型严重低估了化石燃料的使用对气候变化造成的潜在影响,这些模型无法量化成本,因此忽略了气候系统中的临界点。"

正如IPCC的模型需要不断完善、调整、维护和更新一样,我们的气候经济模型也需要反映科学认识的变化并做出相应调整。如果我们的模型不能充分反映现实,我们就要放弃这些模型,并设计出更能胜任这一任务的替代模型。

当DICE和综合评估模型得出的最优结果是到2100年温度上升3摄氏度或到2150年温度上升4摄氏度(Nordhaus, 2018),远远超过地球上几乎所有政府都能接受的最高温度时,这是扭曲且有破坏性的,而不是有益的(Ward, 2018)。

如果一个模型无法帮助我们阐明并实现确保人类生存所需的气候目标,模型假设反而会成为行动掣肘,那我们就需要另辟蹊径,以支持有效的政策制定和地球生存。

如果医生一再误诊,你会怎么办?假设你发烧,烧得很慢,逐渐升温,你去看医生,他们告诉你:"别担心,现在不需要做任何事,就照常生活吧。"也许他们还会沮丧地补充一句:"对不起,我实在没办法确诊你全部的病症。你的症状太复杂,牵扯太多。"你走了,但几天后又回来了。你还在发烧,而且烧得更高了。然而,他们老生常谈,还给了一个令人吃惊的结论:"不,不要把钱花在预防或治疗上。走吧,享受生活,活在当下,不要杞人忧天。"你再次就诊时还是这样,下一次也是如此,尽管医生会表达一些不痛不痒的关切。你会一直看同一位医生吗?还是去找其他医生,让他为你诊断和治疗?即使这意味着今天花钱,但明后天你就能好起来。你会怎么做是不言而喻的:你会换个医生,获得正确的诊断和治疗计划,即使短期内花费巨大。如果你选错了,明天就死了,今天是省下了钱,却没有花在可能有效的治疗方案上,实在是非常愚蠢的。

七、采取行动、测试模型与政策工具

套用新冠疫情中的一句话,社会必须努力拉平气候变化曲线（见图 2-3）。

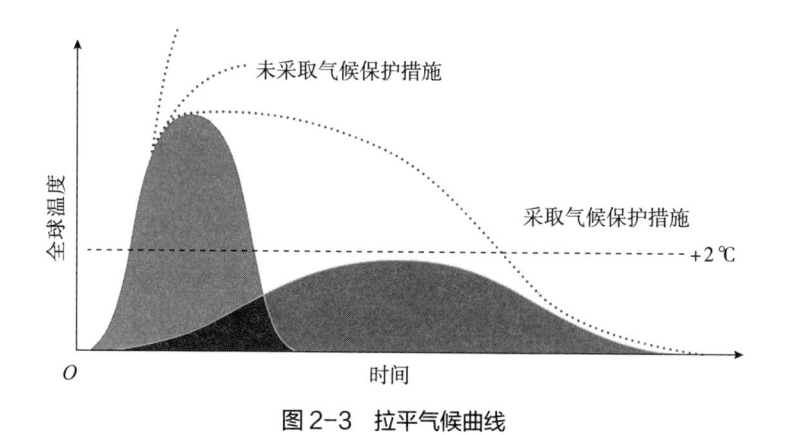

图 2-3　拉平气候曲线

来源：https://flattentheclimatecurve.org。

批评 DICE 及其叙事是有道理的,因为它所使用的假设和关键结论导致了一个误导性论断——不用花今天的钱来减轻明天的灾难。现在 DICE 的折现率仍然过高。它抑制了政策行动。此外,DICE 的碳价仍然过低。2018 年,诺德豪斯的建议是最优碳价为每吨 36 美元。这个价格不足以助力《巴黎协定》目标的实现,因此对保护地球来说一文不值。正如我们所见,其他假设——关于长期减排成本、长期经济增长率和气候变化损害的估计——也值得怀疑。这可以称为 DICE 否认说:它主导了经济政策辩论,负面影响了政策对话,使听众陷入虚妄的安全感,进而延宕了我们在全球范围所面临的必须应对的日益严重的问题。希克尔（Hickel,2018）

将责任完全归咎于DICE："过去几十年来，世界各国政府未能采取积极的气候行动，很大程度上是因为诺德豪斯提出的观点。"

很多人批评DICE，但他们的警告并未得到足够重视。斯特恩（Stern，2006）、斯蒂格利茨（Stiglitz，2019）、韦茨曼（Weitzman，2011）等人强烈主张对折现率、碳定价、肥尾和临界点这些影响结果的因素进行不同的假设，并增加政策行动的紧迫性。遗憾的是，新古典主义模型在意识形态上的作用淹没了这些警示，新古典主义模型否认气候变化叙事，支持相对不作为，这种论调在政治家中引起了共鸣，他们抵制在各部门和税收政策中采取强有力的行动。必要时，他们可以将DICE作为拖延的理由，也是当下不为自己孩子未来投资的理由。

最后，正如帕拉莫尔（Parramore，2019）所说，只有当模型为我们的目标服务时，它才是有用的：

> 关键不在于无休止地争论，比如碳的最优社会成本这些问题，就像中世纪的学者争论一根针头上能坐几个天使一样。效率不是问题的关键，重要的是气候政策的有效性如何。

气候经济学必须牢记这一警告。关键问题是，在气候灾难发生之前，政策A、工具B或税收C是否支持并帮助我们加速实现净零目标。这是检验模型、政策和方法的首要标准。其他因素可以纳入，政策演算可以调整，但所有政策和程序都必须与全球、地区和地方的气候目标、具体目标和成果目标保持一致，紧密结合。

经济效益固然重要，但不能成为唯一的决定因素。人类、亚马孙热带雨林、西伯利亚森林，乃至地球上所有生命的生存，都不仅仅是经济效益的问题，其利害关系远大于此。为了成功应对气候危机，各国政府和社会各界需要利用一切可能的工具、机制和激励措施来实现净零排放,包括市场、交易、税收、激励、惩罚、关税、授权和禁令。

我们负担得起吗?钱从哪里来?我经常听到这些问题,但它们都是错误的。当你在为地球生存而战的时候,你不会问:"我们负担得起吗?"而是直接拿起武器,你会问:"我要怎么做才能打赢这场抗击碳和温室气体的战争?"(*Forbes*,2020;Stiglitz,2019)

这是一个生存问题。我们别无选择,只能拿起经济、监管和社会武器,抵御不断上涨的潮汐、大火,以及危险的将来和并不遥远的临界点。

目前,大多数市场并没有完全将温室气体排放和碳的成本内部化。只有政府通过税收和监管永久性地改变政策,市场才能做到这一点。在COP26,主要国家必须采取重大措施,设定最低碳价并逐步提高碳价,规范全球和区域碳市场,如欧盟的排放交易系统(ETS)、新的中国碳市场,以及美国支离破碎的总量控制与交易市场。

未来,领导人必须利用市场来实现净零排放。他们必须加快建立碳抵消市场,并迅速发展这一市场。当市场与气候目标挂钩时,国家力量应当致力于确保实现净零排放。

在应对气候变化的过程中,我们不仅要做出经济决策,还要做出政治和伦理决定。这是必要的,也是合适的。解决气候变化问题所面临的挑战远远超出决定个人或团体单一行动的范畴。我们要牢记经济效用,但也要将我们的考量框架扩展到关于地球的道德和伦理方面。

也许我们可以从"经济学之父"亚当·斯密(Adam Smith)那里寻找建议,以更广泛、更包容、更客观的方式来思考问题,并将伦理道德纳入我们的叙事中。亚当·斯密不仅关注"看不见的手"和个人在工业革命中的行动,还意识到并关注决策和行动的道德基础。我们在考虑如何构建气候经济学和模型时,最好借鉴这些经济驱动因素，同时也借鉴亚当·斯密提出的伦理和道德问题。

八、重访道德哲学家亚当·斯密

亚当·斯密不是市场意识形态主义者。相反，他是一位平衡的思想家，他意识到自己创立的学科有局限性。最重要的是，亚当·斯密首先是一位道德哲学家。他试图理解并调和人类行动和决策的不同驱动力。《国富论》（*The Wealth of Nations*, Smith, 1776）解释了商业活动中自私的个人如何不自觉地支持社会发展：

> 每个人都必须努力使社会的年收入尽可能多。他……一般情况下……既不打算促进公共利益，也不知道自己促进了多少……他只是为了自己的利益，这就像在许多其他情况下一样，他被一只看不见的手牵引着去推进一个自我意识之外的目的。

亚当·斯密点明了英国工业革命时期的市场运作。他描述了机械化如何提高针厂等业主和工人的生产力和劳动成果。他的洞察力非常敏锐，他的结论此后一直推动并指导着经济学的思考。然而，许多经济学家抓住《国富论》不放，歪曲其中的内容。正如福斯勒（Fosler，2013）指出："经济学界的自由主义派将亚当·斯密奉为经济自由和现代市场经济效率的鼻祖。因此，他的名字经常被用来反对政府干预社会和市场，支持由市场决定结果的自由。"

这种断章取义不能正确反映亚当·斯密对道德和经济的广泛思考。亚当·斯密并没有忽略市场和产业中可能出现的负面动力。他绝非天真的市场和市场运作的卫道士。他看到市场运作并不总是有利于整体社会。他知道，一旦有机会，工业家和企业主会扭曲市场。他观察到：

> 即使是为了娱乐和消遣，同行业的人也很少在一起聚会，但一旦聚会谈话，结局都是针对公众的阴谋，或者是一起抬价的诡计。

亚当·斯密清晰阐述了个人自私行为的潜在负面影响，他的经济诠释比当今市场宗教激进主义者所做的更加细致、完整，因为当今市场宗教激进主义者仅仅抓住他们关于市场有共识的地方（Smith，1776；Friedman，1970；Hayek，1943）。他们忽视了亚当·斯密最有影响力的著作《道德情操论》(*The Theory of Moral Sentiments*)，很少有人读过或记得这本书。在《道德情操论》中，我们可以看到亚当·斯密并不是一个市场宗教激进主义者。相反，他借鉴了许多其他线索和理念来理解人性。遗憾的是，当今"对亚当·斯密著作的歪曲产生了令人信服和遗憾的影响"（Graafland and Wells，2019）。

亚当·斯密在世时，经常强烈、持续批评工业界的"商业"人士是贪婪、自利、渴望发财的人。亚当·斯密并不赞扬这种卑鄙的行为。相反，他对那些纸醉金迷的人忧心忡忡，警告他们可能会变得"愚昧无知"，并指出以下观点：

> 他心灵的麻木使他不仅无法享受或参与任何理性的交谈，而且无法想象任何慷慨、高尚或温柔的情感。

弗里德曼、哈耶克和兰德（Friedam，Hayek and Rand，1957）颂扬神话般的自由市场。亚当·斯密没有这样做。在他的著作中，有许多段落都在哀叹所谓的商业社会可能带来的道德、社会和政治弊端,他所说的商业社会指的是那些只受个人私利驱使的社会。亚当·斯密不仅警告市场对智力的侵蚀,还警告不平等和劳动分工的影响。亚当·斯密写道:

> 除非政府采取一些措施来预防这种情况,否则劳苦大众,即广大人民,必然会没落。

这就是亚当·斯密,他支持政府监管和干预。斯密很清楚并担心这一点:

> 资产越多,就越不公平。有一个非常富有的人,至少就有500个穷人,少数人的富裕决定了多数人的贫穷。

亚当·斯密为极端不平等的恶果殚精竭虑。

因此,亚当·斯密发散思维,关注市场和商业社会的失败。他寻求发扬美德,同情人类同胞的困境。这一点为什么重要?因为当我们寻求构建通往净零的路径时,都要看到市场的运作。我们要认识到市场何时失灵,并解决失灵问题。我们必须站稳道德立场,将市场作为道德和伦理体系的一部分,而不是与之分离,让市场服务于社会。为了应对气候变化,我们必须超越纯粹的生态名义,愿意承认道德和伦理判断的必要性,考虑什么是正确和公正的,而不只是考虑什么具有最大的效率或最大的短期效用。

九、我们需要"道德理性人"

要超越发育不良的"经济理性人"(homo economicus)成为另一种混合物种,我称为"道德理性人"(homo economicus sympatico):

这种行动者在经济与道德、伦理、美德和对他人的同情之间取得平衡，就像亚当·斯密所做的那样（见专栏2.4）。

专栏2.4 谁是"道德理性人"

为了应对这场划时代的气候变化挑战，我们需要一个新的化身来代表我们参与这场战斗，一个既符合生态要求又符合伦理道德的化身——"道德理性人"[①]，一个经济行为者，但不是纯粹冷酷的功利主义者。

"道德理性人"受经济驱动，如定价、激励和惩罚，因此需要设计气候政策来激发他这部分特质。但在进化过程中，这一特征也倾向于团结合作、共产主义的解决方案以及个人主义的对策。对自己和他人而言，"道德理性人"对公平与否心知肚明，并会根据这种进化驱动采取行动。

"道德理性人"也是有道德的行为者，他不仅考虑自己的短期日常需求和心愿，也考虑自身家庭、社区和后代的需求。"道德理性人"高瞻远瞩，能够从今天做起，为明天做好准备。

"道德理性人"是有经济头脑，也有同情心的人，会考虑自己的行为对他人的影响。"道德理性人"同情他人，在意他人如何看待自己的行为和决定。

作为有道德的行动者，"道德理性人"不仅要考虑商品或行

[①] "道德理性人"是一个杂糅的术语。不过，我认为这有助于读者想象这类人的行为方式。这种化身并非只受当今私利的经济驱动，不顾及未来以及社区和家庭的生存。事实上，我们的经济分析常常受限于坚持对动机、行为和行动的错误假设。行为经济学和神经科学的经验证据越来越多地表明，我们的行为具有更复杂、更共产主义和更利他主义的缘由。这其实是个好消息，因为它为行动、合作和生存的新叙事提供了可能性，而这是旧的"经济理性人"所不允许的。

> 动的价格，还要考虑道德成本。"道德理性人"思考的是没有明确定价的事物价值。
>
> "道德理性人"会赋予其他物种和无生命物体（空气、土壤、海洋、河流）非货币性的道德和伦理价值，"道德理性人"依赖这些来维持物理、心理和情感上的生存。
>
> 总而言之，"道德理性人"既是经济行为者，也是道德行为者，他不仅会从经济角度做出决定，也会考虑其他道德方面的问题。
>
> 与他们在智力和道德上受到挑战的前辈相比，"道德理性人"更接近于对当今人类的真实描述。

我会在后文再谈这类人群。

目前，我们需要解决的关键问题是市场中的碳定价，将污染成本内部化，从而加快实现净零排放。

第三章探讨了经济学和经济学在应对气候变化方面的主要失误，即在经济学和市场中内化碳成本、碳定价方面的持续失误。它探讨了我们如何才能有效地为碳定价，哪些机制行之有效，从过去和当前的实践中可以汲取哪些经验教训，以及我们如何才能为碳定价、驾驭市场并确保实现我们的净零目标、规避气候临界点。

专栏 2.5　北极夏季海冰已然开始消失
——温升 1—2 摄氏度

> 最明显的临界点之一就是北极夏季海冰的消失，而这已然开始。IPCC 模型显示，自 20 世纪 70 年代以来，海冰消失的速度逐年加快并超出模型预测。2019 年的测量结果表明，即使迅速减少温室气体排放，北极夏季海冰也很可能在 2050 年前全部消失（*Geophysical Research Letters*，2020）。正如该研究的一位作者

所说：

> 令人震惊的是，模型一再显示，无论采取何种措施来减缓气候变化的影响，北冰洋在 2050 年之前都有可能出现无冰夏季……在所有可能的情景中，都显示这样的预测结果。这是出乎意料的，令人极为担忧。

北极海冰可以将阳光和热量反射到太空中，但多年来一直在变薄和缩小。卫星记录数据显示，自 1979 年以来，夏季北极冰的面积减少了 40%，体积减小了 70%，是人类造成气候变化最明显的迹象之一。2019 年，冰原面积缩减到有记录以来的第二低水平。[①] 如果不能按照缔约方大会进程的要求减少温室气体排放，北极夏季冰层将永久消失。如果温室气体排放量居高不下，即使在黑暗寒冷的冬季，北极也有可能不结冰，这种可能性是可怕的。正如瓦德汉（Wadhams）所说：

> 曾经覆盖在世界之巅的巨大白帽如今正在变蓝——这一变化代表人类在重塑地球面貌方面迈出了最引人注目的一步。

如图 2-4 所示，冰盖融化表明气候变化正在发生，而且还在加速。

---

① 这份 2019 年北极冰盖研究报告基于 40 个最新计算机模型，被视为目前对北极冰盖命运最准确的评估。

图 2-4 2019 年北极夏冰，有记录以来的第二低水平

来源：美国国家航空和宇宙航行局。请参阅：www.climate.gov/news-features/understanding-climate/climate-change-minimum-arctic-sea-ice-extent。

  冰盖融化还表明，变化过程看似是渐进的，直到断裂突然发生，达到一种新的状态。例如，2020 年 7 月底，加拿大最后一个北极冰架解体。冰架面积达 80 平方千米，比曼哈顿岛还要大。在短短一周内，整个冰架解体。这个冰冷的悲剧演绎了临界点是如何发生的——先是缓慢地移动，然后突然断裂。

  夏季北极海冰注定消失，是气候变暖正在进行并形成反馈回路最明确的信号。冰盖正处于螺旋式消亡反馈回路中。这对北极熊和生活在北极圈周围的原住民来说都是一场灾难。冰层消失也导致了极端天气事件（称作"极地旋涡"）频发，以及夏季热浪的增强。

专栏 2.6　高山冰川已然开始消失——温升 1—2 摄氏度

  地球上的高山冰川正在迅速融化。2018 年是冰川连续缩减的第 30 年，这种收缩是前所未有的（Zemp et al., 2015）。冰川是气候变化最敏感的指标之一,很快就会消失殆尽(Huss,2017)。正如佩尔托(Pelto,2019)所指出的:"正如人们需要摄入与消耗等量的卡路里,否则就会失去体重一样,冰川也需要积累尽可能多的冰雪才能存续。"连续30年的高山冰川质量损失预示着高山冰川的终结。

随着全球变暖,降雪量减少,结冰量降低,现有冰川正在融化。全球2 000个高山冰川变薄、后退、收缩,所有大洲和地区无一例外,都是由人类温室气体排放直接造成的(Marzeion et al.,2014)。

冰川的消失给数10亿人带来了严重后果,因为他们依赖从这些山脉中涌出的河流,而水量正在逐渐减少。这一临界点已然开启,我们似乎无力阻止。正如我们所看到的,莱茵河大概率会干涸,湄公河也会萎缩。这对经济和社会的影响是真实的、具有破坏性的,同时也是巨大的。随着冰川的萎缩,地球生态和经济成本只会上升。如图2-5所示,华盛顿州的埃斯顿特姆冰川(Estonterm Glacier)正在迅速融化。

图2-5 埃斯顿特姆冰川正在消失

来源:维基共享资源,贝克山上的埃斯顿冰川在收缩。请参阅:https://fr.m.wikipedia.org/wiki/Fichier:Eastonterm.jpg。

专栏 2.7　格陵兰冰盖的崩塌 > 温升 2—3 摄氏度

格陵兰冰原正在融化。2019 年的夏天格外温暖，气温创下历史新高。格陵兰岛 90% 的地区都有冰盖融化的记录（NSIDC，2019）。2019 年夏季格陵兰岛天气晴朗，冰层融化产生的径流量创下历史第二高（2012 年融化得更多）（见图 2-6）；所谓的"地表质量平衡"①下降了 3 200 亿吨，这是自 1948 年有记录以来下降幅度最大的一次（Fecht, 2020）。

图 2-6　格陵兰冰盖融化

来源：维基共享资源。请参阅：https://commons.wikimedia.org/wiki/File:Greenland_Ice_Sheet.jpg。

一些不假定冰盖完全崩塌的方案表明，格陵兰冰盖的融化速度在每年 2.7—12.9 千兆吨，冰板将加速融化，影响范围约 33.4 万—61 万平方千米（McFerrin et al., 2019）。截至目前，冰川融化导

---

① 地表质量平衡包括冰盖质量的增加（如降雪），或地表融水径流造成的损失。

致的全球海平面上升还不到1毫米；但如果冰川按预测速度融化，即使我们避免引发冰川的全面崩塌，并将其限制在仅仅相当程度的收缩，这在21世纪的影响也会大很多，全球海平面上升将达到0.5—1米。

专栏2.8　南极西部冰盖崩塌＞温升4—5摄氏度

南极冰盖是未来海平面上升的最大潜在因素。如果南极冰层全部融化，海平面将上升约60米。科学家们特别担心南极西部冰盖的不稳定性，根据理论研究（Schoof，2007）和最近的建模结果，这一地区的冰层很可能迅速碎裂。卫星观测显示，阿蒙森海（Amundsen Sea）已经出现这种情况，那里发现了地球上流速最快的冰川——松树岛冰川（Pine Island Glacier）（Favier et al.，2014）和思韦茨冰川（Thwaites Glacier）（Jougin，Smith and Medley，2014）。

模型显示，随着南极西部冰原融化速度的加快和接地线[①]的后退，海水和融水会加速冰流入海，形成浮冰架，但冰架不稳定[②]，很可能会断裂形成巨大的冰山。例如，2019年，一座重达3150亿吨、面积为1600平方千米的冰山（相当于特拉华州或斯凯岛）断裂，然后自由漂浮。

根据卫星观测，1992—2011年，南极冰盖损失了1350千兆吨的冰，相当于海平面上升了3.75毫米，均匀地分布在世界各大

[①] 接地线是冰面不与地面接触但面临摩擦的界线。在接地线以内，冰的移动速度较慢。在接地线以外，冰的移动速度较快，因为冰原底部水流有润滑作用。
[②] 这种现象被称为"海洋冰盖不稳定机制"（Marine Ice-Sheet Instability Mechanism，MISI）。

洋。这听起来似乎微乎其微，但海平面上升覆盖的面积约为 3.6 亿平方千米。目前，南极冰盖造成的海平面上升约占温室气体变暖海平面上升总量的 10%，低于暖水扩张（40%）、冰川（25%）和格陵兰冰盖（17%）造成的海平面上升。

科学家们不知道融化过程是否会加速，以及何时加速。假设在此之前没有达到灾难性的临界点，那么时间尺度会非常长，一直延续到 2100 年以后。但如果温室气体导致的冰川融化速度加快，这是个危险信号，要求现在必须采取紧急行动。

专栏 2.9　亚马孙热带雨林的衰退 > 温升 4 摄氏度

科学家们警告说，气候变化会导致亚马孙雨林发生大规模突变，即亚马孙雨林顶梢枯死。如果气候变化反馈回路引发森林突然枯萎，这个悲剧将震惊世人。自 IPCC 发布上一份报告以来的研究表明，如果不能缓释亚马孙雨林枯死的可能性，损失至少 9 570 亿美元，30 年内将逐渐升高至 3.6 万亿美元。相比之下，缓释措施预计只需要 640 亿美元；如果采取适应措施而不是采取行动阻止森林退化，则需要花费 1 220 亿美元（Lapola et al., 2018）。

尽管如此，森林正在直面威胁。亚马孙雨林每天都在遭受攻击和破坏，这影响了它的吸碳能力。研究表明，近几十年来，森林作为碳汇的能力下降了 30%（Brienen et al., 2015）。其他研究表明，现在干旱在亚马孙地区越来越常见。如果不采取任何措施，到 21 世纪末，多达 70% 的亚马孙雨林可能会枯死，并被热带稀树草原取代（Cook and Vizy, 2007）。

2019—2020 年是 10 多年里森林大火最多的，这提醒我们，政府的失误，短期内急于开发树木、植物、动物和土地，以及不愿意承认亚马孙雨林是全球公共品,都将森林置于险境。如果我们不采取行动,亚马孙雨林可能会消失,也许不是明天,但一定是在我们子孙的有生之年。

专栏 2.10　北方森林顶梢枯死 > 温升 4 摄氏度

环绕北极的北方森林是地球上最大的碳封存地之一。地球变暖对北美、斯堪的纳维亚和西伯利亚的北方森林来说是个噩耗。气候变暖会加剧干旱和火灾,并对北方森林中的大多数物种造成不利影响(Olsson,2009),同时还会增加环境压力,越来越多的树木因病而死。气候模型假定温室气体会使这些地区的气温升高 2 摄氏度。在某些地区,局部温度已经出现了每 10 年 0.5 摄氏度的极高增幅。

据模型估计,气候带会因气候变暖而以每年 5 千米的速度向北移动,这比树木在北部地区生长的速度快 10 倍。北部地区也许还可以忍受,但逐渐变暖的南部地区将变得不适合树木生长(Olsson,2009)。我们不是生活在托尔金的中土世界。北方森林不是恩特人,它们不能连根拔起,没法移动。随着北方森林变暖和树木死亡,闪电和火鹰[①]将引燃夏季大火(Ackerman,2020),大火在北方越来越多的地区肆虐。2019 年,数以百计的野火在西伯利亚各地燃烧,烧毁了超过 590 万英亩(约 23 876.45 平方千米)的林地(NASA,2019)。随着气候变暖,火灾数量预计将翻两番(Harvey,2020)。

同样,这里的临界点会是非线性的。"北方森林最有可能出

[①] 火鹰是原产于澳大利亚的猛禽,用火熏制猎物。请参阅:https://wildlife.org/australian-firehawks-use-fire-to-catch-prey。

现的情况是，对气候变暖做出非线性反应，从而形成迄今为止从未见过的草原生态系统，并导致适应能力有限的物种灭绝"（Olsson，2009）。如果我们突破温升 2 摄氏度的界限，这些森林将大面积减少。如果我们不能阻止气候变暖，气温将上升 3—5 度，这些森林就会出现大规模衰退，并可能触发一个后果严重的临界点，其反馈回路会刺激气候加速变暖，并将广袤森林的碳储量释放到大气中。IPCC 警告说，这种情况是可能的。

专栏 2.11　永久冻土加速融化＞温升 9 摄氏度（局部变暖）

数万年来，禾草、其他植物和动物尸体一直冰冻在北极地区超过 1 050 万平方千米的土地上。永久冻土是一个巨大的碳储藏室，土地解冻即会释放碳。永久冻土融化是气候变化的最大临界点之一。不幸的是，如果不阻止气候变化，到 2100 年，这片广袤的冰冻苔原可能会缩小到只有 100 万平方千米。

数据显示，北纬地区的局部变暖更为严重。例如，面积是美国 1/3 的雅库特[①]，温度比工业化前高了 3 度。这种快速变暖正在刺激局部地区的永久冻土融化，而永久冻土融化会毁坏耕地，并杀死当地居民赖以生存的动物。西伯利亚冻土带和永久冻土尤其容易发生崩塌，难以自我维持，每年可能释放 2.0 千兆—2.8 千兆吨碳（Troianovski and Mooney，2019）。研究表明，如果各国不能迅速转型净零排放，大面积永久冻土融化最终造成的经济损

---

① 雅库特是俄罗斯的一个联邦共和国。它在历史上曾是俄罗斯西伯利亚的一部分，但现在的正式名称为萨哈共和国。

失可能接近 70 万亿美元（Yumasher et al., 2019）。

北方永久冻土融化的影响并不局限在北方。但在 2020 年，IPCC 的模型并没有包括永久冻土气候反馈（Permafrost Climate Feedback，PCF）的影响。科学家们认为这是最大、最具破坏性的反馈回路之一。永久冻土融化的时间尚不明确，而且是长期的，将延续到 2 100 年以后。但在一些地区，包括西伯利亚和阿拉斯加的部分地区，局部的永久冻土已经开始加速融化。我们不能自我陶醉。各国政府在 COP26 做出的决定和采取的行动可能会决定我们最终是否会触发永久冻土气候反馈，并引发气候和经济灾难。正如一位观察家所言："除非我们尽快控制气候变化，否则永久冻土气候反馈在很大程度上只是何时发生的问题"（Inside Climate News，2019）。

局部地区的永久冻土已经开始融化。如图 2-7 所示，随着永久冻土的融化，西伯利亚冻原上出现了许多圆形小池塘和湖泊。

图 2-7　永久冻土融化后的洼地地貌

来源：杰西·艾伦（Jesse Allen）和罗伯特·西蒙（Robert Simmon），美国宇航局地球观测站，公共领域。请参阅：https://commons.wikimedia.org/w/index.php?curid=16097645。

参考文献

1. Ackerman, J. (2020) The Bird Way: A New Look at How Birds, Walk, Talk, Play, Parent and Think.London: Penguin Press.
2. Alley, R. (2000) 'The Younger Dryas cold interval as viewed from central Greenland'. Quarternary Science Reviews, 19 (1): 213–226.
3. *Bangkok Post*. (2019) 'Experts warn of "endless" flood cycle', 21 September [Online]. Available at: www.bangkokpost.com/thailand/general/1755089/experts-warn-of-endless-flood-cycle (accessed: 12 August 2020).
4. BBC. (2015) 'When global warming made the world super-hot', 14 September [Online]. Available at: www.bbc.com/earth/story/20150914-when-global-warming-made-our-world-super-hot (accessed: 27 May 2021).

    ——. (2019) 'How to save a sinking island nation', 13 August [Online]. Available at: www. bbc.com/future/article/20190813-how-to-save-a-sinking-island-nation (accessed: 3August 2020).

    (2020a) 'Summers could become "too hot for humans"', 16 July [Online]. Available at: www.bbc.com/news/science-environment-53415298 (accessed: 17 July 2020).

    (2020b). 'Arctic Circle sees "hottest-ever" recorded temperatures', 22 June [Online]. Available at: www.bbc.com/news/science-environment-53140069 (accessed: 22 June 2020).

    ——. (2020c) 'US West Coast fires: Row over climate change's role as Trump visits', 14 September [Online]. Available at: www.bbc.com/news/world-us-canada-54144651 (accessed: 14 September 2020).
5. Box, G.E.P. (1970) 'All models are wrong, but some are useful' [Online]. Available at: www.lacan.upc.edu/admoreWeb/2018/05/all-models-are-wrong-but-some-are-useful-george-e-p-box (accessed: 2 February 2021).
6. Boyle, M. J. 2020. 'Tragedy of the Commons', investopedia.com, 23 October [Online]. Available at: www.investopedia.com/terms/t/tragedy-of-the-commons.asp (accessed: 20 February 2021).
7. Brienen, R., Phillips, O., Feldpausch, T., et al. (2015) 'Long-term decline of the Amazon carbon sink'. Nature, 519: 344–348 [Online]. Available at: https://doi.org/10.1038/nature14283 (accessed: 1 June 2020).
8. *Business Insider*. (2019) 'Europe's mightiest river is drying up, most likely causing a recession in Germany.Yes, really', 22 January [Online]. Available at: www.businessinsider.com/ germany-recession-river-rhine-running-dry-2019-1 (accessed: 12 August 2020).

9. Carney, M. (2015) 'Breaking the tragedy of the horizon – climate change and financial stability'. Speech, Youtube video, at mainstreamingclimate.org [Online]. Available at: www.mainstreamingclimate.org/publication/breaking-the-tragedy-of-the-horizon-climate-change-and-financial-stability (accessed: 29 January 2021).
10. Cook, K. and Vizy, E. (2007) 'Effects of 21st century climate change on the Amazon rainforest'. Journal of Climate, 21 (3): 542–560.
11. DeFries, R., Edenhofer, O., Halliday, A., Heal, G., Lenton, T. et al. (2019) 'The missing economic risks in assessments of climate change impacts'. Earth Institute, Policy Insight, September [Online]. Available at: www.lse.ac.uk/granthaminstitute/wp-content/uploads/2019/09/The-missing-economic-risks-in-assessments-of-climate-change-impacts-2.pdf (accessed: 20 February 2021).
12. Duncan, B. (2004) The Wee Book of Calvin: Air Kissing in the North East. London: Penguin.
13. Earth in the Future. (2021) 'Ancient clime event: The Paleocene Eocene thermal maximum' [Online]. Available at: www.e-education.psu.edu/earth103/node/639 (accessed: 7 February 2021).
14. Favier, L., Durand, G., Cornford, S.L., Gudmundsson, G.H., Gagliardini, O., Gillet-Chaulet, F., Zwinger, T., Payner, A.J., and Le Brocq, A.M. (2014) 'Retreat of Pine Island Glacier controlled by marine ice-sheet instability'. Nature Climate Change, 4 (12 January): 117–121 [Online]. Available at: www.nature.com/articles/nclimate2094 (accessed: 27 May 2020).
15. Fecht, S. (2020) 'Unusually clear skies drove record loss of Greenland ice in 2019.' Columbia Earth Sciences, 15 April [Online]. Available at: https://blogs.ei.columbia.edu/2020/04/ 15/clear-skies-greenland-ice-loss-2019/ (accessed: 27 May 2020).
16. Fleurbaey, M. and Zuber, S. (2013) 'Climate policies deserve a negative discount rate'. Chicago Journal of International Law, 13(2) [Online]. Available at: https://chicagounbound. uchicago.edu/cjil/vol13/iss2/14 (accessed: 7 February 2021).
17. *Forbes.* (2020) 'Warlike: Prince Charles calls tor "Marshall Plan" to fight climate change', 21 September [Online]. Available at: www.forbes.com/sites/davidrvetter/2020/09/ 21/warlike-prince-charles-calls-for-marshall-plan-to-fight-climate-change (accessed: 7 February 2021).
18. Fosler, G. (2013) 'What would Adam Smith say about morals and markets?', 14 January [Online]. Available at: www.gailfosler.com/what-would-adam-smith-say-about-morals-and-markets (accessed: 21 February 2021).
19. Friedman, M. (1970) 'The Social responsibility of business is to increase its profits'. New York Times, 13 September [Online]. Available at: http://umich.edu/~thecore/

doc/Friedman.pdf (accessed 22 February 2021).
20. *Geophysical Research Letters.* (2020) 'Arctic sea ice in CMIP6', 17 April [Online]. Available at: https://agupubs.onlinelibrary.wiley.com/doi/full/10.1029/2019GL086749 (accessed: 22 May 2020).
21. Gladwell, M. (2000) Tipping Point: How Little Things Can Make a Big Difference. New York: Back Bay Books.
22. Graafland J. and Wells, T. R. (2019) 'In Adam Smith's own words: The role of virtues in the relationship between free market economies and societal flourishing, a semantic network data-mining approach'. Journal of Business Ethics. [Advance online]. Available at: https://doi.org/10.1007/s10551-020-04521-5 (accessed: 28 January 2021).
23. *The Guardian.* (2020a) 'Ice-free Arctic summers now very likely even with climate action' [Online]. Available at: www.theguardian.com/world/2020/apr/21/ice-free-arctic-summers-now-very-likely-even-with-climate-action (accessed: 22 May 2020).
    ——. (2020b) 'Climate worst-case scenarios may not go far enough', 13 June [Online]. Available at: www.theguardian.com/environment/2020/jun/13/climate-worst-case-scenarios-clouds-scientists-global-heating? (accessed: 15 June 2020).
24. Hardin, G. (1968) 'The tragedy of the commons: The population problem has no solution; it requires a fundamental extension in mortality'. Science, 162 (3859): 1243–1248.
25. Haq, B. U., Hardenbol, J., and Vail, P. R. (1987) 'Chronology of fluctuating sea levels since the Triassic'. Science, 235: 1156–1167 [Online]. Available at: https://science.sciencemag.org/content/235/4793/1156/tab-article-info (accessed: 20 February 2021).
26. Harper, K. (2017) The Fate of Rome. Princeton: Princeton University Press.
27. Harvey, C. (2020) '"Zombie" fires may be reigniting after Siberian winter'. E&E News, 2 June [Online]. Available at: www.eenews.net/stories/1063293625 (accessed: 28 January 2021).
28. Hayek. M. (1943) The Road to Serfdom. Chicago: University of Chicago Press. 2003 edition.
29. Hickel, J. (2016) "The Nobel Prize for climate catastrophe'. Foreign Policy, 6 December [Online]. Available at: https://foreignpolicy.com/2018/12/06/the-nobel-prize-for-climate-catastrophe/ (accessed: 28 January 2021).
30. Huss, M. (2017) 'Toward mountains without permanent snow and ice'. Earth's Future, 5: 418–435.
31. Inside Climate News. (2019) 'Losing Arctic ice and permafrost will cost trillions as

Earth warms, study says', 23 April [Online]. Available at: https://insideclimatenews.org/news/23042019/arctic-permafrost-climate-change-costs-feedback-loop-ice-study (accessed: 22 May 2020).

32. Jougin, I., Smith, B. E., and Medley, B. (2014) 'Marine ice sheet collapse potentially under way for the Thwaites Glacier Basin, West Antarctica'. Science, 344 (6185): 735–738 [Online]. Available at: https://science.sciencemag.org/content/344/6185/735 (accessed: 27 May 2020).

33. Keen, S. (2019)'The cost of climate change.'Evoeconomics [Online].Available at:https://evonomics.com/steve-keen-nordhaus-climate-change-economics (accessed: 7 February 2021).

34. Krugman, P. (2020) 'Apocalypse becomes the new normal', New York Times, 2 January [Online]. Available at: www.nytimes.com/2020/01/02/opinion/climate-change-australia.html (accessed: 14 August 2020).

35. Lapola, D. M., Pinho, P., Quesada, C.A., Bernardo, B.N., Strassburg, A., Rammig, B.K., et al. (2018) 'Limiting the high impacts of Amazon forest dieback with no-regrets science and policy action'. Proceedings of the National Academy of Science, 115 (46): 11671–11679 [Online]. Available at: www.pnas.org/content/115/46/11671 (accessed: 21 May 2020).

36. Lenton, T., Held, H., Kriegler, E., Hall, J. W., Lucht, W., Rahnstorf, S., and Schellnhuber, H.J. (2008) 'Tipping elements in Earth's climate system'. Proceedings of the National Academy of Sciences of the United States of America, 12 February [Online]. Available at: www.pnas.org/ content/105/6/1786 (accessed: 28 January 2021).

37. Lustgarten, A. (2020). 'The great climate migration', New York Times, 23 July [Online]. Available at: www.nytimes.com/interactive/2020/07/23/magazine/climate-migration. html?referringSource=articleShare (accessed: 3 August 2020).

38. Marzeion, B., Cogley, J. G., Richter, K., and Parkes, D. (2014) 'Glaciers: Attribution of global glacier mass loss to anthropogenic and natural causes'. Science, 345 (6199): 919–921. doi: 10.1126/science.1254702.

39. Mckinsey & Company. (2020) 'Climate risk and response: Physical hazards and socio- economic impacts', 16 January [Online]. Available at: www.mckinsey.com/business-functions/sustainability/our-insights/climate-risk-and-response-physical-hazards-and-socioeconomic-impacts (accessed: 28 January 2021).

40. Monty Python. (1979) The Life of Brian [Online]. Available at: www.youtube.com/watch?v=WoaktW-Lu38 (accessed: 19 January 2021).

41. NASA (National Air and Space Administration). (2019).'Huge wildfires in Russia's

Siberian province continue', 16 August [Online]. Available at: www.nasa.gov/image-feature/ goddard/2019/huge-wildfires-in-russias-siberian-province-continue (accessed: 28 May 2020).

42. Neuman, A.E. (1954) The first appearance of Mr. Neuman on the cover of The Mad Reader. Sourced from: Reidelbach, M. (1992). Completely Mad: A History of the Comic Book and Magazine. New York: Little Brown & Company.

43. *New York Times*. (2018) 'Trump put a low cost on carbon emissions: Here's why it matters', 23 August [Online]. Available at: www.nytimes.com/2018/08/23/climate/social-cost-carbon.html (accessed: 22 January 2021).

———. (2020) 'Rising seas threaten an American institution: The 30-year mortgage', 19 June [Online]. Available at: www.nytimes.com/2020/06/19/climate/climate-seas-30-year-mortgage.html?referringSource=articleShare (accessed: 19 June 2020).

44. NOAA (National Oceanic and Atmospheric Administration). (2019) 'Hurricane fast facts' [Online]. Available at: https://coast.noaa.gov/states/fast-facts/hurricane-costs.html (accessed: 10 June 2020).

———. (2020) 'The Younger Dryas' [Online]. Available at: www.ncdc.noaa.gov/abrupt-climate-change/The%20Younger%20Dryas (accessed: 21 May 2020).

45. Nordhaus, W. D. (2017) 'Revisiting the social cost of carbon'. Proceedings of the National Academy of Sciences of the United States (PNAS), 114 (7): 1518–1523, 14 February [Online]. Available at: www.pnas.org/content/114/7/1518 (accessed: 9 February 2021).

———. (2018) 'Climate change: the ultimate challenge for economics'. Nobel Prize Lecture [Online]. Available at: www.nobelprize.org/prizes/economic-sciences/2018/nordhaus/lecture (accessed: 7 February 2021).

46. NSIDC (National Snow and Ice Data Center). (2019) 'Large ice loss on Greenland Ice sheet in 2019', 8 November [Online]. Available at: http://nsidc.org/greenland-today/2019/(accessed: 27 May 2020).

47. Olsson, R. (2009) 'Boreal forest dieback may cause runaway global warming'. Fact Sheet No. 22, Air Pollution and Climate Secretariat, Göteborg, Sweden.

48. Parramore, L. (2019) 'Are economists blocking progress on climate change?' Institute for New Economic Thinking, 24 June [Online] Available at: www.ineteconomics.org/perspectives/blog/are-economists-blocking-progress-on-climate-change (accessed: 28 January 2021).

49. Pelto, M. (2019) 'Alpine glaciers: Another decade of loss'. RealClimate, 25 March [Online]. Available at: www.realclimate.org/index.php/archives/2019/03/alpine-glaciers-another-decade-of-loss (accessed: 28 May 2020).

50. Pindyck, R.S. (2017) 'The use and abuse of models for climate policy'. Review of Environmental Economics and Policy, 11 (1): 100–114.
51. Pinker, S. (2012) The Better Angels of Our Nature. New York: Penguin Books.
52. Rand, A. (1957) Atlas Shrugged. Mass market paperback. 1996 edition.
53. Rasmussen, D. (2017) The Infidel and the Professor: David Hume and Adam Smith, and the Friendship that Shaped the Modern World. Princeton: Princeton University Press.
54. Sagar, P. (2018) 'Adam Smith and the conspiracy of the merchants'. Global Intellectual History [Online]. Available at: doi:10.1080/23801883.2018.1530066 (accessed: 28 January 2021).
55. Schoof, C. (2007) 'Ice sheet grounding line dynamics: Steady states, stability, and hyster- esis'. Journal of Geophysical Research, 112: 1–19 [Online]. Available at: https://agupubs.onlinelibrary.wiley.com/doi/pdf/10.1029/2006JF000664 (accessed: 27 May 2020).
56. Shiller, R. (2019). Narrative Economics: How Stories Go Viral and Drive Major Economic Events. Princeton: Princeton University Press.
57. Smith, A. (1776) An Inquiry into the Nature and Causes of the Wealth of Nations. NewYork: Bantam Classics. 2003 edition.
  ——. (1759) The Theory of Moral Sentiments. Project Gutenberg [Online]. Available at: www. gutenberg.org/files/58559/58559-h/58559-h.htm (accessed: 20 February 2021).
58. Steffen, W., Rockström, J., Richardson, K., Lenton, T.M., Folke, C. et al. (2018) 'Trajectories of the Earth system in the Anthropocene'. Proceedings of the National Academy of Sciences of the United States, 115 (33): 8252–8259 [Online]. Available at: http://hdl.handle.net/2078.1/204292 (accessed: 20 February 2021).
59. Stern, Nicholas. (2006) The Stern Review on the Economics of Climate Change. Government of the United Kingdom, London, 27 November [Online]. Available at: https://onlinelibrary.wiley.com/doi/abs/10.1111/j.1728-4457. 2006.00153.x (accessed: 20 February 2021).
60. Stiglitz, J. (2019) 'Critics of the Green New Deal ask if we can afford it. But we can't afford not to: Our civilisation is at stake', The Guardian, 4 June [Online]. Available at: www.theguardian.com/commentisfree/2019/jun/04/climate-change-world-war-iii-green-new-deal (accessed: 7 February 2021).
61. Swiss Re. (2020) 'A fifth of countries worldwide at risk from ecosystem collapse as biodiversity declines, reveals pioneering Swiss Re index', 23 September [Online]. Available at: www.swissre.com/media/news-releases/nr-20200923-biodiversity-and-

ecosystems-services.html (accessed: 17 May 2021).

62. Taleb, N. (2010) The Black Swan: The Impact of the Highly Improbable. Second edition. New York: Random House.
63. Thames Barrier. (2020) 'The Thames Barrier' [Online]. Available at: www.gov.uk/guidance/the-thames-barrier (accessed: 28 January 2021).
64. Troianovski, A. and Mooney, C. (2019)'Radical warming in Siberia leaves millions on unstable ground'. National Geographic, 3 October [Online]. Available at: www.washingtonpost. com/graphics/2019/national/climate-environment/climate-change-siberia/ (accessed: 1 June 2020).
65. University of Sydney. (2020) 'A statement about the 480 million animals killed in NSW bushfires since September', 3 January [Online]. Available at: www.sydney.edu.au/news-opinion/news/2020/01/03/a-statement-about-the-480-million-animals-killed-in-nsw-bushfire.html# (accessed: 18 June 2020).
66. USDA (United States Department of Agriculture). (2020) 'The cost of raising a child', 18 February [Online]. Available at: www.usda.gov/media/blog/2017/01/13/cost-raising-child (accessed: 28 January 2021).
67. Wadhams, P. (2016) 'The global impact of rapidly disappearing arctic sea ice'. YaleEnvironment360, 26 September [Online]. Available at: https://e360.yale.edu/features/as_arctic_ocean_ice_disappears_global_climate_impacts_intensify_wadhams (accessed: 28 January 2021).
68. Wagner, G. and Weitzman, M. (2015) Climate Shock: The Economic Consequences of a Hotter Planet. Princeton: Princeton University Press.
69. Ward, B. (2018) 'Climate economics is based on models that are not fit for purpose', Financial Times, 28 December [Online]. Available at: www.ft.com/content/a486e482-09d8-11e9-9fe8-acdb36967cfc (accessed: 28 January 2021).
70. *Washington Post*. (2020) 'Baghdad soars to 125 blistering degrees, its highest temperature on record' [Online]. Available at: www.washingtonpost.com/weather/2020/07/29/baghdad-iraq-heat-record/?fbclid=IwAR3cY3hC7eyU5JqQv5In8uXzuzxds5gmgdUkSAvdnIKGy6dwSG80Z2AN1xM (accessed: 1 August 2020).
71. Weitzman, M. L. (2011) 'Fat-tailed uncertainty in the economics of catastrophic climate change'. Review of Environmental Economics and Policy, 5 (2):275–292.
72. World Bank. (2018) 'Climate change could force over 140 million to migrate within coun- tries by 2050' [Online]. Available at: www.worldbank.org/en/news/press-release/2018/03/19/climate-change-could-force-over-140-million-to-migrate-within-countries-by-2050-world-bank-report (accessed: 18 June 2020).

73. Wright, J. D. and Schaller, M. F. (2013) 'Evidence for a rapid release of carbon at the Paleocene-Eocene thermal maximum'. Proceedings of the National Academy of Sciences of the United States, 110 (40): 15908–15913, 1 October [Online]. Available at: https://doi.org/10.1073/pnas.1309188110 (accessed: 20 February 2021).
74. Wucker, M. (2016) The Gray Rhino; How to Recognize and React to the Obvious Dangers We Ignore. New York: St Martin's Press.
75. Yumashev, D., Hope, C., Schaefer, K., et al. (2019) 'Climate policy implications of nonlinear decline of Arctic land permafrost and other cryosphere elements'. Nature Communications, 10 (1900) [Online]. Available at: www.nature.com/articles/s41467-019-09863-x (accessed: 22 May 2020).
76. Zemp, M., Frey, H., Gartner-Roer et al. (2015) 'Historically unprecedented global glacier decline in the early 21st century'. Journal of Glaciology, 61 (228): 745–762.

第三章
目标设定、碳定价机制及落后者惩罚

> 长期以来，经济学家一直倾向于通过价格干预来纠正市场失灵，例如因外部性的存在而导致的市场失灵。原因很简单：市场效率要求私人收益和社会收益相等，外部性的存在意味着两者之间存在差距，而价格干预可以缩小差距，恢复效率。
>
> ——斯蒂格利茨（Stiglitz，2019）

> 我确实认为，如果（碳）风险被定价，它将推动正确的行为……这是一个整个经济范围的转型，每种资产的价值都会发生变化。
>
> ——布里登（Breeden，2021）

要实现净零排放目标，我们要立下远大宏伟的目标，并在2050年前达成，以确保一个稳定且相对温和的气候环境。迄今为止，已有120多个国家承诺实现净零排放目标，但要在2050年之前实现净零排放，我们必须将温室气体的减排速度提高至目前的5倍。然而，公开承诺只是迈向目标的第一步。在做出承诺之后，我们需要在各部门中一致地执行、监测、调整目标并强制执行，这将会触达我们社会和经济的每一个角落。现在，我们不能只是满足于渐进式的变革，也不能虚假地向人们保证，实现净零排放几乎不需要改变我们的工作和生活方式。重要的承诺必须得到政府和监管机构长期、广泛的支持。做出承诺是必要的，但这只是第一步（还往往姗姗来迟）。

与制定有挑战性的净零目标相对应，我们应当达成一项全球协议，对碳进行定价，并随时间推移逐步提高价格，从而影响激励措施、市场和个人行为。从经济角度来看，这是必要的（Stiglitz，2019）。碳定价将是激励机制开启转型的第一步（Breeden，2021）。明确的政策共识正在形成，要加速实现我们的目标，碳定价是必经之路。2021年，数十个国家通过碳税和碳排放交易机制的形式进行了碳定价。然而，短期政治考虑的压力、要求和阻力仍然打败了全球环境的需求，实际碳价往往定得过低，难以实现预期目标。

COP26的谈判代表们很清楚，虽然许多市场（虽然美国还没有）都有碳税和碳排放交易机制，但其税率和交易水平是不足以实现净零目标的。国家领导人明确指出，这种情况必须改变，而且要快。各国政府和领导人必须做出有意义的承诺，提高全球和国内的碳价格，为刚起步的气候变化叙事、政策和市场转变进程添柴加火。在国际市场上，所有国家需要共同明确一个高水平的最低碳价，并承诺随时间推移逐步提高该价格。这样做可以加快变革节奏，既利用市场、推动投资决策、改变商业战略，又奖励创新者、惩戒污染者。制定目标、充分提高碳定价以及确保温室气体减排这一过程会引发政治上的争议，但应该是可控的。一旦实施碳定价，将有助于减少温室气体排放，促进数十年的可持续增长，帮助解决生产力和长期停滞的难题。

致力于通过提高碳定价实现净零排放的政府应该坚守阵地，不论是否有人反对净零目标（会有人反对的）。那些拒绝为碳污染付费的国家和个人应该为他们的自私行为从政治、外交和经济方面付出切实的代价。在对碳进行有效定价的过程中，各国不能允许落后者和搭便车者进一步滥用全球公共资源。

积极行动并始终致力于实现净零目标的各国领导人应结成一个愿景一致的联盟，构建一个数字化、可再生能源电气化的绿色全球化2.0时代。第二代的绿色全球化必须倡导自由贸易，但这种贸易必须建立在实现净零碳排放所需实际碳成本和地球负担得到保障的基础之上。我们需要建立执行机制来确保绿色全球化2.0具有可持续性和韧性，同时将我们的市场和经济与温室气体和社会目标绑定。对于那些拒绝为其危险的碳依赖行为支付实际经济成本的地球污染者，支持他们无限制贸易权利的日子必须到此为止。

要实现净零排放，对那些碳定价未达到商定水平的国家、企业和其他主体，必须通过向其征收关税，支持和保护绿色全球化2.0时代。人们可以构建一个限制污染全球公域者来去自由的绿色全球化2.0时代。

本章阐述了做出承诺、提高碳价、建立志同道合的联盟，以及执行统一碳价目标的重要性。正如气候变化领域的其他许多事情一样，我们知道什么是必要的。我们有实例表明哪些做法效果好、哪些不够好，以及即便没有达成共识，我们该如何继续推进。我们也知道，有效的执行力度能够鼓励和支持公平贸易和经济增长。正确构建的绿色全球化2.0可以被视为21世纪的脱碳再工业化。其解决方案是基于多元化绿色策略进行更新和重启的增长。

让我们先从宏伟的承诺和目标谈起，因为如果不做出承诺，就会出现拖延和延误，而在目前气候变化的危急关头，我们都承受不起后果。

一、长期目标与阶段性步骤

筹备COP26的各国领导人应设立更激进的长期目标，相应地制订明确的阶段性步骤和计划，并对公众公开。2021年，已有120

多个国家口头承诺实现净零排放目标。如果人类想真正地有概率在2050年实现净零排放，世界上主要的污染国家和地区就必须大幅提高其温室气体减排目标。遗憾的是，过去的事实证明，政策制定者和国家对气候变化的IPCC承诺目标程度是远远不够的，国家也未能实现（所承诺的）温室气体减排。持怀疑态度的人们会发现，过去在京都、里约，甚至在巴黎的缔约方大会上，类似的恼人情况都一再发生。各国领导人齐聚一堂，IPCC的科学家们的集体警告愈演愈烈。通常而言，宣布的协议都是不具约束力且缺乏有效执行机制的，即便如此，大多数国家还是没有履行自己的承诺。2021年会有所不同吗？能否一劳永逸地打破承诺不足、履行不力的恶性循环？

COP26谈判前夕的筹备工作是一次关键的考验，也是一次将失望和拖延转变为期待和行动的机会。各国政府应为自己实现温室气体净零排放之路设定更积极的目标。正如联合国秘书长安东尼奥·古特雷斯（António Guterres）所言："如果我们要将全球温升控制在1.5摄氏度以内，从今年起，我们就需要明确，如何在这一个十年内实现比2010年温室气体水平减排45%的目标，以及如何在21世纪中期实现净零排放"（UN，2020）。

在COP26会议上，各国必须强调其对这一挑战秉持严肃态度。然后，各国可以调动其政府、支出和国家力量来完成这项任务。各国可以逐步将目标与政策上的实践和实施相结合，并将2050年环境相关的目标、重构和革新纳入其所有短期、中期和长期组织计划与目标中。各国必须将应对气候危机的目标内化并融入政府规划的方方面面。

一些国家、社会和部门已经开始将净零目标内部化，这种内化必须成为我们的社会、企业和经济中对道德、可接受和可持续善治的检验标准线。

每个人都应问一个问题："我们所选择的政策、商业路线和长期战略是否和我们的净零目标保持一致？"我们应该拒绝否定的答案。但如果一个糟糕的方案已成既定事实，那么其面临的碳成本、惩罚和负面激励应十分严苛，而且离商定的净零目标越远，代价越严重。排放者必须为其向大气中排放温室气体的行为付出日益高昂的代价。

全新的宏伟目标有助于社区、企业和投资者的预期发生转变，做好准备迎接相对快速的变革。宏伟目标一旦确立，就能从中滋长出驱向成功的力量和动力；同时，这些目标也宣告了打响碳战争（BBC，2020）。然后，气候活动家、专家型观察人士、日益警觉的选民，以及格蕾塔和她年轻的在校气候斗士们就可以比照这些净零目标，对国家、政府、地区和城市的行动措施进行反复的评估。各国和领导人必须承担起责任，并被强制性地根据自身净零碳承诺来衡量成功与否。值得注意的是，在 2020 年和 2021 年，主要领导人和国家似乎已经开始提高他们的气候变化目标，并扩大其规模。

（一）欧洲的绿化和重建

《巴黎协定》签署后，欧盟制定了一个宏大目标——到 2030 年温室气体减排 40%。随后，2019 年 12 月签署的《欧洲绿色新政》（European Green Deal）对这一目标进行了修订和提高，欧盟在该协议中宣布了 2050 年实现净零排放的承诺，并承诺到 2030 年实现温室气体减排 55%。《欧洲绿色新政》将把 2050 年温室气体减排目标写进欧盟法律，并建立一个协商程序，让公民成为合力攻坚的一分子：

- 为采取一切政策实现 2050 年气候中和（climate neutrality）目标确定长期前进方向。
- 建立监测目标进展的系统，并根据需要采取进一步行动。
- 对投资者和其他经济参与主体保持可预测性。
- 确保气候中和转型过程的不可逆转。

这将是一项艰巨的任务，涉及"社会各阶层和经济行业……从电力行业到工业、交通、建筑、农业和林业"（EU Commission，2018 年）。欧盟委员会主席乌苏拉·冯德莱恩（Ursula von der Leyen）认为，这是欧洲大陆的"人类登月"时刻（BBC，2019）。这要求欧洲经济进行结构性转型，变得更依赖可再生能源和能源效率，而不是其他因素。

欧盟领导人向金融市场表明了他们的严肃态度，欧盟的信贷部门——欧洲投资银行（EIB）也同时承诺，将在 2021—2030 年为气候行动和环境可持续提供 1 万亿欧元的投资。

自这一关键决策以来，欧洲决策层已明确将欧盟委员会 750 亿欧元的"下一代欧盟"（Next Generation）基金与未来的绿色经济建设、气候紧急事件应对和新冠疫情复苏联系起来。

《欧洲绿色新政》为绿色投资筹集了 1 万亿欧元的公共和政府资金，制定了更严格的投资标准以避免"洗绿"，为公正转型相关的项目筹集了 1 000 亿欧元，并制定了一项新的产业政策，涉及循环经济①和可持续粮食系统方面战略等要素。

就像欧洲的财政当局正在努力实现艰巨任务一样，欧洲中央银行（ECB）行长克里斯蒂娜·拉加德（Christine Lagarde）也在挑战更具难度的目标。拉加德正在努力将气候变化目标和风险纳入欧洲央行的使命和政策行动。她认为，对于这个全球最强大的中央银行来说，这是一个重要且紧迫的目标。欧洲央行正在向市场和投资者发出信号：欧洲央行将全力支持欧洲的脱碳目标，变革即将来临，作为"最后贷款人"，欧洲央行了解气候风险和采取行动的必要性。

---

① 在循环经济中，企业和组织通过设计去除流程中的废物和污染，尽可能避免污染和浪费，从而降低排放，减少对气候和环境的不利影响。瑞典企业在这一循环设计过程中处于领先地位。同时该国的碳税促使企业淘汰污染和浪费的系统，实现闭环，从而提高效率和道德，并更加关注决策对环境的影响。

第三章 目标设定、碳定价机制及落后者惩罚

对于欧洲来说，有序转型路径的减排曲线将是陡峭的（见图3-1）。但肯定的是，有序的下降总比突兀的暴跌来得好。总体而言，欧盟在温室气体减排方面是全球的排头兵。许多欧洲国家，包括芬兰、法国、苏格兰、瑞典和英国，都在温室气体排放和转型速度方面实现了弯道超车。成功的关键在于不断调整的公共政策叙事、大量的里程碑式目标节点、国家层面和欧盟层面的激励措施，以及执行机制和监管体系，林林总总，将政策上的雄心壮志变为现实，落到地面。以2008年制定的目标（而非当前更为激进的目标）来看，欧盟的表现不俗。欧盟决策层以正确的方式逐步提高了他们的目标。图3-1显示，欧洲温室气体排放量比1990年减少了（EU Commission，2020）。在实现2050年净零排放目标的要求下，新的减排目标则更为激进。

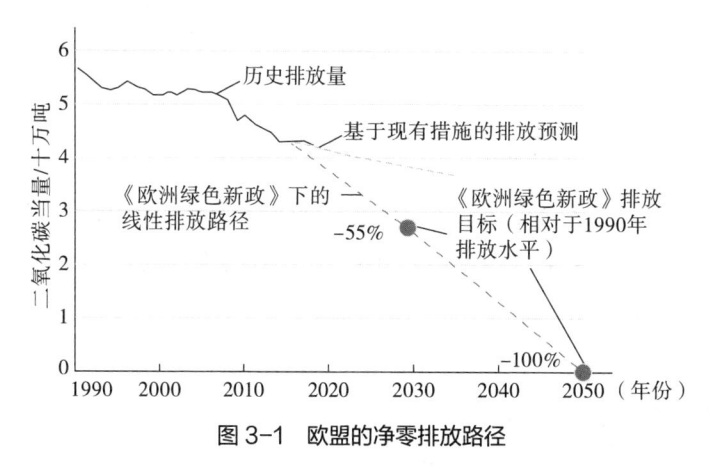

图3-1 欧盟的净零排放路径

来源：联合国气候变化框架公约，欧洲环境署。

2021年，欧盟国家（和英国）在实现《巴黎协定》目标和减排路径方面走在了前列。由于气候变化相关的政策行动和响应，一些国家，如法国、意大利、瑞典和英国，已经做出了具有法律约束力的承诺，实现温室气体净零排放和人均排放量下降。尽管如此，

要实现温室气体排放目标仍然困难。目前正在通过关闭发电站（如法国和英国）以及改变激励和惩罚措施来解决这一问题。其他欧盟国家，如比利时、丹麦、德国、爱尔兰和荷兰，政府未能实现他们定下的目标。他们得加把劲了。

尽管欧盟自身面临诸多挑战，但其在气候变化目标和减排路径方面的政治和决策流程十分有效。欧盟正在通过已为人熟知的现有机制和欧洲法律体系来制定目标、逐步提高目标、建立监管体系，并采取强制措施。

坚持不懈的行动将重新引导资源，并调整和重塑欧洲大陆的产业政策。对于诸多决策和行动，一方面通过监管改革予以财政支持，另一方面通过欧洲央行的政策调整予以货币支撑，转型进程将得以加速，欧洲实现产业转型目标、把握经济上升空间的可能性也将得以上升，欧洲的产业转型已经在进程中，然而要实现还需要采取进一步的政策、定价和激励手段。

（二）拜登的绿色新政终于迎来开端

美国在气候变化辩论中的缺席、政府对气候变化科学的敌意、退出《巴黎协定》的行为以及美国环境标准从2016—2021年的倒退，直接威胁到全球的气候治理和净零排放目标。约瑟夫·R.拜登（Joseph R. Biden）当选总统标志着在实现共同净零目标上美国领导力的回归和美国外交的重新参与。拜登政府明确承诺，将气候变化作为一个危机和战略领域来采取协调行动，这对全世界都极为重要。

作为2020年的总统候选人，拜登宣布支持一项1.7万亿美元的投资计划——绿色新政（Green New Deal，GND）。他强调，科学告诉我们，我们还有9年时间就会面临不可逆转的破坏，他承诺到2050年使美国实现净零排放（见图3-2）。拜登认识到形势的紧迫性，并承诺实施大规模投资计划以实现碳减排目标，这对行业和投资者的计划产生了重大影响。他支持科学，而不是垃圾阴谋论和一味否认，这让人耳目一新，亟须回归基于事实而非虚假的决策。美国要实现其目标还有很长的路要走，鉴于特朗普政府和其他历届政府（可悲的是，包括奥巴马总统）都未能有效压平温室气体排放曲线，美国转型之路的陡峭程度将非常明显。

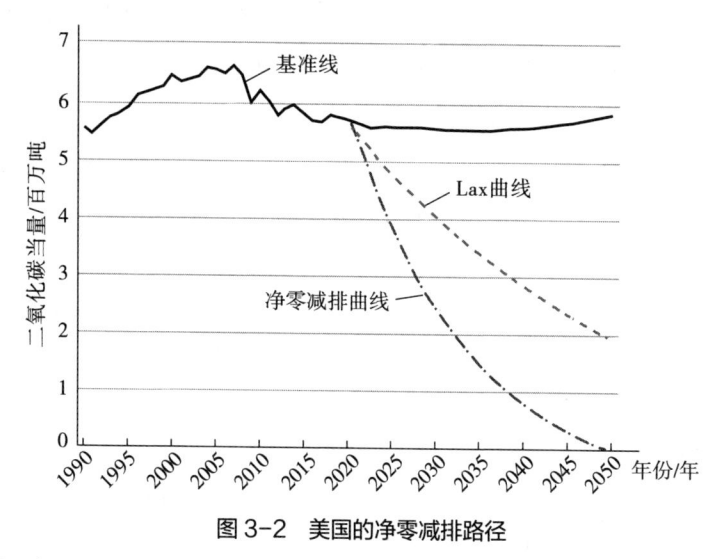

图 3-2　美国的净零减排路径

来源：美国行动论坛，2021。

领导力始终至关重要。关于气候变化的言论已经发生了重大而显著的转变，拜登总统正在将气候变化政策纳入整个政府行动。每一位内阁官员都将气候变化的紧迫性作为主要政策目标，这绝非巧合。恰恰相反，这反映了高层对政策的深思熟虑。拜登总统深知这一转变的重要性——深知无所作为对美国经济的紧迫性和危险性。通过调整公共政策，他使美国政府重新与大多数美国选民保持一致，这些选民对气候变化及其带来的风险日益感到震惊。拜登总统在政治上也很精明。他知道哪些人为他带来了胜利——主要是年轻人和学生，即 X 世代和 Y 世代，以及受过教育的城市和郊区选民，气候变化风险是这些人的首要关注点之一。从某种意义上说，拜登总统将有关气候变化的公共政策重新定位，转变为切实的解决方案和行动，而不是在冒政治风险。确切地说，他是在与他的支持者和公众建立统一战线。

拜登总统的行动让美国和美国人能够抛开错误信息和阴谋论，转而关注眼前的任务。这些行动包括重新加入了《巴黎协定》、承诺实现净零排放、在2021年春季主办一次重要峰会、重新参与缔约方大会进程，以及公布了一项新的绿色工业政策，这一政策飞跃可以说是"让美国再次变绿"。然而，承诺是一回事，落实才是真正的考验。加利福尼亚州作为美国最大、最繁荣的州，一直在指明前进的方向。

加州已经达到了自己在物理、叙述和政策上的气候临界点。加州2020年的破纪录野火向我们实时展示了一个迅速变暖的地球会是什么样子。未来已来。大火撕碎了特朗普歪曲事实、充斥谎言和完全错误的信息。加利福尼亚州选民的观点也佐证了这一点。对加利福尼亚人来说，当今最重要的问题是什么？答案是气候变化。在加州，几乎没有人否认气候变化的现实，也没有人质疑采取行动的必要性，因为当你无法出门，闻到浓烟，看到大火，你就看到了现实。

作为对野火的回应，加州州长加文·纽森（Gavin Newsom）宣布到2045年全面淘汰汽油内燃机，加利福尼亚州已经达成了气候叙事上的共识，因此没有发生选民明显反弹的情况。汽车制造商们现在正急于应对，以免失去市场份额。最大市场的风向决定了较小市场的投资方向，因而加州的举措也加快了美国电动汽车的普及。加州的这一举措将刺激创新，进一步奖励先行者（市场见证美国电动汽车股票不断上涨），并相应地惩罚排放者。加州的政策转变将加速创造性的破坏，带来数十家新公司和新就业机会的诞生。从日本到哥斯达黎加，再到南非，类似的故事正在其他国家上演。

各国不仅在明确其净零排放承诺，而且还在明确其国家层面的减排路径、阶段性节点、监管手段、执行机制和报告要求。

欧盟、中国和美国在净零排放上的新态度正在给一些国家带来越来越大的压力，使其提高承诺水平和提前目标时间线，以免被抛在后面，远远落在迅速发展的全球气候危机政策共识之外。这正是我们在COP26大会前后所需要的那种动力：对有力承诺施加的日益增长的压力，以及紧随其后的落地方案。正如新冠疫情加快美国和全球经济的数字化和其他转型一样，这些重大而有意义的气候变化政策出台及其实施也能推动此类转型。

实现温室气体减排目标的一个关键要求是将碳成本内部化，也就是说，我们必须对碳进行定价，用价格来反映其污染性和破坏性的影响，从而加快转型速度，加速经济激励机制市场、投资者和个人的行为的转变。

二、碳定价

经济学家早已认识到，社会应对碳进行合理定价，并利用市场和价格机制调整激励机制，加快变革速度，减少温室气体排放，助力实现气候目标。在"气候危机经济学101"中，最简单的方案是碳价或碳税，即设定一个透明且不断上升的碳成本水平，将迄今为止的外部性内部化，从而促使市场、企业、投资者和消费者调整其行为、选择和生活方式。"碳价"这个词相对来说比较通俗易懂。选民、投资者和市场可以根据碳价进行调整，将成本上升的因素考虑在内，并依此判断决策。

（一）碳价可能引发（各主体）行为骤变

直接征税是最简单有效的一种碳定价方案。碳定价的另一种方案是碳排放权交易制度。由于目前这两种方案各自的价格水平都不够高，覆盖的行业也有限，无法实现必要的气候变化温室气体目标，为了实现《巴黎协定》2050年碳中和的目标，大多数国家的政府将采用直接碳税和碳交易（以及其他方式）相结合的方式。

那么，采用多重税种和税率是理所当然，且符合政策要求的。所以我们该提高汽油税来鼓励人们少开车，或许还该提高SUV汽车的税率来鼓励人们少开SUV，征收拥堵税来鼓励人们少驾车入城，再征收公用事业碳税或航空税，或将公用事业纳入碳交易市场，来进一步调整激励机制。如何使政策达到精确平衡和精妙组合，取决于政治经济的变化情况和社会需求。

在COP26会议上，各国应支持对国家和地区的碳定价（通过碳税和碳交易机制）进行更新和重新设计，以加快和巩固激励机制的调整。然而，时间已所剩无几。目前，全球范围内对碳的定价仍然远未达到应有水平。

2021年在格拉斯哥齐聚一堂的各国领导人应共同宣布一个全球承诺日（Commitment Day，C-Day），承诺对全球所有国家逐个制定一个切合实际、未来逐步提高的最低碳价，且所有国家都承诺在2023年之前开展碳价征收。对碳价模棱两可的承诺的时代必须到此为止。各国领导人和政府应释放相应信号，表示将对碳进行定价，并向碳宣战。如有可能，政府领导人应尽力实现各国各地区都适用的普遍目标。各国政府应统一最低碳价，并制定碳价的多个上升目标及对应的减排路线，使碳价在中长期内逐渐趋同于一个较高的水平；各国政府还应该致力于为实行该碳价体系，建立相应的机制和方向标。最后，各国应在国际协调、国家执行和国家监督机制的支持下践行承诺（关于执行的话题将在第五章中讨论）。

若各国领导人能在COP26会议上集体承诺，在2050年前的30年内制定一个具有经济意义、包容性、多行业、不断上涨的碳价，那么企业就可以调整其战略和商业计划，并进行相应的投资。一旦碳价有效且稳定，投资者就会做出相应调整。消费者也将对他们接收到的信号做出反应，在对应的领域追加投资或削减消费，从那些无视其社会和环境目标的企业撤资。商界领袖们清楚地认识到，为了规划一条有序通往净零碳排放的减排路径，他们最需要的是以下监管要素。

（二）对碳价设定最低门槛、时间表和可调整的减排路径

- 确定最低碳价水平和转型路径。各国政府和监管机构需要制定最低碳价以及相应的实现路径。通过中国和欧盟的承诺，这些已经开始成形。
- 制定时间表，在此期间必须实现一系列明确的阶段性目标。
- 保持一定程度的政策确定性。企业需要得到某种程度的保证，明确政策将在某个时间段内采取哪几种路径，大约会产生哪几种价格影响。COP26领导层必须进一步明确转型的进程、方向和目标节点。
- 明确衡量标准和数据。商业人士需要知道何时存在不确定性，以及在既定框架内哪些因素可能会影响未来的政策方向。经济学家一直在致力于研究中央银行的前瞻性指导以及影响决策和利率波动的关键指标数据。类似地，商界人士同样需要明确气候变化的方向。

各国应制定碳价的最低门槛、上升曲线、关键目标点和潜在增速，同时也应该明确哪些是市场和社会应该努力实现的目标指标。国家和地区当局应该建立和加强市场监督、执法改革和规划进程。国家和社区可推行长期投资和产业政策来支持碳价调整，并通

过公共基础设施的增建和目标来支持私营部门投资。各社区可继续规划净零排放和碳中和的未来，这不一定是某种反乌托邦式的噩梦。

在全球承诺日到来之前，无论确切的碳价如何，投资者都将继续远离污染型企业的股权和债权。投资者会要求更高的风险溢价，尤其是那些没能制定实现零碳排放路径的公司。当然，污染企业可以选择今天继续排放，明天关门大吉，但大多数企业不会这样做。市场信号和机制是有利于我们共同致力的，转型也会提前到来。

即使在2021年成立全球承诺日完全在经济能力范围内，但其达成一致的道路和参数还远未得到保证，甚至面临着政治阻力。尽管如此，政府的决策层应对提高国家碳价涉及的各种要素尽力完善。政治家们应将具体的实施工作留给其他国内国际授权机构，他们更有能力监督此类市场和架构。

如图3-3所示，无论征收方式如何，碳价的制定都必须以最低碳价为门槛，并在理解的基础上，做好价格将随着时间的推移而逐步上涨的准备。这一方法得到了由中央银行行长和经济学家组成的碳领导委员会（Carbon Leadership Council）的支持，其成员包括现任美国财政部部长珍妮特·耶伦（Janet Yellen）、奥巴马政府财政部部长拉里·萨默斯（Larry Summers）等。正如耶伦所说："当核心问题是温室气体排放造成的损害时，最清洁有效的解决方法就是对这些排放征税"（*Financial Times*，2018）。碳领导委员会建议对美国每排放1吨二氧化碳征收40美元的税，且这一价格未来会逐步上涨。碳领导委员会的建议遵循收支平衡（revenue neutral）原理。为确保公平性，减轻或去除大多数家庭的经济成本，全部征税所得将作为年度分红返还给美国人民。

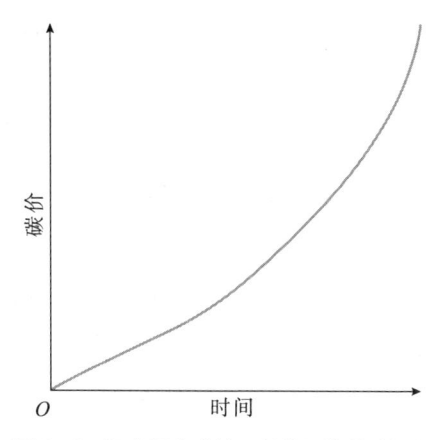

图 3-3　逐步调高碳价，以此调整激励机制

如图 3-4 所示，许多国家已开始征收碳税，尽管税率还是处于过低的水平。瑞典以 130 美元的碳税居世界首位，列支敦士登（106 美元）、芬兰（73 美元）和挪威（53 美元）紧随其后。大多数国家或地区的碳税税率远远低于北欧国家，从而削弱了其激励作用，限制了市场预期和行为的转变速度。

越来越多的国家和地区选择征收碳税，也有的同时混合采用碳交易机制。在最近宣布的碳定价机制中，有九个是碳税（阿根廷、智利、哥伦比亚、列支敦士登、墨西哥、新不伦瑞克、纽芬兰、西北地区和南非），只有一个是碳交易机制。看来大部分国家和地区都意识到，相比复杂的碳排放交易机制，简单易行的碳税更有吸引力，前者可能不够有效而且容易被滥用和误用。

在未来 30 年中，所有已出台（及即将出台）的碳定价机制都必须逐步调升碳价，且必须向一个较高的碳价水平趋同，以推动净零目标的实现。

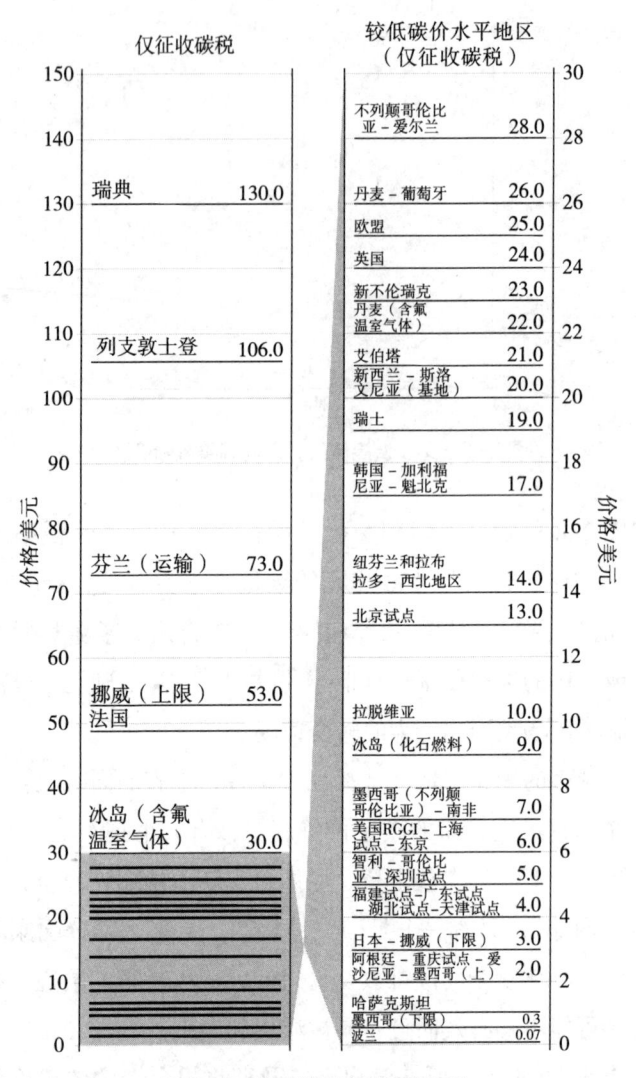

图3-4 全球范围内启动碳定价

仅征收碳税（价格美元）
- 瑞典 130.0
- 列支敦士登 106.0
- 芬兰（运输）73.0
- 挪威（上限）53.0
- 法国
- 冰岛（含氟温室气体）30.0

较低碳价水平地区（仅征收碳税）（价格美元）
- 不列颠哥伦比亚 – 爱尔兰 28.0
- 丹麦 – 葡萄牙 26.0
- 欧盟 25.0
- 英国 24.0
- 新不伦瑞克 23.0
- 丹麦（含氟温室气体）22.0
- 艾伯塔 21.0
- 新西兰 – 斯洛文尼亚（基地）20.0
- 瑞士 19.0
- 韩国 – 加利福尼亚 – 魁北克 17.0
- 纽芬兰和拉布拉多 – 西北地区 14.0
- 北京试点 13.0
- 拉脱维亚 10.0
- 冰岛（化石燃料）9.0
- 墨西哥（不列颠哥伦比亚）– 南非 7.0
- 美国RGGI – 上海试点 – 东京 6.0
- 智利 – 哥伦比亚 – 深圳试点 5.0
- 福建试点 – 广东试点 – 湖北试点 – 天津试点 4.0
- 日本 – 挪威（下限）3.0
- 阿根廷 – 重庆试点 – 爱沙尼亚 – 墨西哥（上）2.0
- 哈萨克斯坦
- 墨西哥（下限）0.3
- 波兰 0.07

来源：世界银行，2020。

由于许多国家已经采取了启动碳税或碳价的措施，因此也应该商定逐步提高碳税或碳价的措施，最晚在2030年达到一个较高的水平，并从那时起一直提高到2050年。如果征税过程透明、经过讨论并得到充分理解，那么征税过程将是有效的。为共同利益征税并非大逆不道，我们可以而且应该这样做。

下面我们以瑞典为例，看看提高碳税的实际效果（见专栏3.1）。

专栏3.1 瑞典在碳税方面的领先实践

瑞典从1991年开始实施这一政策，是首批实施碳税的国家之一。如今，瑞典碳税水平大约为每吨二氧化碳130美元，几乎覆盖了所有的经济行业。碳税作为税收改革的重要新纳项，同时简化和降低了劳动税，征收了能源的增值税，并向某些经济行业提供了一定程度的国家支持。碳税起初设定在较低水平，并逐渐增加。碳税带来了对瑞典和全球都有益的结果。

高税率使得石油和煤炭的使用量急剧下降。到2030年，瑞典国内交通排放量将比2010年减少70%，到2045年瑞典将实现碳中和。

碳税并没有拖累瑞典经济，相反，尽管存在反对言论，碳税征收期间瑞典经济表现强劲。与预期一致，碳税不仅刺激了创新，提高了能效，改变了商业惯例，还调整了激励方式。一方面，碳税奖励那些商业和环境战略两手抓的企业；另一方面，对落后的企业进行惩罚。瑞典的碳税推动了个人和公司调整自身行为。如今，由于碳的实际成本很高，瑞典公司在碳中和与循环技术方面遥遥领先。

那么瑞典是否因为采用了前瞻性的碳政策而变穷呢？答案是没有。斯德哥尔摩仍然是一个富裕国家的富裕首都，且瑞典社会不平等和贫困的程度低，阶级的向上流动性高。

瑞典是否因为征收碳税而失去了公平性？答案也是没有。他们采取了谨慎的措施，确保碳税不会对经济条件较差的人造成额外负担。2021年的今天，瑞典已经建立了可持续发展的经济基础，这将有助于确保子孙后代（不仅是瑞典人）有更大机会生活在宜居的地球上。瑞典人已经不是第一次向世界其他国家展现应该如何建设一个社会契约更强、经济更可持续的社会。

瑞典的经验已经很清晰明了了。合理规划、透明且循序渐进的碳税征收过程，可以成功地改变整个社会的激励机制和做法，而不会对社会凝聚力和经济繁荣产生不利影响。瑞典在有效实施碳税方面堪称典范，值得效仿。它简单、公平，并利用市场机制促进各行业和社区的变革。遗憾的是，许多主要污染者未能像瑞典一样对碳进行合理的定价。

瑞典的案例还表明，碳定价可以在数十年内平稳运行。然而，即使有瑞典打头，其他大多数国家还是做得太少，在碳价格机制方面仍然远远落后。这种现象以及碳价不到位导致的市场激励效果不佳，如果有更多的国家在近15年前就按照阿尔·戈尔（Al Gore）在2006年的电影《难以忽视的真相》中所言的采取行动，当下和未来必须实施的碳价必须更高得多。

瑞典的例子证明，各国可以在不损害经济的情况下进行碳减排，实现温室气体排放目标。瑞典的例子也充分展现，如何随着企业、投资者和个人的行为调整，逐步将碳税提高到一个较高的水平。自碳税生效以来，瑞典经济的表现与许多国家一样好，甚至更好。同时，瑞典已经发展形成了绿色经济，且由于贫困家庭获得了较高成本的补偿，避免了社会紧张，并未发生社会不平等加剧的现象。碳税成功地调整了激励机制，并将经济投资向社会所需的工业再绿化和革新领域引导。如今，瑞典企业在实施循环经济方面已跻身世界前列。瑞典是碳税制度的开拓者，为其他国家提供了许多宝贵经验。

另外，加拿大也为碳税政策的设计和推广指明了方向（见专栏 3.2）。

专栏 3.2　加拿大碳定价机制的最佳实践案例

2018 年，加拿大通过了旨在减少温室气体排放的联邦碳定价法。《温室气体污染定价法案》（Greenhouse Gas Pollution Pricing Act）旨在不干涉加拿大各省碳价的前提下，确保各省的碳定价机制符合联邦法律的要求。如果各省不作为，联邦系统就会进行干预。法案要求对燃料征税，从每吨二氧化碳 20 加元开始，到 2022 年增加到 50 加元。联邦政府意识到这还远远不够，因此在 2020 年 12 月宣布了 2030 年前逐渐上涨的碳价曲线，在 2030 年前，碳价格每年将增加 15 加元，直至 2030 年，碳价格将达到每吨二氧化碳 170 加元。

加拿大的碳价最终将达到或超过瑞典的水平，并将在 2030 年成为全球碳价领头羊。

根据碳领导委员会的建议，加拿大将全部碳税返还给本国公民，其中 90% 返还给个人，10% 返还给无法转移所增碳成本的企业和机构（如医院）。返给个人的碳税额将随个人收入递增。政府估计，80% 的家庭所获返税应略高于他们所缴纳的碳税。与此同时，温室气体排放量最大的这部分公民将缴纳更多的碳税。这种累进制的措施符合伦理、道德，也是适当的，因为它解决了环境和公平问题，且在行业游说者不加以干涉时，这种政策是可以取得成功的。

研究人员认为，到 2030 年，碳税将使每升汽油的成本增加约 0.38 加元（目前平均为每升 1.00—1.20 加元）。2030 年，一个四口之家每年的碳税返还金额约为 2 000—4 000 加元。

加拿大政府还表示，将考虑碳边境调节税的可能性。这是一种进口关税，旨在保护国内产业的竞争力免受没有类似碳税的国家所生产商品的影响。加拿大政府认为，加拿大企业不应该因为走正确的道路反而受到惩罚，而其他国家却可以免费获得自身碳定价机制的红利。

加拿大的政策制定者们似乎正在听取英格兰银行前行长、现任COP26顾问马克·卡尼以及技术官员们的意见：（政府应）制定宏伟目标、公布减排曲线、设定日益上涨的碳价、明确阶段性目标、要有可信度、要有可预见性。

综合考虑，这些措施将增强市场的确定性和可预测性，并将推动市场决策和转变市场预期，由于越来越多的加拿大市场主体将这一目标作为其商业规划和战略决策的一部分，以上种种因素都将加快转型进程并降低整体成本。

从气候行动的角度来看，加拿大已经在政策实施和设计方面走在前列。这些碳定价机制符合社会需求，且设计合理、实施得当，其设计思路值得别国借鉴参考。

值得一提的是，宣布逐步抬高碳价并没有引发加拿大市场崩溃或投资者逃散。恰恰相反，他们现在可以清晰地规划并抓住碳价政策带来的机遇，并更好地管理风险。

2020年，共有32个国家和地区政府征收碳税，包含25个国家、7个地区政府。遗憾的是，这些碳税的总额仅覆盖30亿吨二氧化碳当量，仅占全球温室气体排放量的5.6%（World Bank，2020）。

因此，迄今为止，除少数成功案例外，碳定价机制无论是在经济行业和国家地区覆盖程度上，还是从价格水平上，都远远不足，自然也不足以改变主要市场的大多数行为。所以，当务之急是采取集体行动，制定一个最低碳价（对较贫穷、低排放的国家可能进行豁免），并设计一个上扬的碳价曲线，使其在 2030 年时趋近一个较高点，并随 2050 年的逼近进一步抬高碳价。直接征收碳税不是唯一的选择。除了碳税，许多地区和国家还采用碳排放权交易制度来代替碳税，这种机制可能有效，但也有一些重要的缺点。

三、碳排放权交易制度

ETSs，即碳排放权交易制度，是碳减排之战的重要组成部分。碳交易制度需要建立一个监管下的碳排放权交易市场，理想情况下，投资者和碳排放主体对碳排放权进行交易，且这些排放权的数量会逐渐减少。碳排放主体要运营发电厂，便需要持有足够的碳排放权。碳排放权交易以定期拍卖的形式，在国家当局监管的碳交易市场上开展。

碳交易制度之所以广受欢迎，主要是因为首个受监管的案例，即美国二氧化硫排放交易制度（见专栏 3.3）成效显著。事实上，美国二氧化硫交易市场是此类市场有效建立和成功运行的最佳范例，各国政府在设计自己的碳交易制度时都将其作为蓝本。

专栏3.3　酸雨、晴空和市场的故事

发电厂二氧化硫减排的成功证明了通过市场机制实现生态目标能够取得的成果。1994 年，来自污染性的石油和燃煤发电站的生态破坏者酸雨正在侵蚀美国的森林，为了应对这一生态破坏者，美国启动了二氧化硫排放权交易市场。美国决策层采取的解决方案是建立一个可对二氧化硫排放许可进行交易的系统。电力公司被分配二氧化硫排放许可配额，配额有年度上限且可以自由交易。电力公司必须持有足够的配额来覆盖每个发电站二氧化硫的排放量。发电站的二氧化硫排放量受到持续监测。每年年底，电力公司在美国环境保护局（EPA）的账户上必须有足够的配额，以支付其旗下发电站所记录的二氧化硫排放量。

重要的是，为了确保二氧化硫能按照预期减排，市场条件逐步收紧。该机制最初纳入了263家硫排放量最高的发电厂，这些发电厂制定了为期五年的减排目标。随后的五年内，市场里二氧化硫排放权配额的总量被压降，配额价格也随之进一步上升。二氧化硫排放权配额可跨年度自由交易。几年后，"一个相对有效的市场逐渐形成"，配额交易价格在每吨178—205美元[①]。

市场按预期运行，调整后的激励机制也对公用事业企业和投资者产生了影响，前者关闭了硫污染高的工厂，后者在估值时将硫排放权价格上涨的因素纳入考量。因此，随着时间的推移，二氧化硫排放量逐渐下降，且每个新的五年来临及二氧化硫排放权配额总量进行调整之际，下降幅度更大。图3-5展现了发电厂的二氧化硫排放量和硫排放权价格曲线。排放量从1993年的2200万吨稳步下降到2019年的200万吨，减排成效显著。图里还显示了硫价有一个逐步上升和突然飙升的过程，同时由于电力企业对这一受监管新市场的信号和激励措施做出了反应，硫排放量持续下降。

---

① 一旦行业承诺接受新的架构，自身就会抵制再开倒车。例如，特朗普政府坚持要取消企业平均燃油经济性（Corporate Average Fuel Economy）排放标准和每加仑英里（miles-per-gallon）标准，遭到了主要汽车制造商的反对。这些公司已经对此做出了承诺，并且在这个基础上开展了投资和规划。由于加利福尼亚州（美国最大市场）拒绝降低标准，这些公司不希望回到早期采取污染性更高的技术。这个案例与二氧化硫市场案例具有相似之处。这表明，如果我们能够将变革和平稳转型路径在足够的期限内锁定，市场将自发地发生变化并转而支持长期的转型。

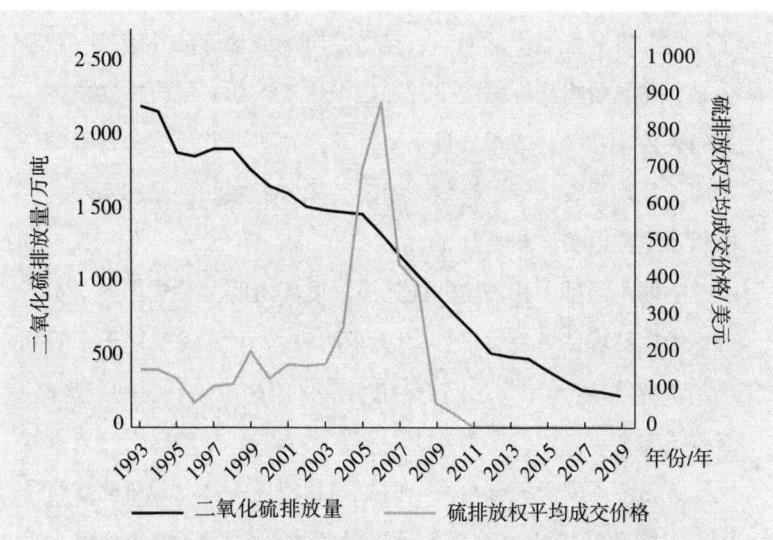

图 3-5 美国二氧化硫交易市场如何提高价格、实现减排

来源：美国环保署，2020。

2003—2006 年，硫排放权价格逐步上升并出现飙升的情况。在此期间，美国环保局试图进一步削减硫排放权的总量来抬升价格。市场对这一监管举措的预期导致价格急剧飙升。公用事业相关的企业在美国法院提起了诉讼，且最终胜诉，其后小布什政府决定不对法院的裁决提起上诉，导致硫交易市场逐渐萎缩，价格也最终回落。

硫交易市场是一个全新的关于排放的交易市场，也是一个罕见的鲜活案例，给经济学家和市场监管方上了生动形象的一课，告诉我们如何设计解决方案，才能实现碳中和目标，限制全球变暖的幅度，让地球生态系统、人类和其他生命得以代代相承。

设计完善、管理规范的市场可以利用动物精神来实现共同的环境目标。如果说有什么相对明确的实时测试可以证明，设计完善、监管得当且具有明确的环境目标的市场是有利的，那么就是美国的硫交易市场这个例子。这个由监管层一手打造的市场遭到了高排放者的抵制。然而，一旦交易市场成功启动并运行，激励机制、交易价格和环保成果就随之被迅速改变。污染性的发电厂关门大吉，二氧化硫排放量下降，天空也不再向美国的森林倾泻酸雨。我们发现，经过有效设计、约束、监督和激励的市场，可以相当迅速地实现环境目标。

中期（目标）和减排曲线的清晰度和透明度至关重要。 市场可以根据环境监管制度进行相应调整。投资者更希望对未来好几年的情况建立一个预期，这样企业就可以相应地调整业务战略。监管不需要一成不变，事实上，在实现气候目标的路上，监管就不应该一成不变。美国公用事业公司和市场主体对减排曲线有了认知，因此二氧化硫价格上升，排放量下降，这也是意料之中的事。

设定可攀及的阶段性目标，预留监管空间，促进企业行动，避免无所作为。 硫交易市场的规划期限并不长，没有给参与的企业留下拖延的时间。企业明确知道每年什么时间进行拍卖，了解重新评估和配额调整会如何开展，以及每五年会有一次更重要的重新评估。这种方法让企业安心，同时也确保了市场监管者能够应对交易市场和二氧化硫排放量的变化。公用事业企业在交易市场确定性的基础上，也建立了进行阶段性调整的预期。

新的环境市场建成之前，应避免遭受政治破坏。 如果2006年的司法和政治失利在七八年前市场刚刚起步时就发生，后果可能会更为不利。我们可以采取下列手段避免这种情况。

- 利用现有的或新建一个独立监管机构，对该行业具有行政权。
- 制定法律约束该市场在至少一个（一个以上最佳）选举周期内不随意改变。

- 获取市场主体和投资者的支持，对长期目标敲定后干预市场运行的政治行为予以抵制。

一旦市场发展起来并形成新的常态，即便是重大的司法失利也不会致命。二氧化硫交易市场的历史证明，即使由于司法失利，以及共和党新政府拒绝为环保局长期以来的市场和政策站台，而使硫交易市场陷入困境，对降低二氧化硫排放量的长期目标并非致命。由于当时市场已经存在了10年，公用事业企业已经做出了改变，换掉了工厂，关闭了污染最严重的工厂，以及/或者改用了天然气，因此即便是在市场萎缩的情况下，二氧化硫排放量仍在继续下降。市场和投资者已经进入了一个新常态，这种新常态不包括燃烧褐煤发电。这一经验告诉我们，市场的形成和启动初期比后期更为重要，因为初期的市场动态、成本变化和战略调整可以提前"锁定"参与企业未来的气候成果，即使后来短视的政客试图造成愚不可及的破坏性倒退也无甚影响。

二氧化硫交易市场的案例证明，新市场可以很快地从无到有，并有效运作，推动取得重大环境成果。这个案例为目前缺乏此类市场机制的国家带来了希望。

比如，这个市场证明，如果政治上能达成一致，一个科学设计的全国性温室气体排放权交易市场可以和碳定价机制共同发挥作用。

它同时表明，如果一个碳抵消市场（虽然还没建）设计科学且监管得力，能实现温室气体减排，再次利用市场动力推动气候变化行动和解决方案。

二氧化硫交易市场向许多政策制定者和政府证明，如果设计得当，且配额总量压降具有确定预期，监管得力，那么排放权交易制度是行之有效的。美国硫市场的例子还证明,当市场机制有效、价格曲线明确、投资者和参与者反应及时,变化可以很迅速。最后,这个案例也证明,当政治家们有足够胆识,同意采取目标激进的市场解决方案,并让那些市场管理和合规方面的专业技术官员进行监管工作,就能创造出可能性。遗憾的是,迄今为止,其他碳交易机制没能足够迅速地从中获取经验。

截至 2020 年,共有 10 个区域性和全国性碳交易市场在运作,覆盖 39 个国家或地区。这些碳市场覆盖了全球 80 亿吨 CO_2 当量的温室气体排放,占全球温室气体排放量的 13.9%。除此之外,全球还有 21 个在国家以下层面的碳交易市场,覆盖 20 亿吨的 CO_2 当量,占全球温室气体排放量的 4%(世界银行,2020)。如今,从温室气体的覆盖程度来说,碳交易市场比碳税更重要,尽管前者的价格水平要低得多,对激励措施的影响也要小得多。无论碳交易市场在何处实行,加强其运作仍应是温室气体监管机构和人员的主要目标。图 3-6 列出了 2020 年有哪些碳交易市场在运行。

2020 年,大多数主要经济体的碳排放权交易市场尚未完全达到目的,因此必须迅速扩大覆盖面,加强应用,同时使碳排放权价格更高、更有效,将温室气体排放造成的损害反映在内。目前,这些碳交易市场无论对行业还是经济体的覆盖程度都远远不足,也没能按需促使激励机制迅速调整。若对碳交易市场监管不力,则其会很容易被滥用和误用。欧洲的碳交易机制对我们很有启发性:一方面它的碳价水平是有史以来最高的,效果也是迄今最好的;但另一方面它也是一个引人深思的前例,告诉我们哪里可能会出错。

(一)欧洲的碳交易机制困难重重

欧洲的碳交易机制是世界上运行时间最长、规模最大的跨境系统,也是最大的碳市场。该机制始建于 2005 年,覆盖了欧洲大陆

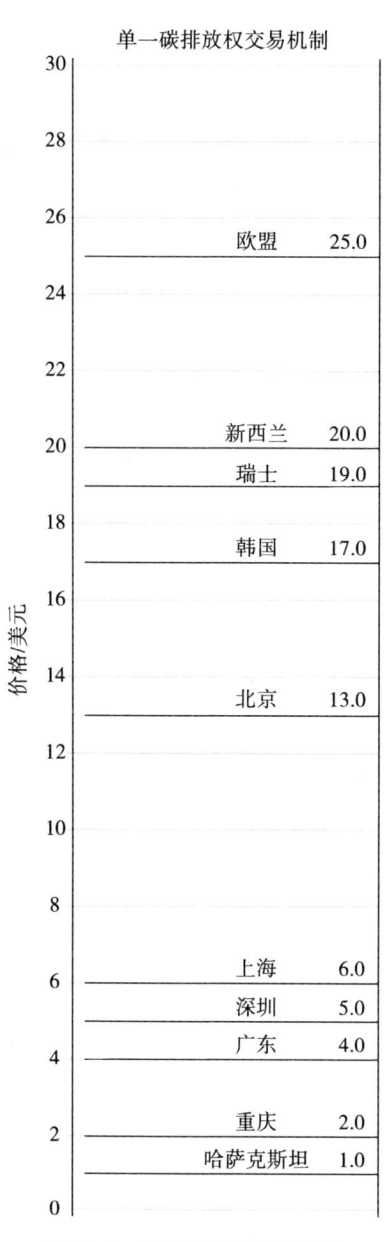

第三章 目标设定、碳定价机制及落后者惩罚

单一碳排放权交易机制

地区	价格/美元
欧盟	25.0
新西兰	20.0
瑞士	19.0
韩国	17.0
北京	13.0
上海	6.0
深圳	5.0
广东	4.0
重庆	2.0
哈萨克斯坦	1.0

图 3-6 碳交易市场运行情况

来源：世界银行，2020 年。

的1.1万个电站，占欧洲温室气体排放量的45%（Carbon Market Wateh，2020）。庞大的市场规模和行业覆盖范围（包括航空）使其潜在影响巨大。欧盟的碳交易机制体现了"谁污染谁付费"的原则。然而，该机制下的碳价波动很大，且在监管方面存在严重失误。由于历史碳价波动破坏了市场信号，在欧盟碳交易机制建立后的10年间，碳排放配额的价格非但没有逐步上升，反而不断下降，与初衷背道而驰。

何以至此？首先，在欧盟碳交易机制运行之初和前两个五年阶段，政客们为了迎合权力游说集团，超额发放了免费的碳排放权配额，大大压低了市场里的碳配额价格。最终，欧盟委员会不得不出面，要求11个国家削减配额，以抬高价格。其次，在部分国家，碳配额可以囤积并跨期使用，公用事业企业便将某一年的闲置配额结转到另一年，或者把停产工厂的配额转移到别的工厂，这也对价格产生了不利影响。理想情况下，碳排放权配额应在规定期限内使用，超期便应要求公用事业企业以更高的成本购买新的配额。

同时，欧盟碳交易市场也缺乏有效的管理和适当的市场监督。严重的欺诈行为破坏了市场机制，也摧毁了市场信任（Frunza et al.，2011）。在低谷时期，由于监管不力，碳市场上的交易可能更多地受到非法活动的推动，而不是因为实际需要覆盖排放量（因为碳配额实在是太多了）（Borghesi and Montini，2014）。这期间，大量碳配额也莫名和神秘地消失了。欺诈和滥用问题过于猖獗，以至于欧盟委员会在2013年出马，对该市场进行直接监管。

欧盟碳交易市场的碳价和监管在其运行的第一阶段均告失败。欧盟委员会不得不在2019年采取措施，引入欧盟市场稳定储备来回收碳配额和稳定碳价。2020年的市场情况表明，这些措施进一步改善了情况，为碳价上涨和市场情绪稳定奠定了基础。如今，与预期无二，由于监管更透明、更有效，市场和投资者对供应和监管收紧的反应抬升了碳配额的价格,碳价实现了反弹。

关键的是,在 2021 年,随着市场参与者对碳价未来上涨的共同预期以及 COP26 进程的推动,新的市场理念逐渐凝聚,而这将推动碳价持续走高。欧盟碳交易市场的碳价目前已接近历史最高点,取得了喜人的进展,尽管其价格仍然过低,无法实现净零目标。如果说虽然欧盟碳排放交易系统早期的发展历史令人唏嘘,但市场现在由于监管加强、碳价抬升、市场观念转变、涨势可期而已经有所改善,那么相较而言,中国的碳排放体系要达到欧盟成果的水平,还有很长的路要走。

(二)中国的碳交易机制:潜力巨大

中国的碳交易市场最终于 2020 年启动,虽目前还未全见成效,但从其试点市场可窥见些许微小的积极信号,中国碳中和目标可能会推动这些星星之火以燎原之势发展。中国碳市场给碳排放设定了价格,为企业减排提供了适度的激励。中国于 2018 年宣布启动全国碳交易市场,并花了两年时间建立报告体系和市场基础设施。正如国际能源署(IEA,2020)所指出的,碳市场早期的运作和监管是一个关键考验环节:

> 碳市场运行的前几年对于验证设计效果和建立市场信任至关重要。鉴于煤电在中国电力行业和二氧化碳排放总量中均占主导地位,如何管理中国的燃煤电厂对于中国实现其气候目标和其他可持续能源目标至关重要。

中国并没有把所有的高碳鸡蛋都放在一个篮子里。官方还希望建立一个碳衍生品市场,进一步支持碳交易市场。中国的碳市场最终将覆盖全球每年 1/7 的温室气体,并在全面运行后覆盖 10 万家工厂（IEA，2020）。中国政府正在从其他国家的实践中吸取教训，同时引入碳税和可再生能源配额，以加快激励机制调整。政府深知，单一的手段或政策不如双管齐下，甚至多管齐下。中国正在建立其他机制，并为所有行业都制定了环境目标。

中国碳市场将见证，中国是否能比西方的体制反应更快。可能的情况是，中央政府的指导和监督会对多地商业行为和结果产生即时、直接的影响。

（三）美国的碳定价机制：何去何从

显然，拜登政府希望重新发挥领导作用，助力推动联合国缔约方大会进程。美国已经重新签署了《巴黎协定》，现在必须开始实施净零排放政策。拜登总统已经表示，他将重启绿色革命，为美国重新打造一个绿色新政。宣布碳定价计划，并开始建立机制和执行系统，是美国认真对待自身减排之战的重要政策信号。即便到了2021年，这个世界上最大的经济体也未能成功在全国范围内对碳进行定价。20世纪90年代和2000年，美国国会都曾采取过行动，试图在全国范围内开展碳定价机制，但都以失败告终。对拜登政府来说，如何在国会通过碳定价机制将是一个巨大的挑战，因为碳价会将新经济与旧经济、根深蒂固的化石燃料游说集团与选民和环保人士、年轻选民与退休人员对立起来。这将是场恶性斗争，且不易获胜。在2021年，区域性项目只凑成了一幅零碎、薄弱且不完整的碳定价机制拼图，这些机制在不同的州内各不相同。仅有这些是不够的，除了州一级的行动之外，迫切需要联邦政府采取行动并提供指导。

区域温室气体倡议（Regional Greenhouse Gas Initiative，RGGI）成立于2009年，是历史最悠久的此类协议，适用于公用事业企业，对签署国具有约束力。该协议规定了年度的温室气体排放总额度，每年逐步降低该额度，并拍卖排放权，所筹集资金用于成员州的能效计划。2009—2019年，年温室气体排放额度减少了30%（climatechange.org，2019），倡议覆盖的发电厂温室气体排放量减排幅度达47%，同期还附带创造了60亿美元的环境和间接效益（Acadia，2019）。

西部气候倡议（Western Climate Initiative，WCI）是一个温室气体排放权交易机制，成立于2007年。成员州设定共同目标，2020年温室气体在2005年水平的基础上减排15%。同时，成员州还必须沿用加州的汽车排放政策。不幸的是，反税群体成功逼迫许多州退出了WCI。最终，只有加利福尼亚州和魁北克省落地实施了这一制度，其覆盖了包括交通在内的大多数行业。WCI对温室气体排放权总额进行了逐级下调、定期拍卖，并向消费者返回折扣，为各州创造了120亿美元的收入。2016年，消费者承担的费用仅为每位驾驶者75美元，成本相对可控（ClimateXchange，2018）。得益于发电厂的大幅减排，参与该碳交易市场的加州在2016年就已经提前实现了原定于2020年的减排目标。这同时归功于水力发电量的增加、太阳能与风能发电成本的下降等因素与碳交易市场的协同效应。

区域性市场虽效果有限，也总比全不作为强。这些例子一样证明了，有监管的碳交易市场确实能让激励机制开始调整，并促进减排。WCI机制对温室气体排放产生了重大影响。区域性的碳交易市场推动了市场、企业和个人去考虑并计算经营活动的实际碳成本。其中，碳市场的有效管理和顺利运行是关键。当然，除了这些碳市场之外，碳定价机制工作仍有大量内容需要落实。

归根结底，拜登政府还是应在全美范围内建立一个全国性的碳排放交易系统，同时也征收碳税。这要求建立一个全国性的碳市场，开展全国性的碳配额拍卖，同时抓紧对每个工厂、每个市场及每个行业的碳配额总量进行逐一压降。为了减少反对的声音,可以考虑采用税收中性的方法对人们的收入进行调整。新的碳排放交易系统一旦建立,国会也敲定了长期目标,就必须避免一切政治干预。这样做的目的是市场能够迅速成长,提高效率,通过市场机制来实现净零排放的目标,就像之前成功的二氧化硫排放权交易市场一样。正如前例,如果碳市场具备可信度、可预测性、透明度和有效监管,扎根成长便是水到渠成。

各国政府应该学习瑞典、加拿大、美国二氧化硫交易市场以及欧盟碳交易市场的经验教训,虚心学习成功经验,失败教训也以此为鉴,同时学以致用,碳税和碳交易双管齐下,推动净零目标实现。目前,许多政府已经同时采用了这两种机制。但还需要更多政府参与进来,至少采用两者之一,加速实现其宣称的净零目标。

论述至此,我还一直没明说最低碳价到底应该以何为基准线。现在是时候走出舒适区,做出决定,明确我们应该付出什么代价来内化碳排放成本,并由此改变市场、商业模式和行为习惯。

四、多高的碳价才算高

也就是说,全球和各国的碳价必须提高到什么水平,才能加速变革,实现 2050 年净零目标?

碳价应高于每吨 37 美元,这一数字来自诺德豪斯最新 DICE 模型的所谓"最优结果"。这绝不是最优价格,这个价格太低了,温室气体排放目标和《巴黎协定》的温度目标都不可能实现,应予以否决。

碳价应高于碳领导委员会建议的每吨 40 美元。若倒退四年,这个价格目标还算得上激进,但美国在此期间无所作为。我们需要更激进的碳价。

碳价应该进一步追赶并超过瑞典每吨114欧元的价格，甚至更高。过去的瑞典，现在的加拿大，以及其他的例子都表明，高昂的碳价并不意味着经济的终结，而意味着全新的开始，埋下经济增长的新种子，重新调整经济结构，释放新的想象力。

应该听取世界各国央行专家的建议，在2022年前将全球最低碳价设定为每吨40美元，并在2030年前超过100美元，并在2050年前继续逐步升至300美元，有序地向净零转型。

2020年，央行绿色金融网络（NGFS）提出了两种可能的碳价情景：有序转型和无序转型情景，前者的净零排放和温升目标均可实现，后者则无法实现。如图3-7所示，每种情景都取决于政府、中央银行、经济体和全社会的应对力度。图3-7可以看到，转型过程越无序，气候转型风险越高；气候目标实现程度越低，气候物理风险也越高。

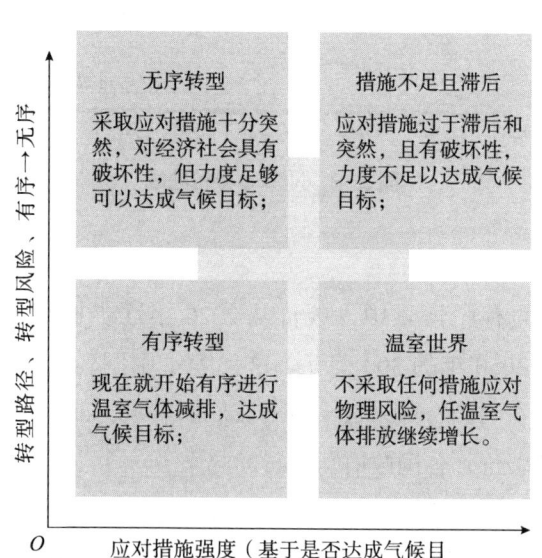

图 3-7　NGFS 气候转型情景象限

来源：NGFS，2020。

根据NGFS的测算，无论转型有序还是无序，通过碳定价将全球温升幅度控制在远低于2摄氏度以内绝对是更明智的选择。与其说NGFS成员是改革派，不如说他们是保守主义者。然而，如图3-8所示，他们的分析仍然表明，为了达成目标，碳价不得不高，且还需要继续走高。为了实现全球碳减排，在COP26及其后的大会上，各国政府都应采用NGFS的方法论，更激进一些，设定最低碳价，并逐年提高。

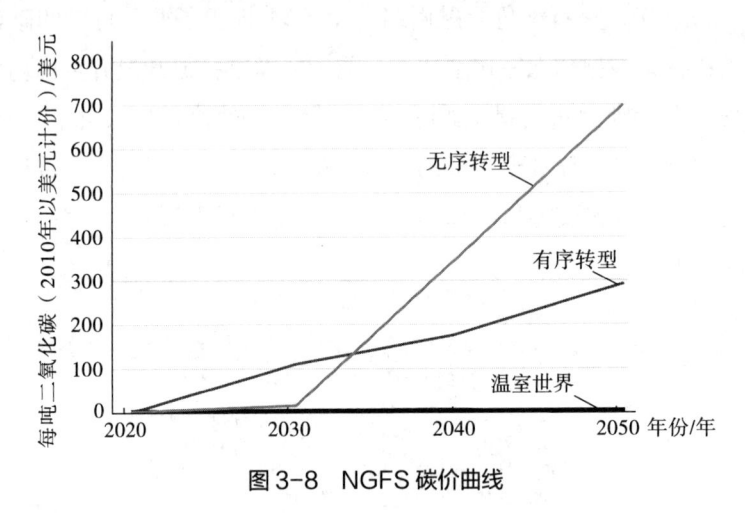

图3-8 NGFS碳价曲线

来源：NGFS，2020。

NGFS的有序情景中，碳价从2020年逐步提高到2030年的137美元和2050年的300美元。这代表了中国、法国、英国和其他许多国家在内的全球多数央行专家们的意见，即这是实现我们的目标所需的碳价。各国政府需要行动起来。

两种情景下，央行专家们都没有采纳诺德豪斯DICE模型计算出来的低碳价，因为该碳价过低，将酿成全球气候恶果。央行专家们正在测算，什么样的碳价曲线才能实现既定政策目标，使全球温升幅度控制在2摄氏度内或远低于2摄氏度内。

NGFS 建议的碳价曲线可信度高且至关重要，各国应在 COP26 会议上予以采纳。如果各国政府不采取行动，失败的代价将十分高昂。在 NGFS 的无序转型情景假设下，COP26 没有取得任何进展，然后 2030 年会出现一个转折点，在此关头，手忙脚乱地仓促应对和碳定价行为将引发更突然的阶跃性变化，碳定价将从零陡升至 2050 年的每吨 700 美元。

针对气候变化危机，央行专家们释放的信息已经非常明确：要么立即行动，要么付出沉重代价。他们正在敦促各国领导人按照斯特恩在 2007 年所坚持的必要条件为碳定价。但正如我们在第二章中所看到的，斯特恩的立场以及瓦格纳和韦茨曼（Wagner and Weitzman, 2015）的立场被某些人所忽视，这些人更关注新古典模型和假设，而非人类与其他物种生存，他们采用了有道德争议的高贴现率，并采取了几乎不作为的态度。

NGFS 的央行圈子在碳价问题上实现了重大的思想飞跃，政策制定者、企业、经济学家和个人也必须紧随其后。2021 年召开的领导人会议上，必须做出抉择：是选择现在就对碳排放进行定价，还是将来承担更高的代价。不管怎样，实施碳定价都是不可避免的。

2021 年对全球的领导人来说可能是一个决定性的时刻，也可能是影响局势走向的关键临界点时刻。他们能做到吗？

五、COP26 和碳定价的临界点

净零转型和碳定价、欧盟碳交易市场、美国的重新参与和领导，以及共同行动、责任分担和强制执行机制等林林总总的事件，正在汇聚力量形成一个决定性的节点，是一个可能影响局势走向的拐点时刻。2020 年和 2021 年，一个对市场和气候话题局势都比较积极的拐点正在显现。2020 年初新冠疫情发生，导致欧盟碳交易市场的碳价下跌，然而在2021年和2021年疫情持续肆虐的情况下，碳价却已再次反弹至接近历史高点。尽管能源需求减少，经济活动崩溃，但碳价依旧高歌猛进。为何会出现这种情况？欧盟碳交易市场似乎将COP26会议导致的碳价上涨纳入预期，并据此做出计划。他们在给自己讲述一个关于未来的新故事，在这个故事里，气候变化政策的变动融入了思维方式和行为。

许多企业和行业正在形成一种新观点，认为COP26会议应逐步提高碳和环境相关标准。企业预期碳定价会启动，碳市场会收紧，碳成本会上升。他们正在重新评估自身的战略，将目光放远至2050年，提前将净零排放纳入企业目标。在这个过程中企业把碳价定高，因为他们预期政府和市场会更进一步地奖励减排先行者，惩罚排放者。因此，寻求贷款的高碳企业需要支付更高的风险溢价，同时领导者们也在根据企业的股权估值进行调整。

政府领导人必须抓住这一机遇，使市场叙事快速且永久地向碳减排转变和调整。若成功就能迅速驱动和促进市场动量的转型。席勒（Shiller，2019）指出，经济和市场中，叙事能够驱动决策，塑造投资者观点，或在大事件的基础上进一步发展，或因失利而毁于一旦。COP26的与会领导人可为气候危机的叙事站台，释放碳定价的信号，让已在发酵中的市场情绪实际落地。此背景支持英国石油公司（BP）做出重大决策，计提数百亿英镑石油储备的损失，该公司预计这些石油储备将成为搁浅资产。COP26大会的进展将强调并重申这一叙事变化。光说不练的公司会受到惩罚，如埃克森公司。政府需要支持主要银行和外国财富基金（如法国兴业银行或新加坡淡马锡）的决策，这些机构越来越多地撤资煤炭或退出石油与液压行业，这些行为应得到间接支持。若政府在碳定价方面采取行动，便是一个明确的信号释放，意味着类似纽约养老金计划宣布养老基金从煤炭和化石燃料领域撤资的行为是恰当的，应树为典范。

政府在净零排放路径上的明确行动，为那些引领变革的人提供了支持。而这也无言地支持了贝莱德集团（BlackRock）在英国电动汽车市场和技术领域进行大量投资的决定。如果更多的政府跟进，树立具有挑战性的温室气体减排目标，并宣布投资电动车基础设施（正如对美国政府的预期），就能进一步坚定叙事的转变，改变市场决策，触发投资转移，并影响市场情绪。

央行可以通过调整针对气候、转型和物理风险的宏观和微观监管政策，为转变中的气候叙事和企业压力再添一把火。同时，央行也可以通过技术专家会议释放信号，终将调整资本权重以反映向碳密集型行业放贷所增加的风险。

通过各种举措和声明，政府及其监管机构意识到了正在发生的叙事转变，这将影响到越来越多致力于可再生能源、新的抵消市场以及绿色经济创新的投资者的市场地位和所持股票价值。气候转型这个故事可以进一步加强和重申。与气候问题一样，这些信号和措施以线性和非线性的方式相互关联。在COP26及以后的会议上，若政府能采取措施并明确碳定价将遵循的机制和实施路径，则其能够且应当在全球范围内推动政策和公共叙事的发展，并形成一系列拐点，从而支持经济的可持续性和韧性，对经济进行重新设计和重新构想，开启一场全新的绿色工业革命。我们正在大步向前，谱写自己的故事，创造自己的政策拐点。这是人为政策与地球之间的对决，也是采取行动与不作为、灾难之间的对决。如果我们能及时达成，就能够控制住全球温升，让人类和其他物种都得以生存下去。

势头至关重要。如果各国政府能够抓住机会，重申并强调气候危机的紧迫性，同时在碳价叙事萌芽的背景下明确碳价的走势、曲线、陡度和实施计划，就有可能形成具有网络效应和反馈回路的良性循环，而这正是地球所需要的。驶向净零未来的转型列车可以再次提速。正如图兹于2020年所说："试想一下，如果投机者说服自己,参与到(气候变化)政策的实现中是明智的选择,因此加快了这一结果的出现,并使政府更容易坚持到底。值得一提的是,欧盟碳市场上发生的故事似乎如出一辙。"

市场正在关注气候危机,并试图解读其趋势和走向。因此COP26、欧盟、中国、美国和其他国家必须继续释放肯定的信号。如果这种情况发生,尤其是在一个相信科学、事实和气候数据的新一届美国政府领导下,那么人们期待已久的积极的地球气候变化叙事转变和拐点就会建立起来。许多企业已经踏上了净零排放的旅程,且正在寻求来自世界各国政府的正确监管信号。格拉斯哥的COP26谈判代表必须向他们发出这一信号。

我和许多CEO聊过天,他们都非常重视净零转型以及他们在转型进程中扮演的角色。他们希望自己为世界留下的财产是有意义有价值的,而不是破坏地球、持续贬值的。CEO和他们的员工都希望能为自己所在的企业感到骄傲,并能为自己在这一广泛的社会变革中所扮演的社会和经济角色感到自豪。这已经不再仅仅是"洗绿"能够解释的了。当然,有些公司的CEO只是说说而已,但越来越多的CEO正在身体力行,实实在在地改变思维方式和业务战略,加速实现目标。

作为先行者和风险承担者,企业和领导人都向前迈进了一大步,然而他们仍然需要正确的政策信号加以肯定。应确保政策明确、可信且不会朝令夕改,以此支持那些为迅速实现净零排放,承担短中期经济风险,进行创新和重新设计的领先企业。我们需要看到一系列积极的反馈循环,以支持2021年及以后的气候变化政策目标。然而,我们不能确定政治家们不会再次让我们失望,就像他们在气候变化问题上一次又一次所做的那样。COP26一旦失利,将是重大倒退,并可能导致未来几年碳价发生更巨大的突变,到那时,气候危机和其带来的科学现实将再也不可避免。那么,如果不能在格拉斯哥达成可接受的、具有适当雄心的共识,改革派的领导人该怎么办呢?

六、我们能在 COP26 上达成共识吗

如果认为在 COP26 上很容易便能达成全球共识,即碳价具有意义且逐步上调,那就太天真了。如果巴西、印度、俄罗斯和其他国家不同意,全球协议便大概率无法达成。要达成共识,领导力、实力、共同目标以及对国家和国际集体责任的清晰认识缺一不可。我们需要高瞻远瞩的领导力,但那些不能或不愿为人类共同利益而团结一致的国家很可能是缺乏这种领导力的。

即使特朗普在 2020 年 11 月的大选中一败涂地,美国的民粹主义仍然在选举中肆虐不止。拜登政府能否再次迅速承担起全球领导责任,不仅在国内通过绿色新政提案,更在全球范围内达成气候变化和碳价的协议?再或者说,相反他可能会在游说团体的逼迫、参议院的分裂以及国内行业因短视和自私的情况下,被迫采取较弱、不充分的行动?现在下结论还为时过早。拜登 2020 年宣布的计划需要花费至少 2 万亿美元,目标是在 2035 年之前完全转向可再生能源,并在 2050 年之前实现净零排放。如果该计划得以实施,将有助于美国加快转型。如果拜登能让国会顺利通过这个计划,那么它将进一步扩大并加强欧洲等地现在的市场趋势。美国正在重返外交舞台,回归合作性领导角色,同时摒弃特朗普式的气候变化否认论。诸如此类信号都将改变人们的预期,进而改变企业的规划和战略。这对全球而言意义重大。然而,即便拜登总统在 COP26 之前就重新发挥了重要的领导作用,其他主要国家的立场又如何呢?

英国首相鲍里斯·约翰逊长期以来对重大决策优柔寡断,疏于准备。无论是在政治上或战略上,约翰逊是否有能力通过调整净零

减排计划、缩紧时间表以及做出碳价承诺，使英国的净零排放实现更具雄心的跃进？英国脱欧首相能否在格拉斯哥签订协议，敲定宏伟的目标，为英格兰的未来保留一片宜居的绿地？也不是全无可能。马克·卡尼作为COP26的英国顾问和联合国气候行动与融资大使，正在对约翰逊施加压力。也许卡尼能为约翰逊创造一个机会，让他成为气候变化政策的教父级人物。希望他能抓住这个机会。

印度总理纳伦德拉·莫迪（Narendra Modi）也应该抓住机会发挥领导作用，因为印度面临所有国家中某些最大的新兴气候变化风险。如果从印度过去的谈判历史来看，由于民族主义观念与这场危机的全球规模及其必要的协作解决方案不符，莫迪很可能会抵制气候变化协议，即便他实际上急需这份协议。

那么土耳其和巴西又如何呢？两国领导人会认识到为了人类共同利益而在气候变化和碳价问题上做出牺牲吗？前者在北非剑拔弩张，后者任由本国最宝贵的资产——亚马孙森林被焚毁干涸，这个可能性显得更微乎其微了。

最后，非洲和低收入国家该怎么办？目前发达国家承诺对非洲和低收入国家每年援助1 000亿美元（尚未兑现）资金，而为了实现公正转型，这个数字还需要更高。发达的债主国在连续失信后，叠加新冠疫情压力，还会兑现承诺吗？如果缺少有意义的资源转移，我们能指望最贫穷的国家加入碳价推动大军中来吗？他们负担得起吗？也许不能。

这几个典型例子只是冰山一角，说明了政府谈判代表在试图将制订净零碳排放和碳定价计划纳入气候变化协议的过程中，所面临的主要地缘政治和国内政治障碍。这样的气候协议旨在造福多数人，同时也考虑到所有人都可能承担的成本和潜在的未来经济利益。

我认为，与其就此气馁，不如回顾一下历史上的重大转变和飞跃，其发生前都有一个缓慢的渐进变化过程，直到人们真正理解危机，并达成新的共识和达成新的叙事临界点。随后，正如我们在其他危机中目睹的，以及自然界中的全球变暖、冰川时代及突如其来的大灭绝所揭示的那样，从一个平衡状态到另一个平衡状态的转变，往往以一种出人意料的速度发生。这恰如纳尔逊·曼德拉（Nelson Mandela）在 2001 年的一场演说中所提到的，"在最终实现之前，总有那么些时刻，当一切看起来似乎都不可能实现"。

在临界点和叙事变化的关键时刻来临之前，政治、政策和经济上的踌躇不前看起来可能巨大到难以攀越，直到突然之间就被克服了。但人们仍有可能对气候危机建立认知，并在具有长远目光的领导和压力下实现有意义的转变。毕竟，现在的暂时妥协和更长的减排路径符合人类和地球的最佳利益。2021 年内迎来这一历史时刻也不是全无可能，若如此言，COP26 会议上将会实现政治和外交上的突破，全球也将迎来变革和行动。

也可能恰好相反。如果达成协议变成奢望，或出现不守承诺的拖后腿国家，眼看结果要变得不如人意，那么那些做出承诺的领导人必须建立一个联盟，由毅然行动的成员组成，将保护气候作为人类共同利益，避免气候变化的"公地悲剧"，阻止那些以后代福祉为代价，挥霍当下繁荣经济的白食客和污染者。

七、建立气候联盟

关于如何通过碳定价、激励措施、惩罚措施和机制实现净零排放，全球很难达成统一共识。鉴于这一事实，为了进一步压平温室气体排放曲线，COP26 的领导者必须建立联盟，站在统一战线，将不作为者排除在外。

那些在碳定价、减排路径、实施方案和监督机制方面达成共识的国家可以而且必须继续前进，继续完善和调整政策和激励措施，不必等全员达成一致。这种做法被诺德豪斯称为"俱乐部法",正是因为俱乐部成员剔除了搭便车者,也不需要等全员通过,才能加速进展。在没有达成全球共识的情况下,排除异己的"俱乐部法"让迅速行动成为可能。2021年,政府内外的气候变化活动家们可能会发现,自己正处于这样的境地。

欧盟从创建到发展壮大的70多年历史中,这种做法屡见不鲜。只有那些同意遵守民主和联邦主义准则的国家才有资格申请,或在谈判基础上被同意加入。一旦加入,成员就能获得包括市场准入、定价、共同规则和监管在内的全部成员国福利。欧盟之所以能取得巨大成功,在很大程度上是因为它不是全球性的,也不是完全基于共识的。在欧盟,这种可强制执行的、协调一致的进步过程将反对者和表现不佳者甩在了身后。

一方面,这种做法允许其他国家按照自己的路走,即便那可能是一条倒退的自取灭亡之路,就像英国脱欧时所做的那样。另一方面,这种联盟也不要求其他国家原地等待,NGFS的例子也可佐证(见专栏3.4)。

最重要的是,成员国家不必以同样的方式对待非成员国。相反,非成员国家应为在该碳价联盟覆盖范围外的"吃白食行为"付出高昂的代价。例如,有些国家的代价比其他国家高,有些国家的代价比其他国家低,这取决于它们的发展水平。这样的俱乐部联盟可以扩大,也可以缩小,但随着越来越多非成员国要求加入并参与进程和决策,有效的俱乐部也会随之扩大。

专栏3.4 气候联盟应用案例——以NGFS为例

俱乐部/联盟方法已经成功应用在气候变化领域,2017年成立的NGFS就是一个优秀例子。当时的英格兰银行行长马克·卡尼与法国银行、荷兰中央银行、中国人民银行等盟友一起，创建了NGFS，旨在引领气候变化政策应对中央银行和监管机构的角色变化。短短三年内，它已经从8个创始成员增长到83个中央银行和监管机构成员以及13个观察员。

NGFS在为中央银行进行气候变化分析方面起着引领作用，激励各国采取行动并对其他论坛和流程进行引导和赋能。他们没有等待美国的行动，而是继续前进。后者直到2020年12月才加入NGFS，但（截至目前）仍未采取任何公开措施或发布关于如何解决美国金融体系和最大银行面临的气候变化风险的监管指导。美国联邦储备银行并不是唯一表现出不作为的机构。美国证券交易委员会也态度消极，不愿意强制公司开始披露他们的气候变化计划和实现净零排放的途径。加拿大的银行监管机构与资助沥青砂投资的银行关系过于密切，也没有采取任何措施。

建立联盟使71个中央银行和监管机构能够更快地开始应对气候变化风险，无视那些阻碍者和否认者，以解决眼前的气候危机。

建立联盟并不否认在COP26及后续大会上推动达成协议并努力达成全球性协议和共识的必要性。但我们知道达成共识是困难的，有时甚至是不可能的，我们也知道非要达成共识的话，可能只能得到一个对标最低共同标准，且无法实现净零目标的协议。

这自然不可接受，领导人需要一个现实些的替代方案，迫使进展落后的国家承诺采取实际行动。建立联盟正是这么一个可行的替补方案，在2021年加速前进。

如果在格拉斯哥达成目标宏伟的协议成为奢望，那么"欧洲、美国以及有关国家成立一个全球气候俱乐部"的时机就来临了（Wolff，2020）。那些仍然试图推开自然之神盖亚的领导人们应该付出代价，被迫承担沉重而持久的经济负担，直到他们幡然醒悟。

（一）通过征收碳关税惩罚"搭便车"者

那些没有碳定价机制，或碳价太低，或没有减排计划的国家，应该支付碳边境调节关税（简称碳关税），才有资格与那些实实在在付出碳成本，为后代谋福祉，并承诺实现2050碳中和国家的企业开展进出口贸易和商业竞争。

气候联盟应对落后国家和高碳排放国家的出口产品征收碳关税。欧盟委员会主席乌苏拉·冯德莱恩多次主张对碳密集型进口产品进行碳关税调整，以防止生产产业向国外转移。碳关税的调整可以按照世界贸易组织（WTO）的规则实施。

新自由主义自由贸易者和全球化的支持者对碳关税的说法深恶痛绝。他们警告说，碳关税只会对贸易和经济增长带来伤害，惩罚人民和政府。也许吧，然而不管怎么说，如果我们继续允许搭便车者伤害全球利益、滥用全球公域，净零未来便遥遥无期。气候联盟不容忍各国拖延行动，无视气候变化目标和科学证据，而不付出任何代价，也不受任何惩罚。这不是自由贸易，而是不平衡、不公平的贸易。正如沃尔夫（Wolff，2020）所说："一个有着世界三大经济体的气候俱乐部，将让任何国家都很难在减缓气候变化方面搭便车……现在是开展谈判，建立一个有效的气候俱乐部的最好时机。"

正如我们所看到的，欧洲、美国和中国已经敲定新的净零碳目标。假设他们确实会采取行动，包括设定最低碳价、提高碳价及强制执行。之后，如果还允许其他持气候否定论国家出口的企业以极低关税的方式进入欧洲、美国和中国市场，从而与那些为其产品付出实在碳成本的企业进行不公平竞争，这根本就不是"自由公平贸易"。这是绿色全球化2.0时代。

碳关税在实际操作上算不上特别困难。气候联盟可以将这个工具用在净零转型上，一方面保护气候转型的领先国家和企业（虽然要付出一定代价），另一方面惩罚那些选择原地打转的国家和企业。碳关税不但不会破坏全球化和贸易，反而会让政策制定者和企业在做决策时权衡利弊，开始思考究竟要不要采取气候行动，虽然我们一直以来都在极力避免这种权衡。

碳关税开征也将改变贸易流向，赢家将不再是高排放污染国家，而变成遵守新的气候规则的一方。政治、商业和市场激励决策和行为将因此发生改变，这也正是我们所愿。碳关税对全球的气候否认者而言将是一个有力的经济制裁手段，促使他们改变政策，加入净零排放行动大军。

气候联盟的成员国可以基于WTO的规则运用碳关税工具，之所以要加入WTO，正是因为不加入就会被惩罚。碳关税也是一样，只对成员国实行"最惠国待遇"，相应地，非成员国便受到了经济惩罚。

对于部分低收入或低排放的国家，碳关税应该实行一定的豁免。这些国家原本的温室气体排放水平就够低了，仍在努力减排，对这部分国家进行碳关税减免是为了实现公正转型，而不是破坏这一目标。我们需要一个与碳定价机制配套的贸易税收机制，对那些拒绝对碳定价的国家实施贸易制裁式的惩罚，并在2050年碳中和之前迅速减少温室气体排放。随着不愿进行碳定价的国家的立场发生动摇，开始对其市场和生产厂商实行统一标准，同时适当提高碳价，他们也可以申请加入气候联盟，并同意遵守共同的规则和严格的要求，就像现在WTO和欧盟对申请国所做的那样。确认和实现净零目标带来的压力将建立市场并对其进行加速和利用，奖励那些朝着明确的共同目标采取可衡量、一致且可执行措施的国家。

（二）要达成共识或结成联盟，约束手段不可或缺

即便COP26成功达成根本性的绿色共识，执行机制和惩罚手

段也是必不可少的。所以，如果采用了结盟的路径，也必须制定配套的约束机制。毕竟，没有审查、评估和违约惩罚的协议往往无法得到遵守。这正是为何WTO制定了这样一个执行架构，也是为何欧盟设立了欧洲法院，在整个欧洲大陆拥有解释权和执法权。这两个法院一直是监管严格性的有效保障者、执行机制和推动者，一方面确保了更大程度和更公平的全球化，另一方面确保了政治经济和监管的力量。各国政府需要建立类似的执行和审查机制，支撑碳定价和碳市场的正常运作。最后，政府应将报告和审查的工作下放给下级的技术官员，他们在监督和监管市场和企业方面更加专业（第五章将具体阐述如何建设有利于此目标的制度）。

（三）协议的下一步是委托国家市场监管机构采取行动，并进行报告和审查

如果COP26能够为碳定价奠定基础，那么它就应该将具体的征税、碳定价机制改革以及向联合国等机构报告等具体事项和任务转交或委托其他具体的执行机构去开展。这些具体的关键机制需要更加可信和有效，而这不是联合国能独立承担的重任。COP26领导人需要认识到，联合国气候变化谈判作为一个外交和政治谈判平台，虽然始终如一（尽管进展缓慢），但并不适合承担碳市场监管工作。

（四）改变所有行业的激励机制

压平气候变化曲线需要在所有工业行业和经济活动中调整碳价激励措施。这个进程在一定程度上已经开始。但是，要实现全球的共同目标，这一进程仍然过于缓慢和有限。然而，改变所有行业的激励机制至关重要。行业之间也不能够出现搭便车的情况。如果公用事业企业和其用户必须支付碳成本，那么司机、航空企业及其旅客、农民、消费者和航运公司也必须支付碳成本。

这一点似乎显而易见，以至于几乎不会引起任何争议。然而，到了 2021 年，气候变化和碳定价政策都仍然是一个漏洞百出的拼凑产物。我们中有太多人逃避承担公平责任，逃避为污染实实在在地付出代价。再重申一次：压平气候变化曲线要求我们全面调整激励措施，支付更高碳成本，抓住新机遇，为子孙后代保留一个宜居的地球。很多领域都会面临涨价。为了确保结果公平，需要保护最贫穷的底层，让最有能力的人承担最多，这是个巨大的挑战，但都可以解决。定价可以调整，但市场、偏好和个人行为也必须随之调整。

参考文献

1. Acadia. (2019) 'The regional greenhouse gas initiative: 10 years in review' [Online]. Available at: https://acadiacenter.org/wp-content/uploads/2019/09/Acadia-Center_RGGI_10- Years-in-Review_2019-09-17.pdf (accessed: 22 September 2020).
2. American Action Forum.(2021).'The American jobs plan and the Green New Deal'[Online]. Available at: www.americanactionforum.org/press-release/new-podcast-episode-the- american-jobs-plan-and-the-green-new-deal (accessed: 17 May 2021).
3. BBC. (2019) 'EU carbon neutrality: Leaders agree 2050 target without Poland', 13 December [Online]. Available at: www.bbc.com/news/world-europe-50778001 (accessed: 19 October 2020).
　　——. (2020) 'Prince Charles calls for "Marshall-like plan" to combat the climate crisis', 21 September [Online]. Available at: www.theguardian.com/uk-news/2020/sep/21/ prince-charles-climate-crisis-marshall-plan (accessed: 22 September 2020).
4. Borghesi, S. and Montini, M. (2014) 'The European Emission Trading System: flashing lights, dark shadows and future prospects for global ETS cooperation'. In *The EU, the US and Global Climate Governance*, edited by C. Bakker and F. Francioni. Abingdon, UK: Ashgate Ltd, pp. 115–125.
5. Breeden, S. (2021) 'Bank of England tells banks to brace for sky-high carbon price', 14 January. *Bloomberg* [Online]. Available at: www.bloomberg.com/news/articles/2021- 01-14/bank-of-england-says-prepare-for-carbon-prices-to-triple-to-100 (accessed: 19 January 2021).

6. Carbon Market Watch. (2020) 'EU emission trading system as an important tool to achieve the objectives of the green new deal', 23 June [Online]. Available at: https://carbonmarketwatch.org/2020/06/23/the-eu-emission-trading-system-carbon-pricing- as-an-important-tool-to-achieve-the-objectives-of-the-green-deal (accessed: 29 January 2021).
7. ClimateChange.org. (2019) 'Climate change ambition renewed in 2019 after a decade of decline', 12 December [Online]. Available at: https://climate-xchange.org/2019/12/ 12/cap-and-trade-ambition-renewed-in-2019-after-a-decade-of-decline (accessed: 22 September 2020).
8. ClimateXChange. (2018) 'Regional cap and trade: Lessons from the Regional Greenhouse Gas Initiative and Western Climate Exchange'. ClimateXChange, Boston, October 2018 [Online]. Available at: https://1akqm23qb5w51pwn3n2deo7u-wpengine.netdna-ssl. com/wp-content/uploads/2018/08/Cap-and-Trade-Report-10.03.2018-compressed.pdf (accessed: 23 September 2020).
9. EPA. (2020) 'Acid rain program' [Online]. Available at: www.epa.gov/acidrain/acid-rain- program#overview (accessed: 17 May 2021).
10. EU Commission. (2018) 'A Clean Planet for all: A European strategic long-term vision for a prosperous, modern, competitive and climate neutral economy', 28 November [Online]. Available at: https://eur-lex.europa.eu/legal-content/EN/TXT/PDF/?uri=CELEX:52018DC0773&from=EN (accessed: 29 January 2020).

    ——. (2020) 'Submission by Croatia and the European Commission on behalf of the European Union and its member states', 6 March [Online]. Available at: https://unfccc. int/sites/default/files/resource/HR-03-06-2020%20EU%20Submission%20 on%20 Long%20term%20strategy.pdf (accessed: 29 January 2021).
11. *Financial Times*. (2018) 'Janet Yellen calls for US carbon tax' [Online]. Available at: www.ft.com/content/a70edd88-b486-11e8-bbc3-ccd7de085ffe (accessed: 29 January 2021).
12. Frunza, M.-C., Guegan, D., Thiebaut, F., and Lassoudiere, A. (2011) 'Missing trader fraud on the emissions market'. *Journal of Financial Crime*, 18: 183–194. doi:10.1108/ 13590791111127750.
13. Gore, A. (2006) *An Inconvenient Truth*. Emmaus, Pennsylvania: Rodale Press.
14. IEA (International Energy Agency). (2020) 'China's net-zero ambitions: The next Five-Year Plan will be critical for an accelerated energy transition', 29 October [Online]. Available at: www.iea.org/commentaries/china-s-net-zero-ambitions-the-

next-five-year-plan- will-be-critical-for-an-accelerated-energy-transition (accessed: 20 December 2020).

15. IPCC (Intergovernmental Panel on Climate Change). (2019) 'Special report: Climate change and land' [Online]. Available at: www.ipcc.ch/srccl/chapter/summary-for-policymakers (accessed: 17 October 2020).

16. Joshkow, P., Schmalenese, R., and Bailey, E.L. (1996) 'Auction design and the market for Sulphur dioxide emissions'. NBER Working Paper 5745 [Online]. Available at: www.nber.org/system/files/working_papers/w5745/w5745.pdf (accessed: 29 January 2021).

17. Mandela, N. (2001) Speech [Online]. Available at: www.lionworldtravel.com/news/8- nelson-mandela-quotes (accessed: 8 February 2021).

18. NGFS (Network for Greening the Financial System). (2020) 'Climate scenarios for central banks and supervisors' [Online]. Available at: www.ngfs.net/sites/default/files/medias/ documents/820184_ngfs_scenarios_final_version_v6.pdf (accessed: 17 May 2020).

19. Shiller, R. (2019). *Narrative economics: How Stories Go Viral and Drive Major Economic Events*. Princeton: Princeton University Press.

20. Stiglitz, Joseph E. (2019) 'Addressing Climate Change through Price and Non-Price Interventions'. NBER Working Paper No. 25939, National Bureau of Economic Research, Cambridge, Massachusetts, June [Online]. Available at: www.nber.org/system/ files/working_papers/w25939/w25939.pdf (accessed: 19 January 2021).

21. Tooze, A. (2020a) 'Welcome to the final battle for the climate'. *Foreign Policy*, 17 October [Online]. ailable at: https://foreignpolicy.com/2020/10/17/great-power-competition- climate-china-europe-japan/ (accessed: 17 October 2020).

——. (2020b) 'Carbon pricing and the exit from fossil fuels'. *Social Europe*, 6 July [Online]. Available at: www.socialeurope.eu/carbon-pricing-and-the-exit-from-fossil-fuels (accessed: 29 January 2021).

22. UN (United Nations). (2020) '2020 is a pivotal year for climate – UN Chief and COP26 President', 9 March [Online]. Available at: https://unfccc.int/news/2020-is-a-pivotal- year-for-climate-un-chief-and-cop26-president (accessed: 30 September 2020).

23. Wagner, G. and Weitzman, M. (2015) *Climate Shock: The Economic Consequences of a Hotter Planet*. Princeton: Princeton University Press.

24. Wolff, G.B. (2020) 'Europe should promote a Climate Club after the US elections'. Breugel. org, 10 December [Online]. Available at: www.bruegel.org/2020/12/

europe-should- promote-a-climate-club-after-the-us-elections/ (accessed: 17 December 2020).

25. World Bank. (2020) Carbon pricing dashboard [Online]. Available at: https://carbonpricingdashboard.worldbank.org/ (accessed: 29 January 2021).

第四章
人口结构、投资格局和激励机制

> 经济叙事具有感染力，它有可能改变人们经济决策的方式。
>
> ——席勒（Shiller，2019：3）

> 正如历史上的每一个重大转折点一样，现在必须少说多做。现在正当时。我们无法想象未来会发生什么。我们只知道是时候了。我们感知到了。危机在召唤一系列的变革。
>
> ——道富集团（State Street，2020：3）

> 当气候风险与其他所有金融风险一样被视为重大风险时，就应披露相关信息……如果他们（公司董事会）不认为符合《巴黎协定》目标的假设与资产估值相关，那么让他们知晓这一点至关重要。
>
> ——卡尼（Carney，2020b）

迅速向净零转型，即经济脱碳，不仅是政府雄心勃勃的管理边界、路径和目标，而且要在2050年及以后实现可持续、有韧性、更公平、更繁荣的发展，需要各部门、各公司改变市场叙事，改变与气候变化相关的决策和战略。

席勒（Shiller，2019）告诉我们，经济叙事——投资者、顾问和员工口口相传的气候变化——是经济体和行动者的关键驱动力。

了解这些叙事可以帮助我们做出决策和论断。叙事已经发生了转变。越来越多的证据表明，投资者和市场叙事正在向地球可持续发展和净零目标转变。投资者和公司也在响应客户要求，在气候变化和治理方面采取行动，同时寻求以负责任和可持续的方式实现财务和投资目标的替代方案。正如卡尼（Carney，2020b）所解释的，信息披露可以促进并支持这种叙事和投资者行为的转变。同时，围绕气候目标的市场叙事和投资者需求的结合可以加速净零转型。

本章讲述气候变化叙事、市场和企业行动，以及科学家和政府传递的信息转变开始引起重视，行动迫在眉睫，正如格蕾塔·通贝里和"流线胖小子"斯利姆（Fatboy Slim）所说的"此时此地"（Thunberg，2019；Fatboy Slim，2019）。随着叙事转变，数百万市场参与者的决策以及他们数万亿美元的配置决定也会调整。这有可能改变我们实现温室气体排放目标的游戏规则。当市场叙事发生变化，实际上不可能的事情就会变成可能。本章强调了叙事转变的重要性，以及政府和监管机构在设定预期、改变激励机制和提高转型速度方面必须持续发挥监管、标准制定和监督的重要作用。

一、X一代和千禧一代的绿色浪潮

有人说，人口就是命运。这同样适用于我们对气候经济学的思考。生于十年婴儿潮的一代人会成为下一代的决策者和投资者。1965—1980年出生的X一代，在美国有6 500多万人，1981—1997年出生的千禧一代，在美国有7 900万人；他们是当今市场的投资者，也是未来几十年的领导者和选民。气候变化震惊了这些年富力强的劳动者、选民和投资者。比如，美国X一代和千禧一代选民比他们的父辈更关注气候变化，其中的70%表示他们担心全球变暖（Gallup，2018）。其他国家也有类似的情形。鉴于群体规模和工作年限，他们的影响力逐渐显现；他们也开始继承父辈的资产，气候相关投资需求发生巨大转变，数量激增，支撑并加快了净零转型的步伐。新的投资叙事已经在市场、咨询实践和企业中产生了反响。

将气候与其他社会和治理问题纳入考虑范围的投资战略、选择和产品的需求正在迅速上升，这些问题属于环境、社会和治理（ESG）范畴，其中对环境的重视正在迅速上升。对可持续投资和气候变化的共同关注预示着投资环境的转变，这将改变市场和企业决策的框架。7 000 万美国婴儿潮一代（出生于 1946—1964 年）正在将他们的财富转移给 X 一代和千禧一代，正如我们必须共同向 2050 年零碳目标迈进。这一过程至关重要，并以政府无法单独完成的方式，加速了气候变化市场和经济的转型。

发达经济体中的 X 一代和千禧一代有望继承父辈的大量财富。德勤预测，2015—2030 年，将有 24 万亿美元的资产（税后和慈善捐赠）实现代际传承，而这一数字很可能被低估了。根据其他估计，2017—2061 年，在美国仅遗产继承转移的财富就将高达 68 万亿美元（Cerulli Associates，2018；Deloitte，2015）。

类似的资产转移正在并将在所有发达经济体中如火如荼，这会加速从高碳经济向脱碳未来的转变。资金流向是显性的，各式各样的要求清楚明白。随着 ESG 投资需求不断增加，它们正在改变金融咨询、投资和基金管理业务，使公司转而主动投向更多担负起社会责任、可持续的标的项目。民意调查揭示了这一点。

2018 年的一项调查显示，87% 的高净值千禧一代认为，标的公司的 ESG 记录对他们决定是否投资非常重要。这些富有的年轻投资者正在将重点转向可持续发展。无独有偶，其他民意调查也发现，85% 的千禧一代希望根据自己的价值理念进行投资，并关注可持续投资；50% 千禧一代的投资活动已经开始转变（Morgan

Stanley，2019）。现在人们普遍认识到，数量众多的具有社会意识的这代人并不满足于被动投资，即脱离公司实践、行为和战略的个人投资。这些积极的新客户清楚自己的原则，并希望自己的投资能反映出这些原则。正如摩根士坦利国际资本公司（MSCI，2020）所指出的那样：

> 千禧一代以及女性投资者，还有越来越多不同年龄和性别的个人投资者，都打算把他们的投资转向ESG表现良好的公司。这反映出他们希望自己的资金不仅能赚取回报，还能符合他们的个人价值观，为社会公益做出贡献。

年轻的投资者似乎正在从他们父辈坚持的"市场即社会"的市场经济社会（Carney，2020）转向必须为人类和地球服务的市场和投资。这种关于市场与社会目标平衡的观念差异将对市场、企业和投资的演变产生润物无声且持久积极的影响。它几乎恰恰出现在我们需要市场实现飞跃并加速转型的时候。这两代人有可能要做他们父辈和祖辈都没有做到的事情：因为他们关注气候变化，在意我们的共同生存，通过数以百万计的个人决策共同决定市场投资的区位和方式。作为一家领先的咨询公司，道富集团（State Street，2020）相信，对这些日益壮大而且坚定不移的年轻客户来说，ESG投资的转折点终于到来了：

> 随着人们越来越强调按照自己的价值理念生活，投资者也越来越愿意在投资选择上表明立场。我们相信，现在是时候让ESG投资从投资组合的勾选组成部分转变为每个投资组合的必备要素了。

这种由年轻投资者推动的动态变化，展现了他们的投资原则和价值理念，也应该让我们感到欣慰。事实证明，这些年轻投资者并不是精致利己的人——这是老一辈劳动者对年轻同事的惯常评价——而是在市场与社会之间、经济价值与地球生态价值之间寻求新的平衡。年轻一代正在寻求一种新的价值定义，摒弃焦土贫瘠、市场放任和资源枯竭，转而建立在可持续、有韧性和包容性的基础之上，为子孙后代保护地球。今天，许多年轻人似乎正在摒弃"经济理性人"的冷酷观点，转而支持"道德理性人"。这是一代人对"市场即社会"的否定，也是对市场必须服务于社会、地球和未来稳定的拥护。我相信，这种思想转变将继续下去，并将在经济功利主义与道德、伦理和环境之间形成新的平衡。这是一个积极的、划时代的变化。它对市场的革新意义深远，骨化风成。

二、转变信号：绿色正成为稳健投资的代名词

不断增长的客户需求推动了咨询和基金经理动机的转变，"绿色"和"投资"正逐渐趋同。负责任的全球企业将不再以市场为标杆，而是以地球为标杆（Badre，2020）。企业开始根据 ESG 和净零目标，对投资项目进行基准测试、压力测试和风险管理，并根据这些结果做出决策。"洗绿"（传递错误印象或提供误导信息，粉饰公司产品环境如何友好）和道德标榜都将被抛弃，取而代之的是有指导意义、以使命为导向，根据《巴黎协定》目标和各公司自身净零承诺规划的投资决策。衡量评判公司的将是企业管理、净零规划、碳足迹、新的绿色产品，以及在转型中的引领作用。这种大规模、持续性的投资转变将重新分配数万亿美元，投向各种程度的绿色标的，行业领先者将获益匪浅。这会加速转型，盈利能力也会随之提高，并与企业净零目标的实现密切相关。

(一)不容忽视的绿色 ESG 浪潮

人们的期望在改变,市场在吸纳 ESG 理念并改变关注重点和叙事,投资计划也在调整。有证据表明,市场和投资者开始将 ESG 视为投资组合中带来盈利的重要组成部分。人们似乎"认识到可持续发展对风险和回报有(积极)影响"(BlackRock, 2020a)。当积极的投资者选择购买下一个特斯拉(Tesla)、苏格兰电力(Scottish Power)或酿酒狗(BrewDog)时,其他人倾向于更简单、被动的选择,尽管这些选择会影响基金、投资环境、市场,以及企业的决策和净零规划。

指数化和交易所交易基金现在允许越来越多的长期投资者把他们的资金投向地球,即在决策中考虑气候和可持续因素。这些资金在 2019 年达到了创纪录的 550 亿美元,交易型开放式指数基金(ETF,又称指数股)在 2019 年达到了 2 200 亿美元。新冠疫情袭击全球时,这些资金并未回撤。2020 年 3 月和 4 月,早期新冠疫情导致大量资金从普通股票流出,转为持有现金和政府债券(甚至是负利率的债券)。疫情并没有导致类似的 ESG 基金和 ETF 资金外流。相反,还有资金净流入,价格波动也低于市场基准或其他 ETF(BlackRock, 2020b、2020c、2020d)。不仅 ESG 基金在疫情中表现良好,ESG ETF 在经济低迷和随后反弹中的表现也优于市场基准。ESG 投资者发出的信号是长期押注这一方向。这种表现对市场观察者们来说不难理解,似乎在传递这样一个信息:如果您正在寻求中长期投资,请投资(精心挑选的)ESG 气候友好净零投资组合。

ESG 投资者将长期参与其中,被动 ESG 投资需求将继续激增。据估计,到 2030 年,可持续 ETF 投资将增长 6 倍,达到至少 1.2 万亿美元(BlackRock, 2020a:4)。ESG 投资是未来几年市场兴起的绿色浪潮。贝莱德估算,2000 年美国的 ESG 专项基金规模为3 500亿美元，到2019年已跃升至约8 500亿美元（BlackRock，2020b：4）。其他采用较宽松的可持续筛选定义的估算显示，2020年美国可持续投资总额高达16.5万亿美元，年复合增长率为14%（USSIF，2020），还有的估算高达26万亿美元。

欧洲可持续投资的数字同样增长迅猛。在所有ESG策略中，包括以可持续为主题的投资、同类最佳投资、从投资领域中反向剔除、基于规则的筛选、财务分析中的ESG因素整合、对可持续事务的参与和投票以及影响力投资，资金持续流入，2015—2017年的复合年增长率高达27%。采用ESG整合策略的基金管理规模从2015年的2.6万亿欧元增长到2017年的4.2万亿欧元（Eurosif，2018：16）。

ESG转变有多广泛，取决于你对投资类型的定义是宽泛还是狭隘。

不过一些咨询公司可能只是重塑品牌，其实照旧运营，即扩大ESG基金的规模，而不改变其构成。从中期来看，这种做法是站不住脚的，因为信息披露将逐渐揭示哪些公司处于领先地位，哪些公司停滞不前，哪些公司是污染者。当投资者发现被投资顾问蒙骗时，他们会将资金转向别处。

贝莱德集团（BlackRock，2020b）将可持续描述为投资的结构性改变。

> 气候变化的直接影响和即将到来的资本再分配将重塑经济基本面、预期回报和风险评估。战略性资产配置需要考虑这些影响，而非简单地筛选出某些股票或证券。

显然，如今基金经理、机构投资者和个人投资者都注意到了气候变化的ESG浪潮。长期投资者必须在分配决策中考虑ESG因素，并投资于那些向净零转型的公司。投资管理界在倾听,他们的观点也在转变。

(二)企业需要参与并设定净零目标

投资管理界要求他们被投公司做出转变。比如,气候行动100+是个游说团体,其成员代表全球投资者,总资产高达47万亿美元。这个团体在2020年宣布,开始根据净零排放进程来评判161家主要企业,这些企业的温室气体排放量合计占全球工业温室气体排放量的80%(Climate Action 100+, n.d.)。

从养老基金(如加州公务员退休基金和纽约养老基金)到主权财富基金(如新加坡淡马锡),从资产管理公司(如贝莱德)到国际贷款机构(如欧洲投资银行),公共和私人投资者都在调整自己的投资政策和目标,以实现碳中和目标(见专栏4.5—专栏4.9)。这些公司层面的决策会产生反馈回路效应,促使其他公司考虑其气候变化和净零立场以及投资政策。

(三)金融和净零转型

欧洲投资银行的例子说明了准公共部门资金是怎样助力净零目标的。银行和金融部门在保险、融资和加速转型方面也持续发挥着重要作用。企业决定为谁投保、向谁贷款、给谁咨询,以及从哪儿撤资、撤回什么、拒绝什么,这些都是能够推动我们实现净零目标的强大机制。与其他行业一样,我们可以向领先者学习(见专栏4.10—专栏4.13),并以他们为榜样。因为这是ESG方面的正确选择,也是中长期明智且经济的选择。

后文慕尼黑再保险、安盛集团、法国巴黎银行和瑞银集团的例子说明,商业和叙事已经开始转变,投资政策也在转变。这些巨头在相应市场上发出的信号,紧随其后的行动、投资、撤资、董事会决议和业务战略调整，改变了我们的投资叙事，影响了市场和业内公司的决策。

为了回应客户要求，数百万投资者和数十家全球主要的资产管理公司发表声明，并用行动支持，意义重大。当这些声明转化为投资和撤资决定时，市场和公司就会重视。这才是市场上真正的变革，也是践行真正变革的发端。

来自资产管理公司、保险公司和银行的信号越来越多，也越来越明确。未来，大多数投资公司更多的投资决策将部分基于公司净零进程。这将改变市场叙事并带来红利。投资者将为可持续发展买单，并惩罚污染者。随着资产管理公司深化这种转变，越来越多的投资者开始考虑可持续因素，绿色企业的价值将上升，落后企业的价值将下降。企业自身与国家净零目标的一致性将成为每家企业成功的重要核心因素，关乎企业获得投资和投资者支持的能力。

我推测，各大公司的董事会如果未能规划并规避气候风险，将面临股东起诉，而这些风险对公司的盈利能力和可持续发展以及股东回报影响重大。由于英国董事会成员个人要对他们批准的风险负责，因此这些行动将进一步厘清伦敦金融城的思想，并在其他地方的董事会中引起反响。

（四）企业领导者正逐渐领会净零排放要求和不断高涨的ESG浪潮

领先企业及其CEO都了解脱碳承诺与盈利能力之间的关系。CEO们希望公司取得成功。他们要求公司反映出新客户和年轻员工所关注的问题：新客户关注ESG，年轻员工越来越担心气候变化，并希望为致力于解决气候问题的公司工作。这就要求企业做出净零排放的承诺，并制订实施计划。所有这些都倒逼CEO们转变战略，设定净零目标，从市场的创造性破坏中制造机会。

CEO和净零先行企业受益匪浅。投资流向它们的股权,它们将抢占市场份额,随着绿色投资浪潮的涌动而崛起。而有些企业口惠而实不至,甚至积极投资于破坏地球的行业,它们的投资溢价会不断上升,股权价值不断下降,在年度股东大会上股东的反对声也将日益强烈。卡尼(Carney,2019)认为,最严重的违反者将失去市场份额,股权价值缩水,投资者撤资,最终面临破产。

图4-1碳强度对公司业绩的影响显示了根据碳强度变化排名前20%与末20%的公司业绩对比。信号非常明显:业务和战略目标与净零减排目标一致的公司,业绩表现将优于其他公司。此外,随着市场和企业开始回应客户需求,领先者和落后者之间明显的回报差异(即绩效差距)将会扩大。

图4-1 碳强度对公司业绩的影响

来源:30国集团,2020。

2025年在任的CEO到2030年将进入引领角色,届时我们的碳预算将消耗殆尽。这些CEO是否希望自己的企业面临失败、员工陷入贫困、子孙后代面临危险的未来?他们会拒绝将气候风险和气候转型纳入业务中吗?答案越来越坚定地指向否定。CEO们希望抓住机遇。他们的职责就是抓住机遇。正如国际金融公司（IFC）所说："具有前瞻性的企业正在迅速转向气候智慧投资，因为这对企业的存亡有利……可持续投资通常都能达到，甚至经常超过同类传统投资的表现。"

绿色经济中蕴藏着巨大的获益机会。据国际金融公司估计，2016—2030年，仅21个主要新兴国家就有22万亿美元的可持续投资机会。未来30年势在必行的绿色全球化2.0将带来更大的投资机遇。

精明的企业领导者认识到气候变化和ESG转型，认识到他们有责任代表股东、利益相关者、员工和社会采取行动，并抓住其中的巨大机遇。企业的长期存续需要他们这样做，这也是投资者和员工的要求。我们可以看到，回报是显而易见的，而且只会有增无减。公司董事会要求变革。对美国上市公司董事的民意调查显示，股东正在给董事会施压，要求他们将应对气候风险作为公司的焦点领域（NACD，2018）。

（五）转向净零目标的业务战略获益良多

事实证明，公司的净零转型承诺、业务战略与净零承诺的一致性和回报之间存在动态关联。图4-2中，我们可以直观地看到绿色治理与回报矩阵的关联。

在位置A的公司，可能是埃克森（Exxon）或美国煤炭巨头默里能源（Murray Energy），并未承诺净零转型，也就是说，这些公司的商业战略与气候变化要求并不一致。由此产生的利润对企业回报的负面影响将越来越大，尤其是碳被定价、纳入监管之后。污染企业不会心甘情愿地关门大吉，它们会抵制转型，拒绝行动，抵抗监管。正如图兹（Tooze，2020）所指出的，快速和深度脱碳会损害上百家大型盈利企业的业务。埃克森等公司榜上有名，印度、中国、澳大利亚、俄罗斯和韩国的大型企业也不例外。这些公司正在抵抗气候变化转型，但从中长期来看，它们无法抵御气候现实和投资者愤怒情绪的影响。一旦投资者看到它们对地球的漠视，随着碳价逐步提高，它们的破坏行为越来越透明，破产是注定的。

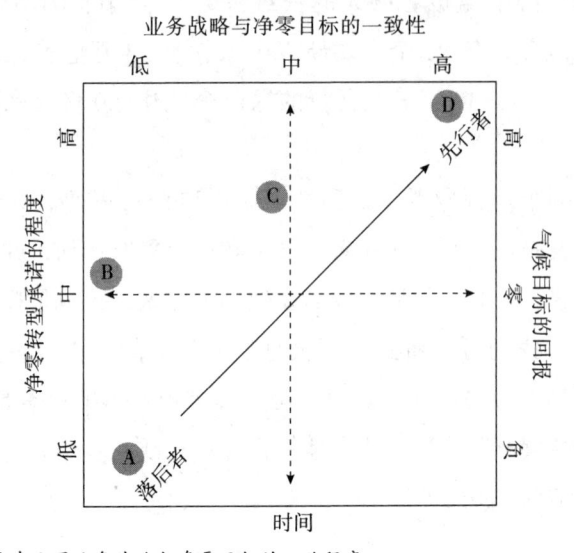

注：1. 顶部代表公司业务战略与净零目标的一致程度。
2. 底部是时间区间，2020—2050年。
3. 左侧代表从低到高的净零转型承诺的程度。
4. 右侧代表气候目标的回报率，从负到零，再到高。
5. 箭头代表企业从左下角的落后者位置到中间的跟随者，再到右上角的先行者。

图4-2 绿色治理与回报矩阵

B位置公司净零承诺的程度高一些，但并未有效反映在其业务战略中，因此它们的回报不尽如人意。这些公司正在进行变革，但速度太慢，与领先企业相比，它们面临的压力会越来越大。

C位置公司转型承诺程度相对较高，并且随着时间推移能够保持较好的一致性，它们的回报已然显现，还会上升。这些企业的高层领导能力较强，净零战略明确，不仅降低了风险，还能抓住商机,这都反映在它们的业务模式、战略和产品中。

位置 D 的公司是先行者和领导者,有明确的规划和持续的行动。整个公司的战略、业务线和产品都与净零目标一致。回报会持续增长。作为先行者,开始时成本可能较高,但随着领先地位的巩固,得益于先发优势和新的现有增长机会,它们的地位会进一步加强。

个人投资者、CEO、公司董事会和员工要决定自己想要参与、投资、领导、管理和工作的公司类型。

(六)确保市场使温室气体排放曲线走向净零

政府需要努力确保前述市场叙事积极变革和决策能够转化为有意义的温室气体减排成果。政府如何才能加速转型,并延伸到所有市场?怎样帮助投资者了解成果的产出方是谁?哪种方式有效?哪些无效?我把答案分为三个部分:

- 信息披露。为什么让企业报告其温室气体排放计划和进展会加速变革?
- 衡量标准。为什么制定监督规则以确保所用的衡量标准清晰可比、通俗易懂非常重要?
- 新市场。支持创建并监管新市场,扩大真正的绿色投资机会,这些将如何加速构建绿色全球化 2.0?

三、TCFD 报告框架

气候相关风险的披露标准至关重要:标准化的信息披露能够使投资者衡量投资的碳强度并采取相应行动。没有这种披露,投资者就无法确定风险和回报。2021 年,气候风险披露正逐渐成为投资者的一项要求。联合国气候行动与融资特使马克·卡尼在这一信息披露规范的变革中发挥了关键作用。

2015年12月，卡尼牵头，成功推动成立了气候相关财务信息披露工作组（TCFD），由金融稳定委员会监管，卡尼当时担任金融稳定委员会主席。TCFD在20国集团领导人峰会上发布了一套标准，并敦促企业应用该披露框架。卡尼得到了金融界和央行界盟友的支持。TCFD报告框架于2017年发布，旨在推动全球主要企业评估并报告业务的碳强度。专栏4.1列示了TCFD报告框架的指标。

> **专栏4.1 TCFD报告框架**[①]
>
> TCFD报告框架是由企业主导、技术专家支持的全球架构中相对较新的一部分。商界领袖、政策制定者、监管者和中央银行都支持并积极投入TCFD报告框架。遵循TCFD报告框架，要按照以下内容报告气候风险。
>
> - 董事会层面：监督气候风险和机遇，包括短期、中期和长期目标。
> - 高级管理层：决策和监督与气候风险、机遇相关的业务战略、财务规划。
> - 评估：评估组织战略在不同气候情景下的适应能力，包括《巴黎协定》目标。
> - 风险管理：识别、评估和管理气候相关风险的流程，以及目标和对应绩效。
> - 监测：监测气候风险的风险管理流程。

---

① 来源：www.tcfd.org。

- 披露：组织内部用于评估气候相关风险的衡量指标，以及管理气候相关风险的流程。

采纳 TCFD 报告框架的企业，需要披露范围 1 和范围 2 温室气体排放，如适用，还可以披露范围 3 温室气体排放及相关风险。

- 范围 1：公司持有和控制的资源产生的直接温室气体排放。其中包括：固定燃烧和移动燃烧（即公司拥有或控制的所有车辆）；温室气体的逃逸性排放（如冷藏冷冻、空调设备）；工业和现场生产中释放的过程性排放（如水泥生产过程中产生的二氧化碳、工厂烟雾、化学品）。
- 范围 2：自公用事业供应商采购的能源所产生的间接排放，即采购的电力、蒸汽、供暖和制冷所排放的所有温室气体。
- 范围 3：报告公司价值链中产生的非自有间接排放，包括上游和下游排放，即与公司运营相关的排放。

TCFD 报告框架是卡尼众多战略政策大手笔之一，其透明度要求非常合理，而且潜力巨大。企业自愿披露业务、投资和供应链的碳强度。2015 年，卡尼并没有要求企业改变行为（当然，这一目标是隐含的）；他只是希望企业为投资者提供必要的信息，以便他们根据 TCFD 报告框架和年度报告做出决策。CEO 可能会抱怨报告是负担，但他们很难拒绝披露自己的业务，以便利益相关者和股东（股本金持有者）就 CEO 在气候风险和碳强度方面的表现和能力做出决策。卡尼明白，让企业审视自己的投资和业务战略，公开披露碳强度，可以加快变革，为地球创造积极的反馈回路。这是 4 年后的今天正在发生的事情。

到 2020 年，1 440 多家全球主要公司已经采纳了 TCFD 报告框架，它们的总价值超过 12.6 万亿美元。如今，许多全球主要公司都在披露自身业务的碳强度。2021 年，TCFD 报告框架成为投资者最基本的要求：您是否遵循 TCFD 报告框架？如果还没有，为什么？这样就产生了行动压力。也让承诺报告的 CEO 扪心自问：我们为什么要与碳强度如此之高的 Y 行业 X 公司做交易：我们怎样建议他们改变做法？如果他们不改变，我们该怎么办？此外，TCFD 报告框架最终往往会促使公司转向明确的净零目标，拟定清晰的时间表。在这里，我们再次看到了内外部自我强化的动力。这种动力对管理层、信息披露、温室气体后果考量以及碳强度的影响，可以转变公司内部的气候变化叙事，转变高管和员工心中的商业故事。应用 TCFD 报告框架的企业不仅更有可能重新评估自己的投资，还包括如何建议客户、借款人和顾客开始重新评估自身对气候和温室气体的影响。

  当我与董事长和 CEO 们访谈时，最高瞻远瞩的人都致力于实现净零目标。他们表示，自己正在改变公司的战略，应用 TCFD 报告框架，从污染行业撤资，创造新产品和商业机会。你可以分辨出 CEO 是在引领发展，还是泛泛而谈。真正的领导者会为公司注入活力，并激励员工，你能感受到公司领导有方，尽职尽责。这种企业文化绿色化和叙事方式的转变，改变了企业的经营方式、经营范围、规避业务、风险评估以及员工绩效考核。总之，引领净零和 TCFD 报告框架将为企业带来一系列有意义的变化，为企业及其员工带来红利。

  然而，在 2021 年，仍有太多企业未能应用 TCFD 报告框架。因此，各国政府必须向落后者施加更大压力，揭露他们污染性的商业选择。我们不能继续让众多企业和一些主要市场，整体回避按照统一的碳强度标准披露信息。

  如何显著加强 TCFD 报告框架和反响的积极性呢？也许可以通过强制要求所有上市公司和超过一定规模的私营企业发布 TCFD 报

告框架来实现（G30，2020）。因此，各国政府应通过法律和国家法规要求公开披露 TCFD 报告（法国和新西兰等一些国家已经这样做了）。正如卡尼（Carney，2020a）所说："我们认为现在是强制披露的时候了。"

强制披露 TCFD 报告对所有市场来说都是一个进步，将污染者暴露在众目睽睽之下，投资者意在判断企业是否与社会的气候目标相一致。强制披露应成为所有市场的预期和标准做法。采取这个简单合理的措施将迫使所有上市公司开始迅速调整战略。企业将被迫考虑转型规划，并设定与地球需求相一致的目标。它们可以无动于衷，或者假模假式，但后果自负。正如卡尼（Carney，2020）所指出的，应用 TCFD 报告框架意味着："当气候风险与其他所有金融风险一样被视为重大风险时，就应披露相关信息……如果他们（公司董事会）不认为符合《巴黎协定》目标的假设与资产估值相关，那么让他们知晓这一点至关重要。"

强制推行 TCFD 报告框架是否可行？法国提供了一个例子（见专栏 4.2）。

专栏 4.2　强制推行 TCFD 报告框架：法国的经验

2016 年签署《巴黎协定》之后，法国政府强制要求披露 TCFD 报告。法国法律要求机构投资者（即保险公司、养老基金和资产管理公司，但不包括银行）每年报告自身气候相关风险敞口和缓释气候变化政策。这提供了一个即时实验，即那些被要求披露信息的公司和那些没被要求的在投资决策上会有什么不同？法兰西银行最近研究了这种投资差异。

研究人员利用欧元区各国各机构部门持有证券投资组合的数据集，比较了法国机构投资者与法国银行以及欧元区其他国家所

> 有金融机构的投资组合。他们发现，与对照组的投资者相比，新披露要求覆盖的投资者减少了约 40% 的化石能源标的投资。
>
> 经验和信号非常清晰：强制披露 TCFD 报告，可以加快转型，推进决策，改变投资结果，惩罚污染者，减少温室气体排放。
>
> 英国最近表示将效仿这一做法。新西兰等其他国家，也已将 TCFD 报告框架作为强制标准。COP26 应宣布所有国家都将在某个既定日期（如 2023 年）前采用 TCFD 报告框架。

迅速扩大并加强对气候风险和机遇的强制性披露，将开启跨部门的正反馈回路，增强披露对我们共同温室气体排放的影响。强制披露 TCFD 报告将通过信息披露改变企业激励方式。强制披露与投资者信号转变相结合，如果企业尚未开始改变战略，这将增强企业改变战略的推动力。五年后，随着标准的提高和投资者对信息的反馈，TCFD 报告框架几乎毫无疑问将是最基本的信息披露了。为了顺利高效地推进这一进程，我们确实需要更明确的标准和指标来比较企业。没有这些，我们无法确保报告是真实可信且有意义的。

CEO 和企业抱怨说，他们需要一致的指标来衡量进展，确定什么是最绿、绿色或棕色，以及投资什么、不投什么。CEO 和企业需要可比的、一致的标准。无论是他们还是我们（作为消费者和投资者），都没有时间或技能去研判成百上千种不同的标准、认证、模型、度量，或许还有萝卜章。企业期待更加清晰的指标。全球标准制定者和负责协调的国家机构要有所作为。这意味着，国内、国际监管机构需要更新标准和建议规则，以纳入针对特定行业和目的的气候风险报告指标和流程，并确保以下几点。

- 金融稳定委员会必须发挥协调纽带作用。
- 巴塞尔银行监管委员会必须在职权范围内处理气候变化风

险、物理风险、转型风险和其他风险,并开始制定包括气候风险在内的规范和银行监管架构。巴塞尔委员会应借鉴央行绿色金融网络(NGFS)的意见。
- 通过国际证券委员会组织运作的证券监管机构必须考虑针对消费者的上市公司披露要求,确保披露有意义、通俗易懂,而且在各个市场上都是一致的。
- 通过国际保险监管者协会运作的保险监管者必须协调更新保险部门的气候风险建议规则。
- 会计部门必须协调确保会计和审计标准法规覆盖气候风险披露。一旦TCFD报告框架成为强制规定,会计和审计机构将在确定报告的适用性和准确性方面发挥关键作用。

这些具体的指标至关重要。

2021年,上述所有标准制定机构都已经启动了这项工作,这些流程将有助于逐渐明确哪些气候风险披露和指标是有效的。尽管技术官员们也参与其中,但任重道远,我们时间紧迫。COP26和G20领导人应推动标准制定者快速行动、报告进展,并要求在2023年前交付成果。为了企业和市场的清晰度和透明度,我们不能再空等数年。有决心的CEO和企业都希望参与标准制定、引领发展方向,他们也盼望标准清晰明了并具有可预见性。比如,代表超过103万亿美元资产的投资团体要求公司和审计机构遵循国际会计准则理事会(IASB)2019年发布的指引,这一指引在现有规则中强调,如果与气候风险息息相关且影响重大,那就要纳入企业账簿——尽管大多数公司还没有这样做。包括联合国的《负责任投资原则》(*Principles for Responsible Investment*)签署方在内的投资团体表示,公司需要解释与气候风险相关的关键假设,并确保这些假设符合《巴黎协定》目标,即开始遵循以净零为目标的TCFD报告框架。

中央银行作为监督者和管理者,必须在支持市场激励和预期转变方面发挥关键作用(见专栏4.3)。大多数央行尚未启动这项工作。我预计,在未来五年,推动气候监管、压力测试以及调整风险和监管假设的进程会加速。

专栏4.3 央行在转变激励机制中的作用

随着金融公司和市场被迫转变激励机制,改变长期预期和观点,中央银行将发挥越来越重要的作用。监管部门已经在行动。比如,英格兰银行是第一个宣布对保险公司和银行进行气候风险压力测试的主要央行。到2023年,中央银行应针对气候风险对所有被监管机构进行压力测试,并将其作为监督工作的例行部分(G30,2020)。

监管气候风险将成为各市场的标准。中央银行将逐步调整他们的假设和监管建议。央行绿色金融网络一直是气候变化叙事飞跃发展的引领者。

展望未来,中央银行对全球主要银行经营策略的影响越来越大,因为它们会在气候行动的公众政策诉求中加入监管要求。最终,我预计央行会改变碳密集型贷款的资本要求,即提高向污染企业贷款的成本,改变激励机制和市场观点。这种资本和监管调整一定会出现,在立法要求净零目标的经济体和市场,会出现得更快。

重要的是,美国联邦储备系统终于认识到气候变化带来的风险在增加。美国中央银行的监管变化及其信号将迫使美国公司重新评估并调整自身的假设和业务战略。

欧洲央行正在研究气候风险监管。我希望他们能在2021年及以后迅速行动起来,发挥世界最大央行的力量,支持气候转型。

在这些压力下,我预计,当TCFD报告成为强制规定,公司接受监督并针对气候风险进行压力测试时,公司审计将覆盖温室气体审计以及 TCFD 报告框架和其他监管要求的评估。董事会和高级管理人员可能会希望借助外部判断来了解他们的气候风险评估是否正确、净零目标是否正在落实、他们的指标是否有效。如果不是,他们应该怎么做。这对温室气体减排结果和地球都有好处。技术专家和监管机构必须共同行动,进一步明确披露和可比较的指标框架。这样,投资者、企业、金融界和消费者就可以通过追求自我目标、自主选择来发挥重要作用,从而实现投资地球,并在这个过程中更好地支持正在进行的转型。

四、新市场和新机遇

随着市场、企业、行动者和投资者支持绿色全球化 2.0,新的市场和机遇将会出现。各国政府及其技术官员在利用市场和加速脱碳方面还有一项重要且长期的任务:他们必须支持但也要监督新的绿色市场,必要时进行干预。各国政府必须确保能够抓住这些新市场机遇,同时避免死胡同、骗局,以及能为投资者和发明者带来短期收益却对实现温室气体排放目标毫无帮助的工具。

第三章讲述了监管不力的排放交易计划是如何失败的。同样,设计不当的抵消市场也会失败,比如失败的联合国清洁发展机制(UN Clean Development Mechanism)。然而,这两类市场都是必要的,而且必须为温室气体排放目标带来看得见的贡献。正如我强调的,任由私营部门自生自灭无益于放弃气候治理和地球的未来,因此各国政府必须愿意介入并监管这些市场。

(一)可靠的抵消市场迫在眉睫

抵消市场是一个很好的例子。目前,除欧盟排放交易计划和加利福尼亚州外，我们缺乏有效监管的抵消市场。我可以购买抵消额度（我每个月都会购买），但我并不知道这些温室气体抵消额度是不是累积的，是否真的有减排，还是我只是在为毫无价值的认证买单。这种情况不能再继续下去了，而且尤为紧迫，因为许多公司都想通过购买抵消额度来实现中短期的净零排放目标。航空公司希望购买抵消额度，并向客户收费。这些抵消额度必须是真实的、可衡量的、可审计的，以及可监督的。

COP26 领导人任命渣打银行 CEO、摩根大通投资银行前联合首席执行官比尔·温特斯（Bill Winters）和美国证券交易委员会前委员安妮特·纳扎雷斯（Annette Nazareth）领导一个私营部门工作组，旨在创建有效的抵消市场，为地球做贡献。这是一项艰巨的任务。市场设计将于 2021 年在 COP26 召开前发布。我希望他们能完成任务，但我将信将疑。最重要的是，我更在意市场建立与运行后，能有适当的监督管理。我希望温特斯和纳扎雷斯能创建市场，由国家当局通过现有机制协调进行适当的监督。

（二）警惕滥用和误用

在设计、提议和监督这些绿色市场和工具时，监督者和管理者心中最重要的问题应该是：证券 A、创新 B 或衍生品 C 是否支持并增加了温室气体减排量？如果答案显然是肯定的，那就应该支持市场，推广创新。有效监管的抵消市场也应如此。但如果创新建议无益于净零目标，那就应该驳回或者终止。地球没有时间，温室气体也没有预算去旁观金融和市场的自我循环，甚至参与破坏性的创新。这些创新不会给地球带来任何好处，只会转移资源，让少数人中饱私囊。不幸的是，金融业长期以来一直在创造具有腐蚀性、破坏性和不稳定的市场和工具。

在绿色全球化的发展进程中，我们不能天真、单纯。不道德的卑劣之徒会竭力欺骗投资者。证券和市场监管机构要采取强硬立场。他们要努力确保我们不会把时间和地球资源浪费在没有净零效益的愚蠢计划上。一个真实的鲸鱼故事，既揭示了非人类物种对温室气体减排的巨大价值，也说明了金融骗子在设计没有价值的环保产品时多么令人发指（见专栏 4.4）。

新市场和新领域正在形成，主要围绕净零目标市场转型，政府、监督者、监管者和投资者必须警惕那些承诺环境效益却无法兑现的骗局和产品。监管机构必须立场强硬，毫不妥协，坚决打击那些试图从气候危机中牟利而又不能兑现温室气体减排承诺的江湖骗子和道德沦丧的始作俑者。

专栏 4.4　一个真实的鲸鱼故事

最近关于鲸鱼作为碳汇的研究表明，在科学家或具有跨学科思维的经济学家调查之前，我们对这种宏伟生物知之甚少。查米尔（Chalmi et al., 2019）分析鲸鱼后发现，"就拯救地球而言，一头鲸鱼抵得上成千上万棵树"。夏尔米认为，鲸鱼应被视为国际公共品，因为每头鲸鱼在海洋深处游弋的一生中都消耗了大量浮游生物，固碳量巨大。据估计（Chalmi et al., 2019），每头鲸鱼的价值为 200 万美元。

总之，所有鲸类的碳捕获量（按目前过低的碳价计算）对人类的价值达 1 万亿美元。2021 年，现存鲸鱼的数量为 130 万头。如果鲸鱼得到充分保护，数量恢复到工业化前的水平，那么鲸鱼每年将封存 17 亿吨二氧化碳，超过巴西每年的碳排放总量。

查米尔（Chalmi et al., 2019）严谨地指出，他们并不认为鲸鱼的价值仅在于碳捕获量。相反，这项研究试图让经济学家和决策者更清楚地了解鲸鱼的保护和防御作用，因为在日本和冰

> 岛,有些经济学家和决策者似乎只把鲸鱼看作可以宰杀和食用的大鱼。
>
> 金融骗子们注意到了这一新发现,提议出售与作为碳汇的鲸鱼挂钩的碳抵消币。金融家们并不拥有鲸鱼,也没有提出任何增加鲸鱼数量的方法。这不过是向那些对鲸鱼有好感的人销售毫无价值的金融产品,这是扭曲创新、败德辱行的悲哀证明。

(三)新兴市场和绿色投资

发达经济体的政府、机构、技术专家及其企业必须支持新兴经济体和低收入经济体深化并扩大绿色资产和投资市场。目前,在这些地区寻找绿色机会的投资者可能会一无所获,因为可投资的机会很少。我记得全球主要投资基金之一的CEO曾感叹,这些市场上没有满足他们要求和规模的绿色投资机会。在这方面,政府及其代理人(机构和技术专家)可以发挥关键的推动作用。

技术专家应就新兴绿色市场的创建和监督提出建议,英格兰银行、联邦储备委员会和欧洲央行等机构应抽调人员支持和提高新绿色金融市场和产品的技能、理解和监督。正如欧洲投资银行推动欧洲绿色投资和转型一样,其他区域多边开发银行也应大幅调配资源,调整授权和投资政策声明,以支持绿色投资。多边开发银行还应在国家股东的指导下,不仅仅是不再投资并持有,而是退出传统投资项目,寻求新的绿色投资。

在这方面,政府、技术专家和私营部门的作用同样重要。正是这三者在市场创建、支持和监督等不同方面的共同作用,才能实现预期效果。温室气体减排可以依靠更加深入、监管更到位的市场。对于新兴国家和低收入国家来说,更多可投资的绿色机会意味着良好的经济效益。

第四章　人口结构、投资格局和激励机制

（四）市场不断发展，如监督适当，将引领我们实现净零目标

又到忏悔的时候了。当我构思这本书并开始动笔时，我以为这本书会基调暗淡，乌云密布，但值得庆幸的是，结果并非如此。本书对气候变化叙事的讨论是积极的，而不是消极的，人口统计、投资者观点、市场参与者的预期和行动正在推动市场转变。有迹象表明，关于气候变化、经济回报和未来的新市场叙事正在形成。这种趋势不会逆转，只会不断加强。如果政府发出正确的信号，这种必要而紧迫的叙事转变和市场进程会加快步伐、扩大规模，但政府现在需要大胆地行动起来。阻碍加快碳价和转型监管方面的政治障碍正在瓦解。各国领导人在参加 COP26 时，可以果断地扫清这些障碍。各国政府应当同意在所有市场、所有上市公司和大型私营企业强制披露 TCFD 报告。我们知道这行之有效，而且会加快转型速度。监管机构应要求从 2023 年底开始披露信息。这样会迫使落后者采取行动，要求他们重新评估业务战略，改变投资决策，从而加快摒弃化石燃料的步伐。强制披露十全十美，任何正直的人都不会反对，行动起来吧。

资者标准和指标，确保衡量指标有意义、透明且可比较。投资者在转移投资时需要可预测、可信且稳定的预期，这样才能加快转型。

技术专家和标准制定者需要确保国际规则和规范得到一致应用，并积极推动温室气体减排。标准制定者需要鼓励"竞上"，而不是"竞下"。与碳定价机制一样，标准制定者需要建立市场预期，即在逐步迈进 2050 年的过程中，所有部门的标准都要不断提高，并根据温室气体减排的进展与否进行调整。投资者和企业应该明白，随着时间的推移，这些标准会越来越严格。

从咨询顾问到会计师再到审计师，为企业提供协助和建议的专业人士已经在回应市场和监管的转变。和许多其他专家一样，他们

都应当深入参与转型。

新市场建立起来，必须加以监督。如果监管得当，它们将加速转型。监管者深知警钟应当长鸣，趋利避害。必要时，还可以授权新的机构组织来监督新的碳市场和碳抵消市场。这并非不可能。我们知道需要做什么，必须时刻警惕市场滥用者和破坏者，不过我们有前车之鉴。

我们可以看到，市场在净零转型中是重要的绿色转型加速器。然而，市场不可能在无人监督的情况下完成这一任务，我们也不应放任其发展。这在过去从来都不是正确的做法，也不是我们在未来几十年里构建绿色全球化 2.0 所需要的。我们需要一致、可信、有效、可预测的市场监督，来加快脱碳进程，这包括能够助力我们实现目标的制度创新。

以下专栏提供的案例可让我们对正在加速的市场叙事和投资政策转变一窥究竟，它们阐明了投资者如何发出信号，改变企业战略，使之与净零目标和气候变化叙事保持一致。

专栏 4.5　加州公务员退休基金越来越绿[①]

加州公务员退休基金是世界上最大的公共养老基金之一（2017 年资产高达 3 260 亿美元），是"气候行动 100+"的签约方，承诺 2050 年前实现净零排放。加州公务员退休基金敦促被投企业开展脱碳。它是第一个加入联合国发起的"净零资产所有者联盟"的美国资产所有者，这个联盟承诺投资组合碳排与实体经济温升 1.5 摄氏度目标保持一致。

[①] 来源：加州公务员退休基金，2020；responsible-investor.com，2019。

这家养老基金正在逐步从化石燃料撤资，现在已经退出了煤炭投资。尽管它已经启动了这一进程，但在加速撤资方案上仍然持续承压。

加州公务员退休基金有一项可持续投资计划，决定投资于与气候变化相关的最具价值的风险和机遇。他们正在寻找机会投资有减排目标的企业。

加州公务员退休基金通过支持加州和联邦的碳定价、风险披露和财政措施来支持转型。

加州公务员退休基金承诺开始应用 TCFD 披露框架。

专栏 4.6　纽约养老基金放弃了化石燃料

纽约州 2 260 亿美元的养老基金于 2020 年宣布，将在未来 5 年内开始退出对化石燃料的股票投资，并在 2040 年前售出造成全球变暖的公司股票。纽约养老基金已经开始出售煤炭公司的股票。其实它以前是抵制这种转型倡议的，但 2020 年，当它的投资经理看到转型已是箭在弦上时，随即开始从化石燃料撤资。基金经理托马斯·迪纳波利（Thomas DiNapoli）表示："纽约州的养老基金在应对气候风险方面是领先的投资者，因为投资低碳未来对保护基金的长期价值来说至关重要……（以及）在全球就气候变化达成共识的情况下保有源源不断的投资回报也至关重要。"

迪纳波利先生与州立法者达成了一项协议，内容是从化石燃料撤资。州立法者在气候活动家长达 8 年的运动督促下，已经准备立法要求纽约州养老基金出售化石燃料股票。这个案例与前文中的加州公务员退休基金一样，都是由于活动家寻求改变养老基金叙事和投资决策而加速转型的。

> 纽约养老基金总结，能源公司如果不重构自身，放弃石油和天然气，那它们的长期投资价值会大打折扣。意思很明确：搁浅资产正在向你涌来。不破不立，重塑平衡，寻找新的机遇。纽约养老基金发布了涉猎广泛的气候行动计划。①

专栏 4.7　淡马锡的绿色领导力

新加坡主权财富基金淡马锡（3 060 亿新加坡元）致力于实现净零转型。淡马锡宣布，2030 年前要把投资组合的温室气体净排放量减少到 700 万吨二氧化碳当量。这相当于比淡马锡 2010 年投资组合的温室气体排放量减少了 50%，相当于 2020 年预计温室气体排放量的 1/4。

淡马锡的气候风险分析应用了内部碳价，这将指导未来 10 年新的投资决策。淡马锡启用了可持续审查，并对所有新投资进行 ESG 筛选。

淡马锡 CEO 迪尔汗·皮莱（Dilhan Pillay）表示，淡马锡致力于为我们自己和子孙后代建设一个更加可持续的星球……这要求我们加快对低排放和资源节约型企业的投资，覆盖能源、食品、废物处理、水、交通和城市发展等领域。

作为主要投资者，淡马锡敦促被投企业采用 TCFD 报告框架，并宣布支持 TCFD 报告披露。这让被投企业有了分析梳理的压力，也在市场和企业间产生了积极的气候涟漪效应。

淡马锡支持推进 TCFD 报告披露。淡马锡基金是长期投资者，眼光长远，致力于 2050 年前实现整个投资组合的净零排放。

---

① 来源：美国特别顾问办公室，2019（OSC 对应内容太多，不能完全确定）。

专栏4.8 贝莱德芬克的立场

贝莱德是全球最大的资产管理公司之一，掌舵的是拉里·芬克（Larry Fink）。芬克坚信气候变化对金融市场至关重要。他在2020年度致辞中明确表示："气候风险的种种迹象，迫使投资者重新评估现代金融的核心假设。"这说明贝莱德以及广阔的市场正在转变，转而对风险和资产价值进行深入的重新评估。由于资本市场将未来的风险前移，贝莱德预计资本配置的变化会比气候变化更快。这正是我们希望看到的。正如芬克所强调的："气候变化几乎是全球客户向贝莱德提出的首要问题……他们希望了解与气候变化相关的物理风险，以及气候政策将如何影响整个经济体的价格、成本和需求。"

贝莱德承诺将可持续发展作为核心投资方法，包括：将可持续因素融入构建投资组合和风险管理流程中；退出与可持续相关的高风险投资，比如煤炭生产；推出剔除化石燃料的新投资产品；在投资管理中加强对可持续和透明度的承诺。

专栏4.9 欧洲投资银行的净零成就

2019年，欧洲投资银行宣布了一项能源投资政策研究，结论如下：

> 资金和信息必须直接作用于减少排放和应对气候变化的投资。我们必须在可再生能源和能源效率领域创造就业和增长机会，以确保在转型过程中不让社会的任何部分和世界的

任何地区掉队。

欧洲投资银行发出的是结束化石燃料投资的信号。

欧洲投资银行已投资的一些项目，在2013—2017年，每年减少了800万吨温室气体排放。在2019年宣言之前的5年中，欧洲投资银行已经承诺在可再生能源和电网投资方面投入500亿欧元。欧洲投资银行的投资将为欧洲提供3.8万兆瓦的可再生能源电力，为4 500万户家庭供电。

欧洲投资银行是《欧洲绿色新政》和净零战略的重要载体，是金融市场的重要参与者，也是公共政策手段和效果的倍增器。其他全球和区域性多边开发银行应紧随其后。是时候利用公共机构在整个金融体系中内嵌气候目标，促进并加快变革了。

专栏4.10 慕尼黑再保险公司与气候风险[①]

如果说哪个商业部门了解气候风险，那一定是保险和再保险业。理解、预测和计算尾部风险对成功的保险和再保险公司至关重要。慕尼黑再保险公司（以下简称慕再）是全球最大、最具活力的再保险公司之一。几十年来，慕再一直在打磨气候风险模型，并根据洪水、气旋、风暴、野火、干旱和其他自然现象的最新科学数据和研究结果，不断调整模型。当您就恶劣天气事件提出保险索赔时，慕再将最终为保险公司承保这些损失。

慕再领导层承诺净零转型。变革始终应当从企业内部、从自身实践开始。2009年以来，慕再人均温室气体排放量减少了

---

① 请参阅：www.unepfi.org/net-zero-alliance。

44%。2019 年，慕再 90% 的电力来自可再生能源。

如果一家公司 30% 以上的收入来自煤炭，慕再不会投资该公司的股票或债券。慕再也不为发达经济体的新燃煤发电站或煤矿投保，并加入了净零资产所有者联盟（Net-Zero Asset Owner Alliance），承诺 2050 年前将所有投资组合转变为净零资产。

慕再自 2015 年起就实现了自身碳中和，并采用了 TCFD 报告披露框架。

专栏 4.11　法国安盛保险集团与气候转型

作为欧洲领先的保险公司之一，法国安盛保险集团（以下简称安盛）参与了气候转型。安盛是净零资产所有者联盟的成员，承诺调整投资组合直至 2050 年前实现净零目标。安盛正在从碳密集型行业撤资，2030 年前将完成从欧盟和经济合作与发展组织（OECD）的煤炭行业撤资，2040 年前完成全球煤炭行业撤资。安盛正在努力翻番绿色投资。

安盛也为客户的气候风险和转型计划提供建议，支持发行碳转型债券，来帮助企业实现气候目标和战略。

在公司内部，安盛的温室气体排放量已减少 25%，并承诺 2025 年前实现电力 100% 来自可再生能源。安盛采用 TCFD 报告框架来发布年度报告。

专栏 4.12　法国巴黎银行与可持续金融

在净零转型道路上，法国巴黎银行（以下简称法巴）遥遥领先。正如法巴董事长让·勒米艾（Jean Lemierre）所言，银行"可以通过选择融资标的，在创建更加尊重环境、更具包容性的经济中发挥重要作用"。法巴支持法国政府的国家净零目标。勒米艾先生明确表示，法巴的业务必须与净零目标保持一致，还要积极倡导这种转型。

2020年，法巴承诺提供1 250亿美元支持能源转型和联合国可持续发展目标（SDGs）。法巴在绿色金融和信贷方面名列前茅，为客户提供了大量绿色产品：约90亿欧元的能源转型贷款、能效贷款和与可持续发展挂钩的贷款[①]；100亿欧元的绿色债券[②]（排名前三）；发行了首支可持续发展债券；630亿欧元的社会责任投资，其中包括120亿欧元的绿色基金。

法巴是世界上第一家承诺完全撤资煤炭行业，并停止石油和天然气开采融资，转而将可再生能源融资作为核心市场的银行。法巴采用TCFD报告框架披露信息，并开始根据ESG标准和气候目标管理银行的资产负债表。

成效很重要。正如法巴CEO让·洛朗·邦纳费（Jean Laurent Bonnafé）所言："我们要证明，我们说到做到。"[③]

专栏4.13 瑞银集团与气候变化

瑞银集团是瑞士主要的投资银行，在气候目标方面处于领先地位。瑞银集团的碳资产敞口较低，仅占其19亿美元资产的

---

① 可持续发展挂钩贷款是指贷款利率与客户实现的环境和社会目标挂钩。法巴在这种新型贷款方面居世界领先地位。
② 绿色债券的需求正在加速增长，法巴是2020年全球第三大绿色债券发行商。
③ 来源：巴黎银行，2020：10。

0.8%，较 2017 年的 2.8% 进一步下降。

与之相反，2019 年瑞银集团气候相关可持续投资额为 1 080 亿美元，较上一年的 875 亿美元进一步上升。

瑞银集团正在敦促石油和天然气客户开启变革。2019 年，瑞银集团投票支持了 44 项与气候相关的决议。

瑞银集团的贷款业务也与气候目标保持一致。瑞银集团不会在全球范围内为煤电厂提供项目融资，只有在燃煤企业制订了符合《巴黎协定》净零目标的转型计划后，才会为其提供融资支持。瑞银集团也不会为北极地区的海上石油项目或新建油砂项目提供融资。

在公司内部，瑞银集团以身作则，2019 年温室气体排放量比 2004 年减少了 71%。

瑞银集团董事长阿克塞尔·韦伯（Axel Weber）深知其中的利害关系："如果你关注当前的研究，只要稍微花点心思，你就会知道：气候变化是真实存在的……环境变化的速度令人震惊。我们应对气候变化的速度也应如此。"

参考文献

1. Amnesty International. (2019) 'Climate change ranks highest as vital issue of our time – Gen Z survey', 10 December [Online]. Available at: www.amnesty.org/en/latest/news/2019/12/climate-change-ranks-highest-as-vital-issue-of-our-time (accessed: 1 January 2021).
2. *The Atlantic*. (2019) 'European millennials are not like their American counterparts', 30 September [Online]. Available at: www.theatlantic.com/ideas/archive/2019/09/europes-young-not-so-woke/598783 (accessed: 1 January 2020).
3. Badre, B. (2020) *Voulons-nous (sérieusement) changer le monde?: Repenser le monde et la finance après le Covid-19*
4. BlackRock. (2020) 2019 Client Letter [Online]. Available at: www.blackrock.com/us/individual/blackrock-client-letter (accessed: December 2020).

——. (2020a) 'Reshaping sustainable investing' [Online]. Available at: www.ishares.com/us/literature/whitepaper/reshaping-sustainable-investing-en-us.pdf (accessed: 1 January 2021).

——. (2020b) 'Tectonic shift in sustainable investing'. Weekly Commentary, 30 March [Online]. Available at: www.blackrock.com/corporate/literature/market-commentary/weekly-investment-commentary-en-us-20200330-shift-to-sustainable-investing.pdf (accessed: 1 January 2020).

——. (2020c) 'Navigating uncertainty with ESG ETFs', 9 April [Online]. Available at: www.ishares.com/us/insights/etf-trends/navigating-uncertainty-with-esg-etfs (accessed: 1 January 2021).

——. (2020d) 'Sustainable resilience amid market volatility', April [Online]. Available at: www.ishares.com/uk/professional/en/literature/whitepaper/sustainable-resilience-en-emea-pc-brochure.pdf (accessed: 1 January 2021).

5. BNP Paribas. (2020) 'A leader in sustainable finance', June. CalPERS. (2020) www.calpers.org.

6. Carney, M. (2019) 'Firms that ignore climate change will go bankrupt', *The Guardian*, 13 October [Online]. Available at: www.theguardian.com/environment/2019/oct/13/firms-ignoring-climate-crisis-bankrupt-mark-carney-bank-england-governor (accessed: 31 December 2020).

(2020) BBC4 Reith Lectures [Online]. Available at: www.bbc.co.uk/programmes/b00729d9 (accessed: 31 December 2020).

(2020a) 'We think the time is now for mandatory disclosure', 29 May [Online]. Available at: www.youtube.com/watch?v=D7_UPULzrgM (accessed: 1 January 2021).

(2020b) 'UN Envoy backs investors' call for increased climate risk disclosure'. *Insurance Journal*, 28 September [Online]. Available at: www.insurancejournal.com/news/international/2020/09/28/584194.htm (accessed: 18 January 2021).

7. Cerulli Associates. (2018) 'US high net worth and ultra-high net worth markets 2018' [Online]. Available at: https://info.cerulli.com/rs/960-BBE-213/images/HNW-2018-Pre-Release-Factsheet.pdf (accessed: 31 December 2020).

8. Chalmi, R., Cosimano, T., Fullenkamp, C., and Oztosun, S. (2019) 'Nature's solution to climate change'. *Finance and Development*, 56: 4 [Online]. Available at: www.imf.org/external/pubs/ft/fandd/2019/12/natures-solution-to-climate-change-chami.htm (accessed: 18 January 2021).

9. Climate Action 100+. (n.d.) 'How we got here' [Online]. Available at: www.

climateaction100.org/approach/how-we-got-here (accessed: 1 January 2021).
10. Deloitte. (2015) '10 disruptive trends in wealth management' [Online]. Available at: www2.deloitte.com/content/dam/Deloitte/us/Documents/strategy/us-cons-disruptors-in- wealth-mgmt-final.pdf (accessed: 31 December 2020).
11. EIB (European Investment Bank). (2019) 'Big ambitions and investments for net-zero emissions', 14 April [Online]. Available at: www.eib.org/en/stories/energy-transformation (accessed: 30 December 2020).
12. Eurosif (European Sustainable Investment Forum). (2018) 'European SRI Study 2018' [Online]. Available at: www.eurosif.org/wp-content/uploads/2018/11/European-SRI-2018-Study-LR.pdf (accessed: 1 January 2020).
13. Fatboy Slim. (2019) A special mix by Fatboy Slim integrating Greta Thunberg's 'Right here. Right now' statement at the UN Climate Conference into his classic track of the same name [Online]. Available at: www.youtube.com/watch?v=bWvFcR7UtAI (accessed: 30 December 2020).
14. Gallup. (2018) 'Global warming age gap: Younger Americans most worried' [Online]. Available at: https://news.gallup.com/poll/234314/global-warming-age-gap-younger-americans-worried.aspx (accessed:1 January 2021).
15. G30 (Group of Thirty). (2020) 'Mainstreaming the transition to net zero' [Online]. Available at: https://group30.org/publications/detail/4791 (accessed: 31 December 2020).
16. IFC (International Finance Corporation). (2020) 'Climate investment opportunities in emerging markets' [Online]. Available at: www.ifc.org/wps/wcm/connect/59260145-ec2e-40de-97e6-3aa78b82b3c9/3503-IFC-Climate_Investment_Opportunity-Report-Dec-FINAL.pdf?MOD=AJPERES&CVID=lBLd6Xq (accessed: 29 January 2021).
17. Morgan Stanley. (2019) 'Sustainable signals' [Online]. Available at: www.morganstanley.com/content/dam/msdotcom/infographics/sustainable-investing/Sustainable_Signals_Individual_Investor_White_Paper_Final.pdf (accessed: 31 December 2020).
18. MSCI. (2020) 'Swipe to invest: The story behind millennial investing', March [Online]. Available at: www.msci.com/documents/10199/07e7a7d3-59c3-4d0b-b0b5-029e8fd3974b (accessed: 29 January 2021).
19. NACD (National Association of Corporate Directors). (2018) 'Building board climate com- petence to drive corporate climate performance', 12 June [Online]. Available at: https://blog.nacdonline.org/posts/climate-competence-performance (accessed: 1 January 2021).

20. *New York Times*. (2020) 'New York's $226 billion pension fund is dropping fossil fuel stocks', 9 December [Online]. Available at: www.nytimes.com/2020/12/09/nyregion/new-york-pension-fossil-fuels.html (accessed: 30 December 2020).
21. OSC (Office of the State Comptroller). (2019) 'Di Napoli releases climate action plan', 6 June [Online]. Available at: www.osc.state.ny.us/press/releases/2019/06/dinapoli-releases-climate-action-plan (accessed: 30 December 2020).
22. responsible-investor.com. (2019) 'CalPERS says it plans to align with TCFD amid new California climate legislation', 25 June [Online]. Available at: www.responsible-investor.com/articles/calpers-tcfd (accessed: 30 December 2020).
23. Shiller, R. J. (2019) *Narrative Economics: How Stories Go Viral and Drive Major Economic Events.* Princeton: Princeton University Press.
24. State Street. (2020) 'ESG: From tipping point to turning point'. White Paper, July [Online]. Available at: www.ssga.com/library-content/pdfs/etf/spdr-esg-investing-tipping-point-to-turning-point.pdf (accessed: 29 January 2021).
25. Temasek. (2020) 'Temasek review 2020: Committed, resilient, together', 8 September [Online]. Available at: www.temasek.com.sg/en/news-and-views/newsroom/news/2020/temasek-review-2020-committed-resilient-together (accessed: 30 December 2020).
26. Thunberg, G. (2019) UN Speech by Greta Thunberg, 23 September [Online]. Available at: www.youtube.com/watch?v=QJo9uXn2QxU (accessed: 30 December 2020).
27. Tooze, A. (2020) 'Welcome to the final battle for the climate', 17 October [Online]. Available at: https://foreignpolicy.com/2020/10/17/great-power-competition-climate-china-europe-japan (accessed: 29 January 2021).
28. Yahoo Finance. (2019) [Online]. Available at: https://finance.yahoo.com/news/axel-weber-ubs-climate-change-global-warming-sustainable-investing-esg-105851987.html essed: 3 January 2020).

第五章

零碳新世界：
用制度创新强化市场结果

> 确保碳和其他温室气体定价有效是一项挑战……碳委员会应具备监督和监管市场所需的专业知识、可信度和可预测性,以确保为我们的地球创造真正的积极成果,并大幅降低温室气体排放。
>
> ——雷伊(Rey,2020)

要使我们的净零碳排放承诺更有力、更具准约束力、更有弹性、更有规则可循、在应用和效果上更加一致,要么建立新的机构,要么改革现有机构,或两者兼而有之。为了实现净零碳排放,世界各国政府必须承诺实现净零碳排放目标,并同意进行碳定价、提高碳价格,且将碳排放污染和全球变暖的成本在所有市场和行业进行内部化。决策者可以采用碳税制度(如加拿大、瑞典和其他国家),或采用碳排放权交易制度(如美国、欧盟和其他国家)。为了尽可能减少价格扭曲,碳价应该逐步上涨并趋于一致。然而,除非我们有机构和议会对市场遵守情况进行有效监督、监管和监测,否则所有这些绿色承诺、温室气体政策机制和目标都可能被削弱和破坏(Rey,2020)。历来国家的气候变化行动都是先制定目标,然后再实施和监督。这并不出奇。可一旦面临短期经济危机,面临连任的政府班子工作重心就会偏移至眼前的经济需求上,无暇顾及净零排放的未来,长期的温室气体减排目标就容易因此落空。

如果我们要对全社会和所有经济体的政策都进行调整来实现脱碳，那么一旦决策层决定设定净零目标，我们就需要有机构能够独立于赤裸裸的政治之外，跨越选举周期，致力于我们的共同目标。现在，越来越多的国家政府做出了净零碳排放目标的承诺，也是时候建立独立的机构来助力改变激励机制，加快转型和脱碳的进程了。

本章意在阐明什么样的制度建设能够助力我们实现气候目标：主要通过建立世界碳组织（World Carbon Organization，WCO）和国家碳银行（National Carbon Banks，NCBs）两种途径。这些国际组织和国家机构将成为既定温室气体减排目标的监督者和执行者。我们需要通过监管、监督、执行和规则来从波动和怀疑中创造确定性和可信度。

世界碳组织可以对各国之间在碳定价及其一致应用方面产生的争议进行裁判，并对与碳关税应用相关的事项进行裁决。在各经济体和企业设定和实现净零目标的路上，国家碳银行可以致力于维持温室气体排放的通缩压力。我在前文提过，自我调节是一个矛盾体。在碳和其他温室气体的排放方面，这无疑是正确的。机构有效监督和改变市场及其行为的例子是有的。现有机构以及中央银行和监管的组织机构拥有这方面经验，人们应学以致用，将其应用到净零转型目标的实现中去。

目前，联合国缔约方大会进程、各国对目标和进展自主披露以及国家温室气体减排承诺都已就位。然而，对各国承诺进展的自主监测和自主评估参差不齐，这些结果往往反映了一个国家对气候变化的立场，这是可以理解的。例如，那些致力于实现地球共同利益和净零目标的国家的自主披露十分详尽；而那些落后的国家的报告则不尽如人意，或政治操纵的意味过于明显，令人不安。此外，还有许多中低收入国家资金和能力都十分缺乏，甚至无法有效设计和实施温室气体目标，更不用说披露靠谱的报告了。

2021年，相关的审查程序毫无力度，不尽如人意。现在即便各国未能履行其温室气体减排承诺，也无计可施。在碳定价机制问题上，全球性的约束措施缺位，也没有方案可以解决争端。我希望在COP26大会上或之后不久，将有更多国家启动碳定价和激励机制调整工作。届时，我们将需成立一个机构来监督定价，对新的国际碳定价规则和规范进行建立、嵌入和维护。

一、世界碳组织

如果没有某种形式的国际约束机制，就一味以为所有政府和部门都会遵守规则，真诚行事，所有行业都会支付一样的碳价，那就太天真了。因此，实现全球协调、合作、遵守和执行的一个重要基础就是建立世界碳组织。世界碳组织将有助于确保各国温室气体碳定价机制的一致性和兼容性。它将确保碳定价规则的实施是公平的，阻止碳发生跨境倾销，并确保碳定价方法论的一致性。世界碳组织将成为一个解决碳争端的平台，覆盖国家和国际温室气体定价、抵消和市场的一致应用和实施方面的争议事项。世界碳组织的争端解决程序当以WTO的经验为模范，当国家之间因在某个行业的碳价问题而产生争端时，世界碳组织便担任法官的角色。

（一）将WTO的经验重复用于碳定价领域

虽然WTO在特朗普总统的整个任期内屡遭攻击和破坏，但其仍然是解决贸易争端的最重要、认可度最高的渠道。WTO的成立象征着全球自由和公平贸易的发展壮大，其也一直是各国讨论、商定和发展共同贸易规则的平台。而且，它还制造压力，使非成员国不得不尝试加入，同时用共同的规则和方法对成员国进行约束。

WTO通过自身的准司法争端解决程序,对贸易规则的适用和遵守方面的争端进行裁决,该程序的公平性和可行性都是公认的。自WTO成立以来,双边争端和违反规则的情况大大减少,数百起争端在多边协调中得到了成功和积极的处理。在贸易和贸易规则方面,WTO具有可预测性和确定性,这是政府、企业和投资者在规划其增长战略时所寻求的两个关键属性。

世界碳组织一旦成立,将有助于在碳定价和碳交易方面复制和提供这种可预测性和确定性,并有助于国际碳定价的协调和监督。它还可以裁定碳关税条例和倾销规则是否适用,并对碳抵消交易的规范和实践进行监督。

（二）世界碳组织可以裁定和制定准则

如果有可能实行碳关税,以阻止"搭便车"现象和"最薄弱环节"现象（即一些国家一贯未达标,从而破坏整个温室气体排放目标）,那么世界碳组织的存在就是必要的。世界碳组织可以通过征收碳关税来排除和惩罚"搭便车"的国家。如果一个国家做出了碳价承诺,但没有公平、严格地实施碳价,那么就可能出现搭便车者。世界碳组织对这种情况进行判断和确认,并确保各国碳价的一致性。如果没有世界碳组织,碳关税将是双边的、不协调的及有争议的,可能演变成实施碳价的国家和搭便车国家之间的破坏性冲突。世界碳组织还将成为碳价俱乐部内部成员之间的桥梁,作为一个以制度和规则为基础的堡垒,抵御气候变化共识之外成员的欺压。碳强度和温室气体污染差异已在许多市场和行业之间存在,如果没有一个国际机制来裁决和惩罚那些逃避污染付费责任的不良行为者,这种差异很可能会持续存在。

理想的情况是,我们需要一个世界碳组织来制定解决这种争端的机制，在发生碳倾销时可以启动。我们应该复制 WTO 的成功经验，通过一个中立的平台来解决争端，以确保碳定价的结果是公平的。在未来的几十年里，随着碳定价逐步实施，也会迎来回避和争议，可能会发生大量此类争端事件。在没有世界碳组织的情况下，这一开始也许可以通过拟议的单边碳关税进行处理，但我们最终可能会看到大量的双边行动，从各行各业到各个企业，逐一开展。从中长期来看，如果我们想保持净零碳排放的势头，实现脱碳和全球贸易供应链的变革，同时保证透明度，将摩擦降到最低，通过世界碳组织进行监督和裁决是更好的选择。

这个问题类似于双边协议中的"意大利面碗"现象，以前在没有 WTO 规范协议的时候，这种"意大利面碗"现象让企业无所适从。这种做法虽然可行，但非常混乱，因为企业很难知道哪些规则适用于哪些国家和哪些商品。各国领导人最终应选择就碳定价执行规则和规范达成多边协议，而不是创造一种新的、绿色的双边碳定价"意大利面碗"。

世界碳组织会逐步制定相关的规范和规则，并据此进行裁决，这将有助于建立确定性和可预见性。世界碳组织还可以为碳解决方案提供建议，充当智库角色，宣贯最佳的减排监管实践和衡量标准，并确保公平对待低收入国家，为最贫穷的国家分担压力或进行豁免。

世界碳组织会成为 WTO 的姊妹组织，与 WTO 并肩工作，监督全球贸易，确保全球贸易符合有关碳定价和碳减排路径的国际协议。为了像 WTO 一样，确保国际贸易体系和秩序有章可循，世界碳组织争端解决程序的建立将把管理全球性和国家级别碳价机制的缔约国联系在一起，有助于塑造一致性、趋同性、清晰性和公平性。

批评者可能会提出疑问：既然我们已经有了联合国、IPCC 和

COP大会，为什么还要新建一个机构？这不难理解。成立新机构并不总是一件容易的事，也不会一直是解决问题的办法，但我们目前的碳价机制并不完善，也没有公认的方法来确保其恒定性、可比性和执行力。如果要实现世界贸易脱碳，并以公平、协调的方式实现这一目标，同时在执行规则和规范的同时加快转型，我们就需要世界碳组织与纯粹以外交和共识为导向的机构并肩作战。

　　历史证明，成立新机构确实可以起到激励作用，例如2017年成立的新组织NGFS，现在领导着中央银行关于气候变化和净零的政策讨论和辩论。NGFS加速了政策趋同，汇聚各国高层，加快政策行动，并与其他国际和国家机构以及标准制定机构进行了协调。世界碳组织也有可能取得类似的成功。重要的是，很明显，联合国不适合建立市场监督机制和程序，这不是它的强项。但我们必须有一个机构能够监督全球碳市场，因为碳市场必将迅速发展，助力实现减排。

（三）对新市场进行监督

　　世界碳组织还可以在新的市场监督和协调方面发挥关键作用。例如，世界碳组织可以监督正在形成的新的碳抵消市场，这些市场对我们的气候变化目标会非常重要。世界碳组织可以颁布碳抵消方案的最佳做法，传播数据并充当协调与合作。世界碳组织应就改革后的碳市场的运作和监督提出建议，就像其他标准制定机构在银行、保险和市场领域所做的那样，通过金融稳定委员会进行协调。世界碳组织的首要作用是监督全球、区域和国家碳定价制度，并设计搭建一个框架，在此框架内对统一碳价进行审查、协调和调整。

　　世界碳组织还将成为碳定价、碳交易和碳税方法及专家讨论的全球性平台。它还可以作为一个智库，孵化专业的碳核算、指标和分析成果。它可以助力技能提升，提供智力支持，促进全球及国内碳市场的高效运作，同时推动价格、实践和监管的良性统一。新生的碳监管社区，需要自己的专业家园，世界碳组织就是这样一个地方。

虽然世界碳组织与 WTO 合作，可以帮助确保国际碳定价的一致性、可比性和公平性，但它无法确保各国实现和实施净零目标。为实现这一目标，每个国家都应建立自己的国家碳银行或同等组织。

二、国家碳银行

国家碳银行（NCB）需要监督每个司法管辖区域内国家碳价格和碳市场的实施情况。政府必须同意到 2050 年实现净零排放目标。然后，政府应该将该过程的实施监督工作交给国家碳银行（或类似的委员会或机构），以执行日常监督和技术监管工作，确保实现这些温室气体排放目标（G30，2020）。对这一举措的支持声音逐渐增多，马克·卡尼和珍妮特·耶伦都公开支持提高碳价格并创建碳委员会来确保政策有效（Bloomberg，2020）。这些政策机制在美国是否被采纳，以及如何被采纳都将产生重大影响。[①]

国家碳银行的职责是什么？它应该负责监控本国短期、中期和长期的净零碳目标，并通过监督和对碳定价和碳市场的监管提出建议，确保监督得当，支持目标实现。

如专栏 5.1 所述，一些国家已经建立了类似的技术专家机构。

---

① 美国国务卿耶伦可能会选择成立一个单独的碳委员会，也可能会选择将责任纳入现有的跨界监管机构——金融稳定监督委员会。后者并不是个好选项。国家碳银行或碳委员会要想发挥有效作用，就必须与政治隔离，并能在没有部门间讨价还价和交易的情况下提出建议。

专栏 5.1 国家与气候变化技术专家机构
——以英国、爱尔兰、瑞典和法国为例

英国的气候变化委员会（Committee on Climate Change，CCC）

2008年，英国成立了一个独立的法定机构——气候变化委员会，旨在为英国政府提供关于排放目标的建议。CCC由英国的前任大臣们、高级公务员、不同背景的学者以及能源行业的专家组成，每年CCC都会就这些目标发布进展报告，政府必须在报告中对偏离目标和指标的情况进行解释。

CCC评估长期减排目标，并具体提出5年碳预算建议。这些阶段性目标使碳中和的具体实现路径变得公开透明，并有助于追究政府的责任。

尽管英国政府并未授予CCC在公开建议之上的执行权力，CCC仍是英国气候政策的基石，其已经成功地影响了7届英国政府的气候政策。

CCC的建议改变了政府的温室气体排放目标、政策和法律。以往CCC提出的所有5年目标预算都被政府采纳，并有望实现。而CCC对2023—2027年和2028—2032年的预算建议也已被采纳。现行的碳预算要求2032年前碳排放减少到1990年水平的43%。

CCC曾建议英国政府提高其气候目标，并设定碳中和目标。结果，英国已正式宣布将在2050年之前实现碳中和。

这些成功并不意味着CCC完全认同英国政府在温室气体排放方面的表现。实际上，CCC一再批评政府计划将超出之前碳预算要求的减排量存入碳银行，用于抵消未来的碳排放的行为。这一点在2021年很重要，因为目前看来，英国可能将在2023—2027年和2028—2032年超预算排放，并指望利用前几年的额外

减排量进行抵扣。

爱尔兰气候变化咨询委员会（Climate Change Advisory Council）

2015 年，爱尔兰通过了《气候行动和低碳发展法案》，该法案设立了气候变化咨询理事会。该理事会于 2016 年开始运作。

爱尔兰气候变化咨询委员会是一个独立的咨询机构，致力于就爱尔兰如何实现向低碳、气候适应性强、环境可持续的经济转型进行评估并提出建议。

该委员会就如何以最佳方式应对气候变化的影响进行循证分析，并向政府提供爱尔兰转型的最佳政策方面的建议。

针对爱尔兰实现国家政策目标和欧盟商定的温室气体目标的情况，该委员会定期提供进展报告（定期报告和年度报告），且有权就此发表广泛意见（CCAC，2020）。

瑞典气候政策委员会（Climate Policy Council）

2017 年，瑞典议会将该国 2045 年碳中和（此后为负碳排放）的目标写进法律。这是一个很高的目标，将大多数其他国家（如美国[①]）远远甩开。议会成立了气候政策委员会，作为一个独立的科学委员会，其任务是评估政府是否正在实现其既定的气候目标。气候政策委员会持续审查各部门的目标和实现目标的情况，每年提交报告，并对政府实现温室气体目标的情况进行批判性分析。具体来说，该委员会的工作包括：

· 评估不同领域的政策是促进气候目标还是与其相悖。

---

① 到 2045 年，瑞典的人均温室气体排放量将达到 1 吨。相比之下，美国 2015 年的人均温室气体排放量为 15.5 吨。

- 从广泛的社会视角审视现行政策和规划政策的影响。
- 识别哪些政策领域需要为实现气候目标采取额外行动。

重要的是,该委员会还负责评估作为政策基础的分析方法和模型,并参与有关气候政策的辩论。公众可以通过全景图来查看国家的温室气体排放情况,这是一个基于网络的可视化工具,展现国家的碳中和目标进展[Climate Council(Sweden),2020]。

法国气候问题高级理事会(Haute Conseil pour le Climat,HCC)

2018年,法国成立了气候问题高级理事会。这是一个由独立专家组成的小组,其职责是评估法国政府的气候政策。在2019年将2050碳中和写入法律后,HCC开始要求政府对自己的既定目标负责。

HCC已经对法国政府未能实现既定的温室气体减排目标、在改变消费者行为上不够作为的方面提出了批评。在HCC的第一份年度报告中,专家们强调法国在温室气体减排方面的实际努力与国际承诺不符,并呼吁巴黎彻底改变其气候政策。HCC发出警告,"由于转型、效率和节能政策没有成为公共行动的核心,目前的经济转型速度是不够的",它也呼吁政府制定更严厉的政策,以实现其目标。其年度报告认为,法国是一个"成绩不佳"的"好学生",需要更加努力。

在目前的早期阶段,法国机构的架构似乎不如英国的CCC那么强大,但HCC在其第一份年度报告中表示,它对自身的报告和披露职责是责无旁贷的。同时,HCC明确表示,必须认真对待它提出的批评意见,并做出整改。

每个国家都成立独立的国家监督机构,最好与英国气候变化委员会一样强大或更强大,将大大有助于将政治层面敲定的国家气候目标转化为短期、中期和长期的可监测成果。

截至2021年,法国、爱尔兰、新西兰①和瑞典已仿照英国CCC成立了自己的委员会。

《英国气候变化法案》指明了终点,但正如夸尔齐(Quartz)所说,CCC设定了里程碑。这也正是其他国家需要效仿之处:

> 就像中央银行在制定货币政策时会考虑到经济稳定性一样,无论哪个政党执政,英国气候变化委员会在制定碳政策时都是独立地考虑气候韧性的……这种基于证据的全面方法使CCC具有极高的公信力……英国政府经常听取其意见。

(一)在各国建立强大、独立的国家碳银行有诸多裨益

一旦气候目标敲定并立法,建立国家碳银行就可以为政客们卸去负担,他们将不必面临在碳定价、政策监督和执行方面做决策、提建议的艰巨任务。很少有政客乐意在公众面前做出类似计划提高碳价、敲定碳抵消或碳排放配额数量或每年减排曲线的陡度。把监督和监管工作交给一个技术专家机构会好得多,机构可以成为供人指责和抨击的靶子。央行就是一个这样的例子。

特朗普在任期间,每当他认为某项货币政策不受欢迎或错误时,就会在推特上攻击美联储(美国央行)主席杰伊·鲍威尔(Jay Powell)。特朗普总统可以指责鲍威尔,抨击他,他也确实这么做了。然而,在2020年,特朗普总统却声称,在应对新冠疫情之前和期间,扩张性货币政策及其刺激作用功不可没。

或者再往前追溯到20世纪70年代,当时的美联储主席保

---

① 请参阅:www.govt.nz/organisations/climate-change-commission。

罗·沃尔克（Paul Volcker）曾将利率提高到两位数，以粉碎失控的通货膨胀（Volcker, 2019）。卡特总统知道这是必要的，其他人也知道，但此举十分不得人心。卡特总统可以否认自身的责任，但大部分责任都落在了沃尔克身上。他像巨人一样，以坚韧不拔的精神和力量承担了责任。正如我们今天让央行人士为许多艰难的决定承担责任一样，政治家们也应该把艰难的碳市场决策留给独立的国家碳银行。

成立国家碳银行还可以避免出于政治动机的滥用风险。在早期的欧盟碳交易机制和其他机制中，迫于压力的政客们发放了太多的碳排放许可证，严重压低了碳价，破坏了所谓需要的"稳健碳政策"，扭曲了碳市场。国家碳银行可以扼杀通过操纵价格和市场钻空子获取政治利益的机会，防止此类滥用行为。对碳定价和碳市场进行技术监督对我们都有好处（European Commission, 2020）。[①]

国家碳银行应借鉴中央银行的运作方法和历史经验，走透明和可预测的政策之路。因此，国家碳银行可以定期发布报告，披露关于温室气体目标、碳价格、碳排放权配额和各部门监管的情况。市场、投资者和感兴趣的个人可以基于这些信息对消费、投资和经济前景进行判断、做出决策，就像我们现在通过公告和报告的方式，跟踪监测英格兰银行或美联储货币政策执行成果一样。

正如中央银行已经放弃了格林斯潘（Greenspan）的不透明做法，转而采用伯南克（Bernanke）的透明理念，国家碳银行在监督碳市场和碳价路径时也应如此。如今，中央银行提供前瞻性指导，让投资者和企业能够在对利率的未来趋势大致了解的情况下，对未来几个月，有时甚至几年进行规划。政策的调整要参考不断变化的

---

① 欧盟委员会在发现市场滥用情况后及时介入干预，并调整了监督、碳配额数量和监管方式。这些措施大大改善了欧盟碳市场的运行状况，使其从一个失败的市场转变为一个正常运行的上升市场。

经济健康数据和指标,例如公众也能看懂的通货膨胀和就业目标。

同样,国家碳银行应列出它们在碳定价和市场决策中使用的各种标准、考虑的因素,以及温室气体存量和流量变化、临界点、科学进展等各种要素带来的影响。欧盟碳市场的碳价就是例子,市场预测变化并上调碳价,相应地调整预期。同样,在美国碳市场上,政策的可预测性和透明度也产生了类似的积极影响。未来,国家碳银行也应逐步提高自身可预测性,从而建立其可信度,扩大其市场影响。

国家碳银行的公信力的夯实,将推动市场提前做出实现净零排放的决策,并降低整体脱碳的成本。这意味着什么呢？如果国家碳银行在政策和沟通方面具有可信度和可预测性,那么它就能够支持碳市场的运作和交易。投资者和分析师将了解未来的政策路径,并可据此进行规划。这样,国家碳银行的信誉就会带来政策红利,从而形成碳政策目标的自我强化。

再看看20世纪70年代美国的通货膨胀和保罗·沃尔克。他痛下决心,并将艰难敲定的货币紧缩政策反复告知市场,从而重建了美国央行的信誉。自20世纪70年代以来数十年的低通胀率可以直接追溯到这个事件——沃尔克在对抗通胀的斗争中重建了央行信誉。沃尔克主席的信誉扩大了他的货币政策声明和行动的影响,在他之后的所有中央银行行长都学到了"信誉"这一课。

2011年危机期间,时任欧洲央行行长的马里奥·德拉吉（Mario Draghi）发表了著名声明,表示将"不惜一切代价"稳定欧元区,这也证明了信誉的重要性。由于德拉吉和欧洲央行具有公信力,市场做出了相应的反应。投资者认为欧洲央行和德拉吉是可信的,他们认为德拉吉会言出必行。这扩大了他的政策声明在整个市场和欧洲经济体中的影响,随着投资者在有力声明下逐渐冷静,最终他的言论在没有行动的情况下也产生了影响。欧洲央行的案例

（以及其他案例）表明，可信度对政策有效性至关重要，尤其是在危机中（Bems et al., 2018）。

国家碳银行的信誉也应如此。市场、投资者、企业和个人将理解并相信国家碳银行关于旨在实现碳定价目标的行动的声明，预测碳价格和碳市场的调整，并改变他们的计划和行动。我曾强调过利用市场加速向碳中和转型的重要性，其能够将加速前进的绿色工业改革可能带来的利益最大化。一个可预测和可信的国家碳银行将加强碳市场，利用市场动态，使我们的转型之路更加顺畅。

那么国家碳银行应该如何应对危机？也是差不多的道理。国家碳银行一旦成立，并以具备有效沟通、可预测性和可信度的方式运作，在极端情况下也可以在必要时雷厉风行开展行动，比政治家更快，而且不受政治影响。假设有这么一种情况：各国都成立了国家碳银行，负责监督碳市场和基于国家减排路径的碳价。此时科学家发现，冰冻的甲烷水合物正在加速溶解，大量甲烷气体逃逸到大气中（2020年确实出现了相关科学证据）。国家碳银行便可以采取行动，提高碳价格，跨国协调各国行动，防止目标发生偏移。与此同时，各国政府可同步采取其他补充政策，应对甲烷大量释放这一外生冲击因素。这里我想说明的是，在危急情况下，国家碳银行以更快的速度协调各方调整碳价政策。它们无须等待缔约方进行重新谈判，或下一次充满争议的COP，也无须被国家领导人由于代价高昂而不愿行动带来的阻碍所影响。

在新冠疫情期间，中央银行的反应速度非常快。在2020年3月初，当世界经济停摆时，它们立刻提供了无限的美元流动性，互换额度（swap lines）立即被激活。主要中央银行都发出了类似的信号，并采取了类似的行动。货币政策在数天内全面放松，而不是数周或数月。

独立的国家碳银行可以（而且应该）在紧急情况下采取行动，

即便碳政策决定在短期内可能会带来经济上的痛苦,保罗·沃尔克在 20 世纪 70 年代就是这么做的。国家碳银行不需要等待,也不需要分析政治和选举方面的影响。最后,也是最重要的一点是,当发现市场滥用的情况时,独立的国家碳银行可以迅速有力地采取行动。正如中央银行和市场监管机构会在发现市场或公司层面的滥用和失灵情况时进行干预一样,国家碳银行也应当如此。

拥有碳市场监督权的国家碳银行可以帮助确保市场不被滥用和操纵。发生这种情况时国家碳银行应该对其采取整改和纠正措施。目前,对碳市场的这种微观或宏观审慎监督在很大程度上是缺位的(欧盟排放交易计划除外),而国家碳银行可以填补这一空白,支持合乎道德和有效的市场运作。例如,如果国家碳银行发现一家大公司在其 TCFD 报告中做手脚,或操纵、滥用市场,或扭曲碳价(欧洲和联合国碳抵消市场便发生过类似情况),国家碳银行应有权进行干预并对其处以罚款。在极端情况下,如果发现严重违反碳市场规则的行为,国家碳银行还应有权回收公司的温室气体排放许可证。

(二)保持独立很关键

英国气候变化委员会的例子(见专栏 5.1)说明了保持独立对于国家碳银行或碳委员会有效运作的重要性。要实现净零排放,就必须在各层面对政策制定和实施进行广泛和持续的变革,并对不断上涨的碳价进行监督,即使这在政治上不受欢迎,特别是在社会和市场进行调整的中短期内。国家碳银行的领导班子一经任命,就必须在政治上不偏不倚、不受影响。这类机构需要与政治保持距离,这样才能在执行任务时不受短期政治压力和化石燃料游说者的干扰。

国家碳银行的领导班子在行政上也必须是保持独立的,这样他们才有能力（和权力）在政府未能实现阶段性目标，或必须调整碳定价，或市场需要政策调整的信号时，做出反应。人们对他们的期望会和对央行行长的期望如出一辙，他们的独立性和公信力使他们有能力在应对危机时发出稳定经济所需的强硬信息。

（三）问责制是必需的

为了平衡这种独立性，立法机构应对国家碳银行的领导班子进行正式确认，并要求他们定期向立法机构进行报告。国家碳银行的官员在履行其使命和气候变化任务时，还应向媒体和观众公布他们的观点和调查结果，以确保沟通清晰和跨部门合作顺畅。正如英格兰央行行长或日本央行行长必须定期对其政策决定做出解释，并向立法委员会提交报告一样，国家碳银行的成员和主席也应如此。

三、助力绿色全球化 2.0 的制度创新

前文强调过，净零转型不可能是循序渐进的。要在 2050 年之前实现净零排放，就必须全面调整我们的政策，并改变许多行业和市场的政府和商业行为。这需要对我们的公共制度架构进行颠覆性的重新设计，而这将带来一场新的绿色工业革命。一些国家和政府，如瑞典、英国和丹麦，已大致瞄准目标，并建立了促进转型的机制、政策和机构。但其他许多国家，还没做到。

关键是，单纯成立这些机构并不能取代气候转型所必需的广泛理解、讨论和支持。归根结底，如果你诚心诚意地创建了一个机构，但它缺乏广泛的支持和拥护，那么它就无法完成自己的工作，最终很容易被破坏或解散。澳大利亚的例子就为我们敲响了警钟（见专栏 5.2）。

专栏 5.2　令人担忧的澳大利亚

缺乏有力共识的制度创新是危险的。在这种情况下，成立专家委员会并不能取代应对气候变化的广泛政治共识。2011年，澳大利亚政府成立了气候委员会，作为一个独立实体，为澳大利亚大陆的气候变化提供可靠、权威的信息。这个提议无疑是明智的，也代表了正确的方向。然而，在当时，国内的公共辩论并未给予该专家机构足够的支持，更未能为其提供护盾，使其免受化石燃料行业反对者的猛烈抨击。遗憾的是，在仅仅两年之后，随着新政府的上台，该委员会便被废除了。尽管气温持续攀升，野火四处肆虐，但新政府的领导层却对气候变化的铁证置若罔闻。前委员会的成员迅速组建了一个新气候委员会，但作为一个独立的非营利组织，它缺乏法律授权和官方的支持。

现在运行的澳大利亚气候委员会对政府未能实现既定温室气体目标提出了严厉的批评。这一点值得称赞。例如，该委员会痛斥政府，"联邦政府自己公布的数据显示，澳大利亚的温室气体污染水平预计在未来十年内将继续上升，2030年的排放量水平会比现在更高"。然而，该委员会并没有对政府的政策辩论产生有意义的影响，然而，正如我们所知，世界在继续变暖，政策和公众的共识可能也确实在改变。

澳大利亚这个令人担忧的例子表明，行动不能比政治共识早太多。政府必须努力改变共识，但不能无中生有。然而，同样显而易见的是，全国性的气候变化共识是可以改变的，而且当现实条件发生变化时，改变的幅度会相当大。

自2013年以来，澳大利亚公众认知发生了巨大变化。2019年肆虐该国东南沿海的骇人大火似乎是一个民意临界点，也是一个气候临界点。一个历史上对气候变化现实持抵触态度的选民群体，如今正在重新评估气候变化风险。到 2020 年秋天，人们对气候变化影响的担忧创下了历史新高，80% 的受访的澳大利亚人认为该国已经出现了气候变化造成的问题，83% 的人支持关闭燃煤发电站。野火的肆虐为民意的沸腾再添一把火。半数受访者表示，化石燃料生产企业应为气候行动买单，近 3/4 的受访者认为澳大利亚应成为应对气候变化的全球领导者。此外，3/5（59%）的受访者希望可再生能源投资可以拉动澳大利亚在新冠疫情后的经济复苏。4/5（81%）的南澳大利亚人认为，应对气候变化将创造新的就业和投资机会（Australia Institute，2020）。总之，越来越清楚的是，在与自身切实相关的气候临界点面前，澳大利亚的选民正在重新描述气候变化和澳大利亚在气候变化应对中的角色。

澳大利亚企业也开始意识到气候风险和采取行动的必要性。例如，2020 年，澳大利亚能源委员会承诺到 2050 年实现净零排放目标，这是一个重大的转折。澳大利亚能源委员会指出，"减少碳排放的第一步是就长期目标达成一致，这可以作为达成建设性共识的起点……确定一个全经济范围的目标能够让我们决定实现目标的最佳途径，以及可采用的政策和机制"（AEC，2020）。

澳大利亚发生的事情虽然令人遗憾，但也有一定可能性产生一些积极后果。毕竟这个例子证明了，在严酷的气候变化现实的推动下，公众的观念、叙事和故事可能会发生突然转变。有人说，由于 X 国或 Y 国公众的反对，我们无法实现净零排放目标，也就是无法实现跨越式改变。对此，部分答案是，我们个人和集体对气候变化的看法和理解，以及我们在应对气候变化中的地位，可以并且确实会发生转变，有时甚至会非常突然。

我认为，澳大利亚政府现在应该认识到形势的紧迫性，重新授权气候委员会，并重新赋予其权力，敦促政客们履行其公开的气候承诺，还应该立法确定2050碳中和目标。2021年，澳大利亚领导人明显落后于民众和选民。政界需要关注和顺应选民的要求，以一种有计划、有活力、经济上可持续的方式开始转型，并进一步加快工业转型的速度，否则就会坐以待毙，几年后沦落至因事态发展而被迫转型，付出更大的生态和社会代价。

成立世界碳组织或国家碳银行并不容易，也不是一蹴而就的事情。这些新增的制度和架构需要向上（世界碳组织）汇集监管权力和向下（政府向国家碳银行）下放监管权力。然而，为了协调和促进碳价格上涨的趋同，支持可比较和可兼容的制度，同时最大限度地减少摩擦和紧张，确保公平，惩罚落后者和搭便车者，需要进行机构上的创新。在各国努力创造绿色的零碳未来时，需要有专职的机构，从其他机构或平台中吸取经验教训，并将其应用于碳市场定价的监督和监管。

2021年，我们在治理的制度架构上还存在明显差距，需要设计可行的解决方案。在COP大会代表和各国政府达成协议，决定提高碳价、敲定各国碳中和路径以及建立和改革碳市场和碳抵消市场的同时，他们需要专家机构和团体去分担和落实这些事项。我们现在就应该开始考虑这些机构的形式。

在各国努力实现绿色转型的过程中，政策制定者有很多事情需要关注。政策制定者应将自身工作重点放在如何在政府、经济和行业之间将碳中和目标统一并内化、制定阶段性目标以及进行报告披露，而碳定价和市场监管的艰巨任务更适合交给技术专家型的官员，这是最佳的非政治化做法。一旦目标敲定，艰难的碳定价、争端解决和市场监管决策就不是政治家该关注的了，这部分工作就留给那些能够就进展和失败进行证明和报告的人去完成吧。政策制定者应该从世贸组织、英国气候变化委员会和欧盟碳市场的例子中汲取经验。然后，领导者应该开始设计监督碳市场及其运作的机构，并将监督和监管碳价格和碳市场的职责留给专家技术人员和技术官员团体，使他们有能力在国际和国家层面上完成这项工作。如果设计和授权得当，世界碳组织和国家碳银行可以在碳定价、碳中和目标，以及碳市场的运作和监管方面发挥支持作用。

这样，政治家们就可以集中精力，采取必要的财政或其他激励或惩罚措施，加速转型和脱碳进程，鼓励全行业的创新。在各国为未来的绿色市场和绿色工业革命构筑护栏的同时，政府必须确保所有国家、产业和行业迅速开始转型，以实现2050年绿色全球化2.0。各国政府在2050年前实现去碳化的过程中，必须使绿色技术推广的S曲线更加陡峭。然后，各国政府就可以专注于开展艰巨的工作，确保绿色技术在能源、交通、农业、建筑和工业等所有领域的快速创新和推广。这本身就是一项艰巨而紧迫的工作。各国政府应将碳市场监管工作留给适当指派和授权的国际和国内技术专家。

参考文献

1. Australia Institute. (2020) 'Climate of the nation 2020: South Australians concerned about climate fires, want renewables led recovery' [Online]. Available at: www.tai.org.au/ content/climate-nation-2020-south-australians-concerned-about-climate-fires-want- renewables-led (accessed: 30 October 2020).
2. AEC (Australian Energy Council). (2020) 'Australian Energy Council backs net zero emissions by 2050' [Online]. Available at: www.energycouncil.com.au/news/australian-energy-council-backs-net-zero-emissions-by-2050 (accessed: 30 October 2020).
3. Bems, R., Caselli, F., Grigoli, F., Gruss, B., and Lian. W. (2018) 'Central bank credibility pays off in times of stress'. IMFBlog, 3 October [Online]. Available at: https://blogs. imf.org/2018/10/03/central-bank-credibility-pays-off-in-times-of-stress/ (accessed: 4 January 2021).
4. Bloomberg. (2020) 'Yellen gets a shot to put treasury clout into climate fight', 11 December. [Online]. Available at: www.bloomberg.com/news/articles/2020-12-11/

yellen-gets-a- shot-to-throw-treasury-s-clout-into-climate-fight (accessed: 4 January 2021).
5. CCAC (Climate Change Advisory Council). (2020) [Online]. Available at: www.climatecouncil.ie/aboutus (accessed: 4 January 2020).
6. Climate Council (Australia). (2018) 'Let's get something straight – Australia is not on target to meet its Paris climate target' [Online]. Available at: www.climatecouncil.org.au/ australia-not-on-track-to-meet-climate-targets (accessed: 4 January 2021).
7. Climate Council (Sweden). (2020). 'The Swedish Climate Policy Council' [Online]. Available at: www.klimatpolitiskaradet.se/en/summary-in-english (accessed: 4 January 2021).
8. Euractiv. (2019) 'France is a "good student with bad results" when it comes to climate policy', 27 July [Online]. Available at: www.euractiv.com/section/energy-environment/news/france-is-a-good-student-with-bad-results-when-it-comes-to-climate-policy (accessed: 4 January 2021).
9. European Commission. (2020) 'Ensuring the integrity of the European carbon market' [Online]. Available at: https://ec.europa.eu/clima/policies/ets/oversight_en (accessed: 4 January 2020).
10. G30 (Group of Thirty). (2020) 'Mainstreaming the transition to a net zero economy' [Online]. Available at: www.g30.org (accessed: 4 January 2020).
11. Quartz. (2019) 'The UK's trailblazing advantage against climate change', 11 July [Online]. Available at: https://qz.com/1662800/the-uks-committee-on-climate-change-is-a- model-for-all-countries (accessed: 4 January 2021).
12. Rey, H. (2020) 'G30 calls for urgent and practical steps to speed transition to a net-zero economy', 8 October [Online]. Available at: www.prweb.com/releases/g30_calls_for_urgent_and_practical_steps_to_speed_transition_to_a_net_zero_economy/prweb17448548.htm (accessed: 20 January 2021).
13. Volcker, P. (2019) *Keeping At It*. Princeton: Princeton University Press.

第六章
绿化产业政策：
加速推广落实净零排放

> 对传播的实证研究……(类似于)一条 S 曲线：先是缓慢的早期接受阶段，然后是快速采用阶段，最后逐渐接近饱和……这种观点认为，传播过程类似于流行病：新技术的每个用户将信息传递给一个或多个非用户，这些非用户转而采用该技术并继续传播。
>
> ——格罗斯基（Geroski，1999）

宣告雄心勃勃的净零目标至关重要。当然还要制订短期、中期和长期规划，逐步实施、监督并监测这些规划，将政策声明贯彻落实。对碳进行底限定价，并随着时间推移以可预测、可信的方式提高价格，这是关键所在。同样，全球化绿色经济中运作的国家遵守并执行的制度保障也很关键。在净零转型过程中，通过新叙事来加强管理，促进企业战略转变，不断增强舆论压力，这些方法对调整激励机制大有裨益，也能把控投资地球的动态变化。然而，要使各国和全球的温室气体排放曲线趋向目标，仍有许多工作要做。现在，各国政府必须继续支持并加快净零排放技术的推广（Geroski，1999），以及从公用事业到运输、建筑、农业、航空、航运等所有部门的转型。

2021 年，没有一个部门完全脱碳。虽然一些部门的脱碳程度比其他部门的高一些，但许多部门才刚刚开始必要的转型，我们必须推动和支持这一过程。这就需要优化、重启产业政策，必须利用国家权力和权威加快各部门的变革速度。

不论这些政策被称为气候转型方案、绿色创新支持政策还是绿色产业政策，都不重要。政府要因地制宜，针对不同受众，使用最有效的语言和叙事。关键在于目标：转变各部门之间的激励机制和市场态势，加快产业转型、推广和脱碳。政府把可持续发展纳入政策制定流程，也是践行净零目标。这样的信号是：逐渐趋严的环境标准对有竞争力的经济体和制造业来说不是障碍，而是增长基础。各国政府，特别是美国等落后的污染巨头，需要摒弃意识形态上的产业政策敌视，特别是作为社会经济规划工具的绿色产业政策。

这是一场反碳战争。我们应当这样看待它。正如斯蒂格利茨（Stiglitz, 2019）所指出的：

> 第二次世界大战（以下简称二战）期间，当美国遭到攻击时，没有人问："我们打得起这场战争吗？"这是一个生死攸关的问题。气候危机也是如此。

国家的权力和权威、资源和公共机构是打赢这场战争的关键，也是调整经济和监管激励机制，实现国家和全球目标的关键。绿化政府的产业政策可以为建立一个公正公平、可持续和有韧性的经济体创造条件。这不是一蹴而就的。

一、公共政策是推动者、支持者和抱薪者

有证据表明，当政府通过研究与开发、种子基金和战略创新政策向新生技术投入资源时，尤其是在早期阶段，是可以获得回报的。马祖卡托（Mazucatto, 2015）证明，当今的许多主导技术都

源于公共资助的研究。她拆解了一部苹果手机,找出了在商业化之前的最初阶段,哪些部分(大部分)依赖于公共资助。她的论证令人信服,但被自由市场宗教激进主义者否定,因为这一结论有悖于天才 CEO 或公司独立创造财富和成功的神话。

事实上,公共支持在初始阶段往往是必不可少的。政府需要积极发挥作用,这不是挑选特定的公司来定输赢,而是在公司难以负担创新的时候支持创新活动,因为此时的回报还不明确,也因为风险资本家和投资者可能支持的是其他更稳操胜券的赌注。

许多地区和国家已经开始调整产业和监管政策。比如,在欧洲央行、各国政府和监管机构预期进行的转型助力下,绿色新政会加快变革速度。拜登绿色产业政策将(在美国国会允许的情况下)为清洁技术研发、风能和太阳能技术输送源源不断的资源,将为未来经济夯实基础,重新设定监管边界和转型路径。分析师预测,这种投资激增将带来可观的乘数效应和广泛的经济效益,私营部门的投资和市场转型也将随之扩大。

正如我们所看到的,瑞典几十年前就改变了碳税和碳监管的立场,并没有产生不良影响。结果反而是,温室气体排放量持续减少,同时经济增长强劲。瑞典并没有选择个别的赢家或输家。碳税效应改变了市场平衡和激励机制。企业和市场积极回应,因为现在它们的成败在更大程度上取决于它们适应碳成本新常态的能力和意愿。征收碳税和划定监管边界仍然允许市场和个人自愿选择。

挪威积极推进电动汽车应用和计划也说明,充分理解、公开透明、协调一致的公共政策是调动市场的关键。政府设定净零目标;运用监管和产业政策手段来支持这一目标;辅以激励、惩罚和执行措施。剩下的就交给市场和个人吧。如今,挪威是世界上电动汽车使用效率最高的国家,因为政府为政策和行业转型制定了雄心勃勃的多年期框架。

法国植树造林速度惊人,是旨在解决温室气体排放和深化碳汇的公共政策的胜利。法国的方法积极,方向明确,目标清晰,切实有效。它没有只选橡树,制造相互竞争,相反,它激励土地所有者种植更多的树木,以更好地管理和保护土地。如今,法国 1/3 的土地被森林覆盖,成为绿色成功的典范。

关键在于,产业政策的绿色化必然伴随着监管边界和限制。这不是阴险狡诈,也不是社会主义。这种指责是英美新自由主义者攻击国家职能的幌子,依据的是过时的观念——国家在调控经济,促进环境和地球的净零目标上应该做什么,不应该做什么。政治范畴上的保守派和自由派讲述了政府官僚控制个人决策的恐怖故事。这纯属无稽之谈。政府一直在使用产业政策工具,这并不是坏事。所有政府明里暗里都在构建经济和监管状态,这些经济和监管状态是国家模式的镜像,也是维系国家的方式。所有政府政策都可能使一些人受益,而对另一些人产生负面影响。

在美国,他们只是不称之为产业政策。实际上,美国的做法更加隐晦、阴险,损害共同利益。这种不透明使企业利益集团从对产业政策的抱怨中渔利,他们利用漏洞和税收待遇,使激励机制向有利于他们的方向转变。

例如,美国税法允许房地产开发商逐年展期财务亏损,从而"合理"避税。据纽约时报(*New York Times*,2020)报道,特朗普在 2017 和 2018 年只缴纳了 750 美元的税款,而在此前的 15 年中,他有 10 年根本没有纳税。特朗普所利用的税收政策向商业地产倾斜,而不偏向于其他生产性投资。这不叫产业政策,但效果是一样的,改变激励机制,创造了赢家和输家。

另一个例子是美国对私募股权投资(PE)的税务政策。PE 公司的一般合伙人贷款购买公司份额。公司接收资金,由 PE 普通合伙人管理,他们收取高额管理费,并从公司抽取股息和利润。

PE普通合伙人可以获得所谓的"附带权益",即从PE一般合伙人获得的所有利润中分一杯羹作为报酬,而不管他们是否为收购贡献了任何初始资金。这种杠杆融资利润的税率为20%,低于美国高薪阶层一般37%的税率(美国对冲基金的利润也是这样处理的)。这是一种有利于PE和对冲基金合伙人的税收政策。这种政策重债轻股,扭曲了市场发展、资本配置和资本积累。由于这种税收政策,PE对冲基金公司在美国规模更大、实力更强、影响力也更大。在这方面,美国的政策再次改变了激励机制,改变了市场和投资者的决策。

再看美国(直到最近)也未能对亚马孙、苹果、脸书和谷歌等全球最大的科技公司实施反垄断和有效的征税政策。这些公司的创始人是当代的科技巨头,相当于19世纪的钢铁和银行大亨。这些公司在全球范围内实力雄厚,具有入侵性、垄断性、支配性和反竞争性。然而,由于积极避税,尽管这些公司收入颇丰,但它们中的大多数几乎不纳税。美国政府可以改革税收政策,堵塞漏洞,但它没有这样做。相反,美国的产业政策偏向于科技领域,反而支持了财富以史诗级的规模集中。如果你生活工作在帕洛阿尔托、西雅图或旧金山,那么2021年就是一个镀金时代;但如果你生活在宾夕法尼亚州的尤尼恩敦或俄亥俄州的克利夫兰,就不可同日而语了。

许多国家奉行明确的产业政策。几十年来,德国政府一直激励大中小型工业出口商,税收和监管政策都旨在促进工业企业的发展,而不是金融业。德国还创造了一种支持工人的社会和产业模式,通过职工委员会代表将工人纳入企业最高决策层。这样提高了工人工资,减少了不平等,使得从学徒到高级经理都具有高技能、高学历和高效率的生产力。德国经济中的金融并没有脱离经济及其对国家和人民的义务。以社会为代价获取投机利益的金融被视为秃鹫资本主义。德国模式不是产业政策和社会民主的混乱。它是一个范例，说明了产业政策和经济朝着有利于多数人而非少数人的社会发展目标时，可以取得怎样的成就。

还有很多积极产业政策的国家范例，比如中国的国有资本引领模式、韩国的财阀模式、日本20世纪80和90年代强势产业模式以及新加坡专制的精英模式。

重点在于，随着各国政府加速实现根据本国国情、经济和社会设定的国家净零目标，它们必须重新设计产业政策，才能在2050年之前实现。

这种产业政策的绿色化可以支持早期阶段、商业化前的创新和研发；重新制定法规来调整激励机制；加快推广经济脱碳的新技术、新做法和新方式。我想把比尔·克林顿在20世纪90年代的著名劝告"问题在经济，笨蛋"改写成"问题在推广，笨蛋"。我到底指什么呢？

二、推广效率、技术成本、创新和净零转型

一项技术的研发和采用速度被称为推广效率。研究表明，这一速度呈S形，即在技术研发和推广之初速度较慢，随着技术成本下降，曲线迅速陡峭上升，并反馈到采用率上；当技术日渐成熟并充分使用时，传播推广速度趋于平缓。政府支持技术创新及其推广的产业政策至关重要，因为：

> 要在未来几十年内迅速实现净零排放，全球所需的减排量里约有一半必然来自目前尚未进入市场的技术。

罗伯茨补充说，我们"亟待积极创新"。我们的绿色净零未来

在很大程度上取决于政府政策的制定,这些政策要加快新技术的推广和创新速度,促进广泛采用温室气体减排新技术。致力于推广新技术的公共政策和气候经济学要做到以下几点。

- 使 S 形曲线更陡,发生时间提前,即促进绿色技术的迅速普及。
- 利用激励、惩罚、目标、淘汰等手段,使 S 形曲线的中心部分更陡。
- 曲线变陡、方法得当,可以降低技术成本,加速技术推广,形成采用、推广、定价和实现净零目标正反馈回路。

图 6-1 展示了一个推广价格矩阵,典型的推广 S 形曲线,叠加价格曲线,两者在动态过程中相互作用,形成了反馈回路。随着技术采用和推广速度的加快,价格下降,反馈回路加强,导致前者变陡,后者走低。在图 6-1 中,顶端反映了政府政策和激励措施的程度,从刚开始技术初期/高成本阶段的高强度,到随着价格下降和 S 形曲线变陡的中等推广程度,再到技术广泛应用和政府监管新市场的维持阶段,激励措施减少,技术价格大大降低。底部表示时间。2021 年,一些领域(如风能和太阳能)已经比较先进,但仍未在所有国家得到广泛应用。如今,有太多的经济部门处于左下象限,我们需要采取更有效的政策行动。

左侧显示了从低到高的推广速度。政府监管和经济政策应设法加快推广速度,例如为电动汽车充电站提供补贴、宣布淘汰政策、规范上网电价,以及宣布工业、建筑楼宇以及流程的高效能标准,并不断提高该标准。

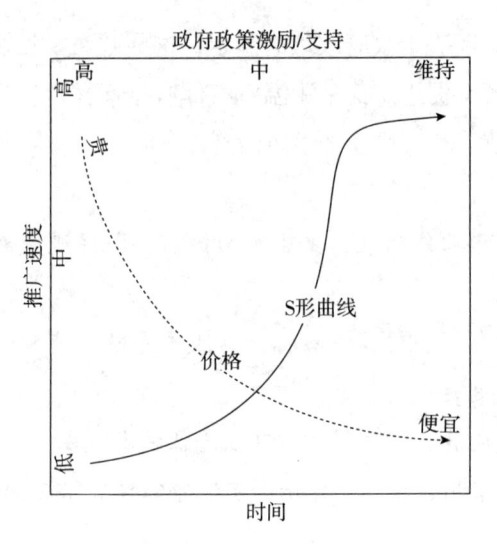

图 6-1 推广价格矩阵

除了图 6-1 矩阵显示的动态变化外，还有一个经常出现的更重要的正向变化。当一项技术的应用（推广）越来越广泛，价格就会下降，但领先企业在效率、效能输出、规模、应用范围等方面的内部创新速度不会停滞或下降。有证据表明，技术与气候的持续改善相辅相成。这一点在太阳能和风能领域非常显著，太阳能光伏发电的效率越来越高，成本越来越低；风力涡轮机越来越大，发电成本越来越低。电池技术的不断改进也体现了这一点。我们不应该认为技术创新的速度是不变的或者一定会下降，持续创新是可能的。

持续动态创新，价格随之下降，应用率不断提高，这些都能支持净零目标。悲观主义者可能会反驳说："尽管你们在某些部门取得了一些成果，但总体来说，技术推广是一个缓慢的过程。"历来如此，但研究发现，技术应用率正在加速，这对地球来说是个好消息。

三、波浪式推广

米尔纳和索尔斯塔德（Milner and Solstad，2018）充分研究了20项关键技术的推广，通过1820—2008年的9万个观测数据，他们发现技术推广呈波浪式发展。此外，他们还发现斜率逐波层增加（见图6-2）。假设他们的研究是正确的，我们正处于一个技术浪潮中，现在的绿化浪潮更是前无仅有的陡峭，那么我们有理由乐观地认为，全球会迅速应用关键绿色技术，不论是低收入经济体，还是发达经济体。

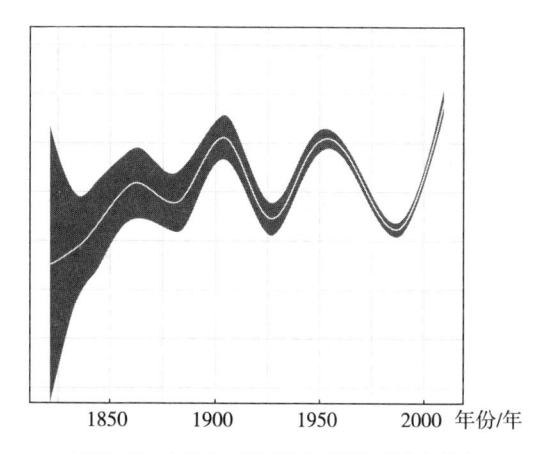

图6-2 1820—2008年波浪式技术推广

来源：米尔纳和索尔斯塔德，2018。

米尔纳和索尔斯塔德（Milner and Solstad，2018）的结论是："因此，面对国内新技术的强大阻力，国际体系的竞争压力产生了关键的激励机制……系统性变化可能会导致许多国家出现技术应用浪潮。"这一结论描述了当前技术快速推广的势头，始于信息技术、计算机、数字化，正在向绿色技术浪潮转型，这将促使各国朝着相似的目标前进，应用新技术，加速全球范围内的转变。

这种描述在直觉上似乎是正确的。我们都看到推广的速度在加快，而不是减缓。

一旦一个国家、企业或社区接受了气候变化的现实，了解缓释气候风险必要性且具有远见卓识的领导人就会抓住新时代的经济机遇，推动国家、企业或社区在政策规划方面做出必要的转变，并根据需要转移投资、确定新的优先事项，引进技术，迅速迈向未来，而不是背道而驰。政治、经济和技术推广的竞争压力会形成地球良性的循环。

四、创新不是偶发的，而是渐进和迭代的

创新和推广的历史并不是一系列离散的灵光乍现，紧随其后的是应用和实施的艰辛。创新历程中有发明的关键节点，但在这之后会伴随多个微小突破和持续创新，从而提高应用和效率。发明家和创新者追求的是在信息技术领域被称为最小可行产品（Minimum Viable Product，MVP）的方法，这一过程本身就促进了推广、创新和进步。

这一创新过程是增长引擎，那些以 MVP 为节奏进行迭代和改进的创新型企业获益匪浅，因为这些团队一次又一次地抓住了商业优势。这种绿色再工业化和改造不是在等待完美答案或产品，相反，这是一个不断创新、调整和反复的过程（见专栏 6.1）。当有人批评产品 A 或工艺 B 不够好，或者成本太高或者效率太低，或者温室气体影响 X 无效时，请记住，创新和推广从来都不是一个静态的过程，而是一个不断迭代且可以加速的持续过程。

专栏 6.1　寻求 MVP

有活力的公司采用 MVP 方式来创新。MVP 方式的前提是：

新产品能为客户提供足够的使用价值,而客户能够反馈产品的改进意见。这种方法有助于避免创造出客户不想要或不需要的产品。例如,在 MVP 方式中,发明人或公司有一个新设备、新工艺或新产品(如汽车、风力涡轮机、太阳能设计)的想法,在确定应用领域、细分市场或需求后,设计并发布一种产品。MVP 版本具有足够的功能,可供早期客户使用,这些客户可以为未来产品开发提供反馈。注重 MVP 的开发可以避免冗长而无用的工作,会加快而不是减缓创新。产品的下一次迭代会更有用、更高效、更多产、更赚钱。

这就是技术创新和推广的历程。这不是在单一突破后只反复销售最初那个价格又高,功能也有限的产品。史蒂夫·乔布斯(Steve Jobs)创造了音乐播放器(iPod),只有早期消费者才会购买,也很少有人认为它会对音乐产业产生颠覆性影响。然而,随着逐步迭代并不断创造相关产品(iTunes 等),这项发明和 MVP 方式加快了推广和应用的速度,同时也使产品本身逐渐变得更好、更受欢迎、用途更广。

大多数突破和创新周期都遵循这一节奏。有些创新会搁浅,或在推广初期遇到困难(如农业电动汽车),还有些则在国家的干预和支持下发展较快(如风能和太阳能光伏)。

政府在支持技术推广方面的作用是赋予"绿色创新机器……激活个人创新力量,促进生态转型"(Veugelers,2016)。

五、重大、急剧和持续的变革

旨在使不同部门向净零转型的一些政策正在发挥作用,而另一些政策才刚刚起步,还有一些政策几乎没有改变当前破坏性的、一切照旧的行为。这些因素都让人们对落实《巴黎协定》目标产生了严重怀疑。

政府政策必须努力确保协调一致，加速净零技术、系统和工业方法的推广。下文将介绍不同工业部门净零转型取得的进展以及面临的诸多挑战。因为政府的长期关注，调整激励措施和规章制度，一些行业和市场得以迅速发展，如欧洲的电力生产，欧洲、中国和美国某些州的太阳能光伏发电和风力发电。其他行业和部门，如交通运输，也有进展，但仍需加快步伐。令人担忧的是，我们经济中的其他大型领域，如农业和建筑业，严重落后，这可能导致我们无法实现全球脱碳目标。

（一）停止化石燃料补贴

要想稳住全球气温，避免出现温室危机，我们就必须加速全球能源转型——从化石燃料转向可再生能源。必须立即采取更加积极的措施，逐步取消对化石燃料的补贴。补贴扭曲了市场，损害了地球。2015 年，化石燃料补贴高达 5.3 万亿美元（IMF，2019），占全球 GDP 的 6.5%，这种惊人的资源错配造成了可怕的后果。如果 2015 年燃料价格设定在适当水平，国际货币基金组织估计全球二氧化碳排放量将减少 28%，化石燃料空气污染造成的死亡人数将减少 46%，政府收入将增加 3.8%，净经济效益（环境效益减去经济成本）将达到全球 GDP 的 1.7%，即每年 1.62 万亿美元。各国政府都需要把逐步取消这些补贴作为当务之急。

（二）能源转型正在进行

COP26 和各国政府必须采取更多措施，确保"当前和新的清洁能源技术能够迅速满足能源需求的所有增长。能源政策可以重塑市场、商业模式和消费结构，从而在 21 世纪 20 年代达到化石燃料需求的峰值"（WEF，2019：5）。要实现2050年净零目标，各国政府必须支持可再生能源技术和解决方案的跨越式增长，并建立动态政策框架，新兴国家也要实现技术飞跃。英国石油公司（BP，2019）的快速转型方案，彭博新能源财经（BloombergNEF，2019）、国际能源署（IEA，2018）、国际可再生能源机构（IRENA，2019）、联合国政府间气候变化专门委员会（IPCC，2018）等机构的模型中，都可以看出这种迅速转变是可能的。

目前的态势生机勃勃。在太阳能、风能和电池领域，以及它们在可再生集成技术的应用，都有技术颠覆。如果政策行动迅速，这种颠覆可以延伸到交通和其他领域。正如我在其他地方强调的那样，必须摒弃渐进主义。这是为地球生存而战。正如世界经济论坛所说，要实现快速转型：

> 这需要社会各界在政策、技术开发和行动方面做出重大协调努力，在实现《巴黎协定》目标所必需的时间范围内推动整个经济的变革。

各国政府必须利用所拥有的一切手段来处理供给侧，即提前控制化石燃料的峰值需求。一旦峰值显现，将进一步转变市场，加速能源转型（Carbon Tracker，2020）。事实上，也许峰值已经来临。新冠疫情削减了对化石燃料的需求，同时可再生能源持续扩张。在一些国家，2020年某几个月的全部发电量都由可再生能源提供。

我们可以看到，在欧洲的煤炭和化石燃料、太阳能光伏、风能和汽车领域，转型—推广正在进程中。在所有这些情景中，大企业都会受到干扰，股价也会受到影响。新的叙事方式和前进路线清晰可见。

1. 煤炭在某些市场（几乎）一蹶不振

2019年上半年，欧洲煤炭需求出现了有史以来的最大降幅。燃煤发电厂的发电量下降了近20%。这种崩溃"可归因于太阳能和风能等可再生能源的使用，以及最近天然气发电用量的增加"（Earth.com，2019）。此外，2019和2020年欧盟排放交易计划中碳价上涨也是原因之一。欧洲已经过了煤炭消费高峰期：爱尔兰和西班牙的煤炭消费量分别下降了79%和44%。英国煤炭发电量下降了65%，并承诺2025年前完全淘汰煤炭。如今，由于碳和电力价格以及运营成本的影响，欧洲最脏的煤电厂已无利可图。

欧洲和北美正在加速从煤炭行业撤资；大多数欧洲主要银行将不再向煤炭项目提供贷款，呈现出远离煤炭和煤炭资产的趋势。例如，养老基金正在抛售煤炭股票；尽管美国政府给予支持，整个行业也在努力避免债务，在其他市场上涨的行情下，2019年SNL煤炭指数下跌了53.5%（IEEFA，2020）。美国和欧洲煤炭生产商可能很快就要穷途末路了。中国必然紧随其后。

化石燃料的峰值即将来临。石油巨头们似乎已经意识到这样一个现实：随着加速转向可再生能源，他们很大一部分储备将成为搁浅资产。2020年前三个季度，美国和欧洲的石油公司计提了1 450亿美元的资产减值，这是有史以来减值金额最大的一次，因为"随着电动汽车的兴起、可再生能源的普及以及人们对气候变化长期影响的日益关注，石油公司面临着主要产品未来需求的长期不确定性"（*Wall Street Journal*，2020）。

我们可以从可再生能源的崛起中看到这种颠覆。2018年的能源供应增长中，非化石能源占了近1/3，而且它们生产的能源数量仍在快速增长。英国石油公司估计，太阳能和风能占2017年能源供应总量变化的27%。如果太阳能和风能保持目前每年15%—20%的增长速度，根据碳追踪倡议的计算，到21世纪20年代初，可再生能源可以覆盖所有能源需求增量（不仅仅是电力）。

2. 前景风和日丽

太阳能光伏发电成本较技术问世之初已大幅下降。在过去 10 年中，太阳能发电成本下降了超过 70%（IRENA，2020）。2020 年，成本继续下调，太阳能发电甚至可以与中国的燃煤发电或阿拉伯联合酋长国的石油发电相媲美。2020 年，意大利、德国和日本的太阳能光伏发电比例最高（PVPS，2019：86），分别为 9.2%、8.4% 和 7.8%。在能源转型过程中，一些国家处于领先地位，另一些国家则紧随其后。中国是领导者之一，尽管中国实现 2060 年净零目标任重道远。中国在低成本太阳能方面一直领先，2020 年太阳能发电成本又压低了 9%。如今，"中国新建太阳能发电厂的运行成本几乎与燃煤发电厂持平"（*PV Magazine*，2020b）。2020 年，中国的太阳能装机总量为 246 千兆瓦。根据《巴黎协定》的情景，到 2050 年，这一数字将增至 2 803 千兆瓦（China NREC，2019：178）。达到这一数字并非不可能，让我们看看中国装机容量的增速：2014 年为 28 千兆瓦，2015 年为 43.2 千兆瓦，2016 年为 77.4 千兆瓦，2017 年为 126 千兆瓦，2018 年为 175 千兆瓦（CEC，2020）。考虑到中国 2020 年的现状，2060 年前实现净零目标是一个巨大的挑战，但中国在数年而非数十年内实现资本投资突变的能力表明，中国向太阳能和风能的快速转变将持续，在政策行动的推动下，价格还将进一步下降，促进转型进程加速。其他国家也从中国的太阳能行动中获益；中国巨大的光伏生产能力降低了全球范围内的电力价格。这些低价的太阳能光伏也将促使其他国家实现技术突破，利用中国产品实现本国的能源转型（见图 6-3）。2009 年以来，太阳能发电成本以每年超过 15% 的速度下降，太阳能技术的创新和改进也发展迅速。有证据表明，太阳能光伏发电成本将继续下降，因为陡峭的推广曲线加速了相互关联的进程。

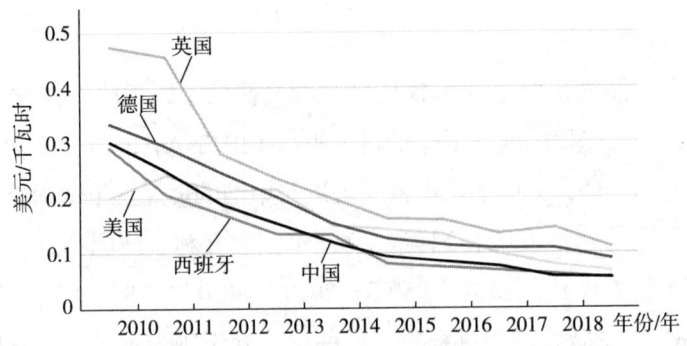

注：所有平准化度电成本（LCOE）都是根据国际可再生能源机构（IRENA）可再生能源成本数据库中的总安装成本和发电量系数的项目级数据计算得出的，平准化度电成本所需的其他假设详见以下来源链接。特别提示，经合组织和中国的加权平均实际资本成本为7.5%，其他地区为10%。

图6-3 太阳能发电前景光明

来源：IRENA (2020)，《2019年可再生能源发电成本》。IRENA，阿布扎比：www.irena.org/publications/2020/Jun/Renewable-Power-Costs-in-2019。

市场和投资者看到了这些趋势，接受了绿色叙事，推动了太阳能股票上涨，因为他们预计拜登政府将推出关于消费和监管的绿色产业政策，以及COP26的成功。例如，在美国大选前几天，景顺碳（Invesco TAN）等太阳能ETF从3月美国大选前夕的低点飙升了143%。其他太阳能公司的股价也一路飙升，如恩菲斯能源（Enphase Energy）的股价从2020年初至今上涨了317%；所乐太阳能（SolarEdge）从2020年初至今上涨了221%；盛润（SunRun）从年初至今上涨了417%；美国最大的太阳能公用事业公司新纪元能源（Nextra Energy）从2020年初至今上涨了25%（Oilprice.com，2020）。这都是非理性繁荣吗（Shiller, 2010）？也许是。但如果你了解背后的公共政策变化，长期参与其中，目睹气候经济学对市场和未来回报的影响，也许就不这样想了。风能与太阳能领域的进展并驾齐驱。

3. 没了补贴，风能也有竞争力

2020年的风力发电与18世纪荷兰风车碾麦的景象相比，已经有了长足的进步。如今，风力涡轮机发电在没有补贴的情况下也具有竞争力。风能的推广速度推动了转型，市场变革就在眼前。

在苏格兰电力公司（见专栏6.2）的支持下，苏格兰的进展说明一切皆有可能。仅2019年上半年，苏格兰的风力发电量就足以供应整个区域两倍的用电量。1—6月，风力涡轮机共发电980万兆瓦，足以为447万户家庭供电，而苏格兰只有260万户家庭（ScienceAlert.com，2019）。2020年，苏格兰几乎实现了全部能源来自可再生能源。同期，英国不依赖煤炭发电的持续时间达到了自19世纪工业革命以来的最高值。

如图6-4所示，陆岸风电的平准化度电成本下降很快，太阳能光伏发电也是如此。

彭博新能源财经（BloornbergNET，2019）报道称，2019和2020年成本最低的项目获得了澳大利亚、中国、智利和阿拉伯联合酋长国的投资。作为能源必须快速转型的关键，太阳能和风能的未来在今天写就。

同样，我们知道政策对转型速度也很重要。中国支持风力发电的政策制定完备，风力涡轮机装机容量在2020年达到71.7千兆瓦（GWEC，2021），10年后将迅速增至366.4千兆瓦（IRENA，2020：27）。预测表明，在《巴黎协定》2050年的情景下，总装机容量必须增加到2 636千兆瓦。鉴于中国现有的增长速度，这并非不可能（China NREC，2019：179），其他地方也有好消息，即便是在美国。

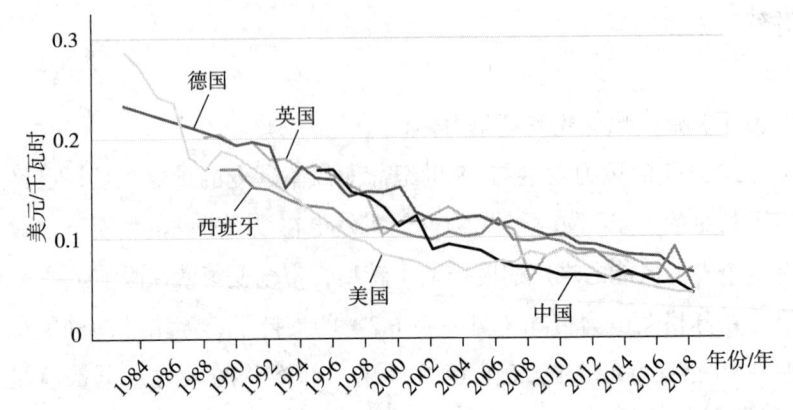

注：所有 LCOE 都是根据 IRENA 可再生能源成本数据库中的总安装成本和发电量系数的项目级数据计算得出的，平准化度电成本所需的其他假设详见以下来源链接。特别提示，经合组织和中国的加权平均实际资本成本为 7.5%，其他地区为 10%。

图6-4 风力涡轮机的盈利前景

来源：IRENA（2020），《2019年可再生能源发电成本》。IRENA，阿布扎比：www.irena.org/publications/2020/Jun/Renewable-Power-Costs-in-2019。

美国圣经地带①的各州也展示了良好的非政治化公共政策的作用。也许出人意料，得克萨斯州的风力发电量达到了 30.2 千兆瓦，在全美遥遥领先。这得益于乔治·布什担任州长时实施的进步政策。我建议你自驾穿过得克萨斯州北部的潘汉德地区，然后进入犹他州。你会看到数以百计的涡轮风机。堪萨斯州是另一个因循守旧的州，而它 41% 的能源来自风能，艾奥瓦州也是如此（AWEA，2020）。

（三）风驰电掣的先行者

越来越多的国家、市场和领先企业投资风能项目并从中获益。有些企业是风力发电的先驱，比如持有苏格兰电力公司（见专栏

---

① 圣经地带是美国俗称保守的基督教福音派在社会文化中占主导地位的地区。在美国，圣经地带特指美南浸信会为主流的南部及周边地区。——译者注

6.2）的伊比德罗拉（Iberdrola），它们的领先地位也体现在股票表现上。

> **专栏 6.2　风力巨头：伊比德罗拉集团和苏格兰电力公司**
>
> 苏格兰电力公司是一家为苏格兰提供公用事业服务的企业，隶属于西班牙伊比德罗拉集团，正积极迈向 2030 年欧洲净零目标。这是一个激进的目标，让苏格兰电力始终保持在从棕到绿，从绿到最绿的前沿，它的排放量只有欧洲竞争对手的 1/4。
>
> 为响应 2015 年《巴黎协定》和联合国 2030 年可持续发展目标，苏格兰电力将这些目标纳入企业和业务战略。它的工作重点主要在气候行动（可持续发展目标 13）和可负担的无污染能源供应（可持续发展目标 7）。因此，正如外部观察者建议的那样，苏格兰电力统一业务战略与气候目标，调整投资和风险战略以及绩效管理流程（G30，2018，2020）。
>
> 2019 年，伊比德罗拉在英国、德国和葡萄牙等许多国家都实现了净零排放（Iberdrola，2021）。为了取得领先地位，伊比德罗拉在过去 20 年中投资超过 1 000 亿美元，用于可再生能源、智能电网和高效储能。对这个先行者来说，这些投资是否卓有成效？看起来是的。它的股票表现明显优于其他公用事业公司，并在 2020 年创下历史新高。

风能 ETF 也反映了正在发生的转变，涨幅已达 30%。领先的涡轮机制造商也势如破竹：维斯塔斯（Vestas）一年内上涨了 200%；奥斯特（Orsted）一年内上涨了 100%；迪皮埃风叶（TPI Composites）一年内上涨了 250%。这样的例子不胜枚举，趋势也越来越明显。越来越多的投资者正在通过他们的资金支持市场和气候变化叙事转型;他们目之所及的未来,不是建立在化石燃料基础上的未来。

通用电气可再生能源公司是另一家正在建设未来电力基础设施的公司(见专栏6.3)。

专栏6.3 这不是你祖父的风车

2020年,通用电气可再生能源推出了Haliade-X12风力涡轮机(见图6-5)。它高260米,转子长220米,叶片长107米,由复合材料制成,发电容量高达1 200万千瓦,是世界上功率最大的海上风力涡轮机。在运行压力下,叶片会灵活弯曲,容量系数为63%,即平均发电量与额定最大发电量的比值。①

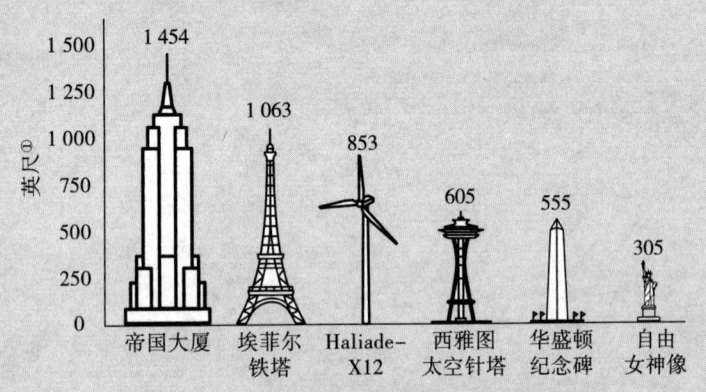

图6-5 高耸的风机:新绿色公用事业巨头

来源:通用电气。

---

① 1英尺=0.304 8米。——译者注

> 凭借巨大的叶片，这种涡轮机和其他巨型涡轮机可以在低风速下产生更多的电力。它的年发电量高达 67 千兆瓦时（GWh），足以为 1.6 万户欧洲家庭提供清洁能源，并减少 4.2 万吨的二氧化碳排放量，相当于 9 000 辆汽车一年的排放量。通用电气可再生能源是世界领先的涡轮机制造商之一，是美国和欧洲海上风电场的供应商。

能源转型的故事只是冰山一角，但它是积极的，讲述了政府创新政策、补贴、支持和税收，有效地刺激了早期阶段的突破、应用和投资。S 形推广曲线越来越陡峭，价格迅速下降。创新仍在进行，反馈、创新、不断循环，努力在 2050 年前实现净零目标。看起来：

> 燃烧化石燃料获得高碳能源的时代即将结束，以风能和太阳能等可再生能源为基础的更清洁、更可靠的能源未来将成为新常态。

能源转型推动就业增长。到 2026 年，美国增长最快的两个职业将是太阳能安装工（增长 105%）和风能技术员（增长 96%）（*Forbes*，2019）。太阳能和风能市场的增长、应用和成熟，说明了政府改变激励结构、补贴和早期应用支持的可能性。还有其他加速推广的范例，比如正在经历颠覆、重构和革命的交通部门。

（四）电动汽车交通革命正在进行

确保交通转型需要从汽油内燃机向电动汽车进行革命性转变。仅汽车就排放了 15% 的温室气体，转型迫在眉睫。随着各国的 S 形曲线逐渐陡峭，电动汽车价格会下降，创新速度也将维持。

这一进程正在欧洲上演，政府行动促进了市场反应、调整以及投资和个人行为的转变，所有这一切都把推广曲线拉近我们。2020年，可靠的转型情景预测电动汽车销量将从2016年开始快速增长，到2035年，陡峭的S形曲线将许多市场中电动汽车的份额推高至90%，但并非所有市场都是如此。在一些市场，比如东亚（拥有数以亿计的摩托车和汽车）和美国（对卡车和大型越野车情有独钟）仍然落后，它们应当尽快转向无齿轮、速度更快的电动汽车。

虽然全球范围内电动汽车转型还在早期阶段，但正在起飞，2018和2019年全球销量同比增长了40%（IEA，2020）。欧洲处于领先地位，2020年第一季度，电动汽车销量占欧洲汽车总销量的6.8%，高于去年同期的2.5%，这说明尽管疫情肆虐，但需求仍在强劲增长。根据欧洲电池联盟（European Battery Alliance）的数据，到2021年，欧洲市场上的电动汽车车型将达到214款，较2019年底的98款，在两年内增加了一倍多。在汽车总体销量下降的时代，有了这些待售新车型，欧盟国家和英国正在采取行动鼓励使用电动汽车。各国政府也在制定2025—2030年及以后的淘汰汽油车时间表，以及激励和惩罚机制。例如：

- 挪威宣布了全球最积极的2025年淘汰目标，推动了市场转型。在15项激励计划的推动下，2020年，奥斯陆50%以上的汽车和整个市场44%的汽车都是电动的。奥斯陆几乎每条街都有充电站，全国其他地区每50英里[①]就有一个充电站。
- 英国计划2035年前逐步淘汰汽油车，一旦禁令生效，人

---

① 1英里=1 609.34米。——译者注

们将只能购买电动或氢能汽车和货车。购买电动汽车可以获得电动汽车成本35%的补贴（最高3 500英镑），购买电动摩托车或轻便摩托车可以获得成本20%的补贴（最高1 500英镑），购买电动面包车或卡车可以获得成本20%的补贴（最高8 000英镑）。

- 法国计划2040年前逐步淘汰汽油车，电动汽车免征温室气体税，购买低于4.5万欧元电动汽车的家庭可获得最高7 000欧元的补贴，还有一项家庭最高5 000欧元、个人最高2 500欧元的报废汽车补贴计划。
- 意大利电动汽车自注册起5年内免税，5年后减税75%。意大利还有一项奖惩机制，即每平方千米二氧化碳排放量低于70千兆吨的每辆车，可获得最高6 000欧元的补贴，但如果每平方千米二氧化碳排放量超过250千兆吨，将受到2 500欧元的处罚。
- 德国是欧盟最大的市场，2020年推出的几项政策旨在提振电动汽车需求，比如将电动汽车的增值税削减1/3，给新电动汽车车主免税10年，对销售价格低于4万欧元的电动汽车补贴9 000欧元。

这些计划以及其他很多计划都体现出高瞻远瞩、协调统一的思想，统筹奖励、惩罚和税收政策，促进行为转变。欧洲各国政府在交通转型方面发挥着主导作用。

（五）电池成本快速下降，加速了转型，使S形曲线更加陡峭

电池成本正在快速下降，因为新变体和持续的创新与研究，电池技术不断提高容量和效率，从而压低了价格。电池组价格从2017年的每千瓦时236美元迅速下降，预计2025年将至少降到每

千瓦时 110 美元（见图 6-6）。后一个数字被认为是电池技术大规模应用的起点。

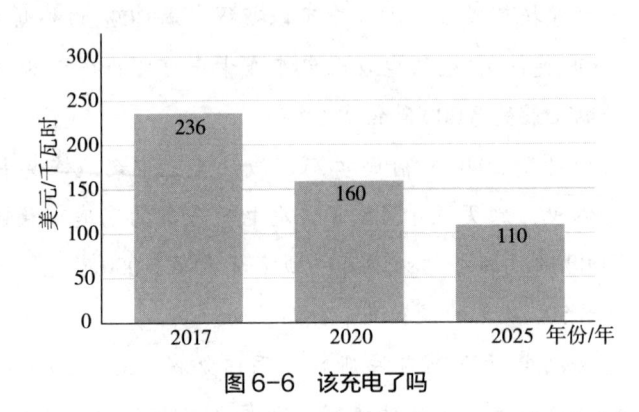

图 6-6 该充电了吗

来源：Mckinsey，2020；绿色科技传媒，史丹索特统计（Statistica）版权所有 2020。

电池成本下降有助于加速电动汽车转型，而随着转型的继续，电动汽车电池需求将飙升。2020 年，电动汽车电池需求量为 110 千兆瓦时，到 2030 年将增至 1 910 千兆瓦时，2040 年将跃升至 5 910 千兆瓦时，2050 年将攀升至 6 530 千兆瓦时（*Faraday Insights*，2020：2）。这个市场变化既反映在国家安全和稀土金属的潜在经济价值上，也反映在中国、美国、缅甸和澳大利亚开采稀土的公司中。电池制造商从中获益匪浅，因为到 2025 年，稀土市场价值将达到 850 亿美元，还将继续攀升。截至 2020 年 11 月，特斯拉（一年内涨幅超过 300%）、比亚迪（一年内涨幅达 200%）和细胞动力科技（Cytokinetics）（一年内涨幅达 300%）等家喻户晓的公司都展现了电动汽车和电池技术的乐观前景。

电动汽车的快速普及将促进能源转型。最后，电动汽车整体会成为分布式电动汽车并网技术（EV2G）系统的一部分，进一步加速技术、发电和储能系统的变革（见专栏 6.4），为公用事业和消费者节约资金。

专栏 6.4 可再生能源、太阳能光伏以及分布式储能和调峰

可再生能源的主要挑战是储存和需求，即当太阳能光伏和风能供能比例提高后，如何储存足够的电力以避免在用电高峰期供不应求。这两种可再生能源发电都是偶发性的，即受制于阳光照射和风力吹拂，而这些时段并不能稳定地与需求高峰期保持一致。那该怎么办呢？将电动汽车、住宅太阳能和电池储能联系起来。我们放弃以少数发电站为中心的集中式发电，转而采用分散式发电，让城市、乡镇和住宅自己变成小型发电站，利用太阳能光伏发电，通过电池来储能。"电动汽车、住宅太阳能和储能为实现这种能源系统提供了一种高效且具有成本效益的方式"（*PV Magazine*，2020a）。

电动汽车并网系统允许电动汽车和混合动力车将储存的电量返回电网。这样电力公司就能在电力需求最大时做出响应，因为在车主早餐或晚餐时间，许多电动汽车都是停着的。随着全球电动汽车数量的快速增长，电动汽车并网系统将成为可再生能源解决方案的一个重要方面。"电动汽车并网系统……将给电动汽车用户和电网都带来好处"（Castellanos et al.，2019）。据决策分析（Decision Analytics）估计，在美国可再生能源发电量遥遥领先的得克萨斯州，1 000兆瓦的分布式储能通过降低配电和输电成本，每年为该州节省3.44亿美元。风能、太阳能和电池（包括电动汽车电池）的结合，通过降低系统需求峰值来压缩成本（*PV Magazine*，2020a）。得克萨斯州的立法者们理解了可再生能源与成本之间的联系，通过州议会法案予以支持。其他州和地方应效仿得克萨斯州的做法，并制订相应的计划。

公路货运也需要类似的电动汽车革命，而且这场革命才开始。

主要制造商已经发布了电动货车产品，针对80%半径小于250英里的货物运输。这场革命还比较早期，但如果发展轨迹与电动汽车相同，我们有理由保持谨慎乐观。在这方面，政府也要想出应对措施，加快转型，使普及应用的S形曲线更加陡峭，并拉近我们。

总之，能源革命如火如荼。遗憾的是，在我们经济的其他重要领域却看不到这样的紧迫性，其中最糟糕的例子可能是农业，而农业领域的失败可能使我们功亏一篑。

（六）农业和农户转型艰难

农业和土地的利用产生的温室气体排放是导致全球变暖的主要因素。2007—2016年，农业、林业和其他土地利用占全球人类活动产生的二氧化碳排放量的13%、甲烷排放量的44%（甲烷的变暖效应是二氧化碳的28倍）和一氧化二氮排放量的82%（一氧化二氮的变暖效应是二氧化碳的80倍）。农业和土地使用合计产生的温室气体排放量占比为23%。如果包括所有粮食生产在内，这一数字会上升到21%—37%（IPCC，2019）。正因为如此，加快土地利用和农业的净零转型至关重要，它们应当是转型叙事和国家绿色工业进程与规划的核心组成部分。

1. 适应气候变化和技术改进

我们有很多方式来为农田、动物和饮食创造更美好的未来。按照温室气体减排作用和重要性从大到小顺序排，这些方式应当包括：

- 要求农业机械和设备净零排放（537吨二氧化碳当量）。
- 优选、培育新作物（508吨二氧化碳当量）。
- 改变水稻施肥方法（449吨二氧化碳当量）。
- 改变动物保健（411吨二氧化碳当量）。

- 调整动物饲料组合（370吨二氧化碳当量）。

这些只是众多措施中的前五项目标，到2050年，这些措施可减少近25亿吨二氧化碳排放当量（Mckinsey，2020）。所有这些适应措施需要的成本不尽相同。遗憾的是，目前大多数国家的耕作方式远远落后于实现必要温室气体减排所要求的方式。这仅靠市场是不行的，大多数必要的措施不太可能由市场力量推动，它们需要的是政策干预。

2. 报废旧拖拉机

以提高农机效率为例。大多数农用机械的效率仍然很低，污染程度也高于当前的民用车辆。像许多其他领域一样，要促进这个市场转变和农户响应，也需要政府强制要求提高效率、推出报废计划。各国政府应当设置在农业领域逐步淘汰内燃机的时间表，就像许多国家淘汰内燃汽车那样。只有政府才能推动农户不再使用老旧、生锈、低效的拖拉机，以新型、低排放或电动的农机取而代之。创新型制造商已经在制造电动农机。政府需要设置时间表，加快它们的应用速度（见专栏6.5）。

专栏6.5 电动拖拉机深深的车辙

总部位于加利福尼亚州的绝驰（Soletrac）公司设计并销售替代柴油车的电动拖拉机。与柴油拖拉机相比，电动拖拉机更清洁、更安静、更高效、更便宜。重要的是，无论速度如何，它们都能提供最大扭矩和最大功率，运营成本也比柴油拖拉机低（当然，是在碳价合理的情况下）。与其他电动车一样，拖拉机的电机中只有一个活动部件，而柴油拖拉机可能有300多个。拥有一台安静且更高效的拖拉机，尤其是在每天要用好几个小时的情况下，是现代农户转型的有力理由。目前，电动拖拉机市场规模较小，但必将迅速增长。各国政府应通过激励措施和中长期淘汰声明来加快转型。这将推动农业转型。

绝驰并不是主要制造商里的一枝独秀。日本久保田（Kubota）已经销售了一系列24—47马力的电动拖拉机。德国芬特（Fendt）生产的70马力机型，电池续航5小时，4小时内可充电80%。奥地利林特（Lindt）正在试验一种电动拖拉机。约翰迪尔（John Deere）、凯斯万国（Case/IHC）和其他几家欧洲制造商也在开发电动拖拉机的试验型号。整个行业都在为这一转变做准备。正如约翰迪尔公司所说，"我们押注电动拖拉机，100%"（Future Farming, 2020）。各国政府要加快转型进程。

最终，许多农民会利用太阳能光伏和风能为电池充电，进一步降低运营成本和温室气体排放量。

3. 降低排放的新作物

想象一下农业面临的基因选择挑战。鉴于我们太多人一直食用过多的肉类，需要利用基因选择，来生产牛羊食用后产生甲烷较少的饲料。这并非不可能。实验表明，在单个牛群中进行选择性育种可以减少多达20%的甲烷排放量（Mckinsey, 2020；Pickering et al., 2015）。在反刍动物数量庞大的国家，比如澳大利亚，17%的温室气体排放来自动物（其中大部分是绵羊和奶牛），降低甲烷的排放量基因选择可以产生迅速且显著的影响（Cole et al., 1997）。在这方面，政府也应当发挥引领作用、开展培训、提供研发和其他支持，来加快优化育种和动物的甲烷减排。

4. 种植水稻但限制甲烷

以水稻为例。以水稻为主食的人比依赖其他任何作物的都要多。不幸的是,稻田是产生甲烷和一氧化二氮的绝佳场所,因为稻田温暖、泥泞、充满腐烂和细菌。然而我们知道,如果农户采用更好的施肥方法,可以减少水稻种植过程中产生的甲烷和一氧化二氮(Linquist et al.,2012)。中国农户已经在调整种植方式,比如在生长季中期进行稻田排水,改变耕作方法,与20世纪80年代相比甲烷排放降低了(Qin et al.,2015),但气温上升有可能使未来水稻产生的甲烷增加60%。在这方面,培训和研究都很重要,而不仅仅靠强制要求。

5. 更好的耕作方法意味着更好的成果

改革农业实践迫在眉睫。如果农户能优化施肥,避免过度使用、流失,以及产生一氧化二氮,就能实现温室气体减排。像许多例子一样,我们知道哪些方法有效:种植覆盖作物、免耕技术、林牧共养(将树木、饲料、放牧和驯养动物以互利的方式结合在一起)以及间作。所有这些技术都会带来环境温室气体红利。其他简单些的做法,比如河岸屏障和防风林,也会影响温室气体排放。新技术和新方法也在不断发展,比如随着碳价上涨,岩尘飞扬的新局部解决方案也许变得经济可行,并可能影响温室气体排放(见专栏6.6)。

专栏6.6 岩尘飞扬的含碳温室气体解决方案

发表在《自然》(Beerling et al.,2020)的一份研究表明,在农田中撒播岩粉可以从大气中清除大量温室气体。土壤降解岩石的化学反应会在几个月内把岩粉转化为碳酸盐,从而锁住二氧化碳。如果用岩粉来处理全球一半的耕地，每年可锁住 20 亿吨温室气体，这相当于德国和日本的排放量总和。许多国家拥有大量未使用但已开采的玄武岩，特别是美国、中国和印度，这些国家都是温室气体的主要污染国。锁住每吨二氧化碳的成本从印度的 80 美元到美国的 160 美元不等。

碳价上涨时（这是必然发生的），计算结果会发生巨大变化，变得有利于这种耕作方式。这个尘土飞扬的创新方法将为农民和地球带来真正的气候红利。研究报告的第一作者比尔林（Beerling）说，这种做法"可以推广，并且与现有的土地使用方式兼容"。

世界上许多地方现有的采矿活动，都在产生玄武岩粉尘这种废弃物。这些废弃物可能很快就会一尘难求，还能反哺采矿业的可持续发展，因为它不仅产生现金收益，还成了大量抵消温室气体的材料——玄武岩是地球上最常见的岩石之一。

农户知道许多生产技术和方法。然而，土地使用和农业激励措施仍与气候目标不一致。欧洲和美国都没有充分调整对农户的支持政策，比如激励他们改变不良做法，采用可减少温室气体排放的新办法或现有方法。欧洲开始通过调整支付项目来引导转变。我的农户兄弟因为种植树篱、休耕土地、种植本地树木而获得报酬。欧洲农户维护永久性草地，将 5% 的农田用于种植树木、树篱或作为休耕地，都会获得报酬。这些变化使得温室气体排放量每年减少 2%（EU Commission，2021）。未执行这些要求的农民将获得较低的激励或者地方处罚。这种结构性的激励机制应在所有农业支持政策中广泛使用，并加大力度，以此向欧洲农户施压，迫使他们改变做法。

与欧洲相比，美国的农业支持政策结构不合理，指导性更弱，效果更差。2020 年，美国的农业保护和报酬体系是两个独立的"自我感觉良好"的计划，没有嵌入农业报酬和激励结构中。如今，大多数美国农户坚持使用适得其反的做法。如果你在美国自驾,你会发现规模就是一切。这里没有树篱,没有树木,田地越大越好。单一的转基因作物占据主导地位,靠化肥喂养,具有抗药性。优化农业和土地使用方法会迅速带来红利,正如欧洲环境政策研究所(Institute for European Environmental Policy)所指出的:"农业与其他农村土地使用部门一样,具有独特的能力,既能减少自身排放,又能增加大气中的碳清除量,还能通过替代碳密集型材料和能源为其他部门的减排做出贡献。"

土地所有者和农民需要激励才能改变做法。其实像法国重新造林的案例一样(见专栏6.7),向前迈出一大步是可能的。

专栏6.7 法国绿树成荫的成功故事

2019年,法国1/3的国土被森林覆盖,令人瞩目。当世界上许多地方的森林景观正在消失时,法国果断地朝着另一个方向发展,形成了巨大且不断增长的碳汇。在公共政策和政府激励措施的支持下,法国集中力量植树造林,同时减少农业生产。在过去30年中,法国的森林面积增加了7%。

法国的成功是个人和公共林业倡议共同努力的结果。由于大多数森林都在个人土地上,因此土地所有者的支持至关重要,显然他们用行动表明了态度。2019年,法国森林覆盖面积达到16.4万公顷,并在逐年增长。法国森林还在开垦旧的农业和工业废地,为继续增长提供动力。

法国划拨森林保护区,积极植树造林。最新加入的是普罗旺斯的普罗旺斯男爵森林。这片橡树、松树和山毛榉混交林建于2015年,面积超过1 800平方千米,是法国致力于重新种植古老森林的例证。除欧洲外的其他国家都应该学习法国植树的成功经验。

6. 使激励措施与环境目标相一致

各国应将所有未来的农户支持资金与持续和必要的渐进式耕作调整挂钩。要实现净零转型，环境和地球管理不应该是支持农民的附加条件或马后炮，而应成为土地使用和农业实践的组成部分。农户和我们消费者都应被考虑在内，应该为汉堡、羊肉串和猪肉卷付出真正的地球代价，成为碳成本内化过程的一部分。

7. 我们要改变我们的饮食习惯

目前，全球约50%的可用土地用于农业，约30%的耕地用于种植喂养动物的谷物。随着肉类需求增加，砍伐森林和消除碳汇的速度也在加快，因而增加了温室气体排放，加重了气候和农业生产的压力，破坏巨大。要想拥有更健康、更可持续的明天，每个人都必须考虑我们吃多少、吃什么。

如果我们要避免再增加59 300亿平方米（相当于印度面积的2倍）的土地来养活2050年预计接近100亿的世界人口，我们就必须改变我们的选择和饮食习惯。世界人口不仅在增长，还吃得更多，每年在吃上增加大约8%—12%。比如，1970—2005年，西班牙的人均肉类消费量从11.7千克增加到65千克（Rios-Nunez and Coq-Huelva，2014）。如果目前的消费模式在全球范围内延续，肉类消费总量将在2000—2030年增加72%。这对地球来说是个可怕的消息，而且直接冲击了温室气体目标。

因此，如果我们要避免土地进一步退化，并在未来30年内扭转趋势、减少温室气体排放，就必须少吃肉（尤其是牛肉）。如果我们少吃肉，与2050年的参考情景相比，全球死亡率可降低6%—10%，与食品相关的温室气体排放量可减少29%—70%（Springmann et al.，2016：4146）。实现这一目标既容易（选择沙拉，而不是牛肉汉堡），又不容易（我们大多数人喜欢汉堡）。正如斯普林曼

（Springmann et al., 2016：4147）所指出的，"在所有地区中，只有不到一半的地区达到或预计达到建议的水果、蔬菜和红肉膳食摄入量，并且超过最佳能量摄入总量"。

我们中还有更多的人需要节食，改变饮食习惯，而所有的农户和生产者都必须改变做法和战略才能实现净零排放，并使他们的业务与当地落实这一目标的路径相契合。目前，全球反刍动物肉类（羊和牛）的平均消费量是每日推荐量的 3 倍。美国人会为吃汉堡的权利而战。最终，消费者可能仅需为他们的汉堡支付略高的价格，但其实除此之外还会付出更多。我们鼓励减少摄入，三思而食，这样才能心安理得。我们需要停下来，我们能做到吗？

在我们的饮食行为中，可以看到一些微小的积极信号，星星之火，但可燎原。对肉类替代品需求的飞跃似乎就是这种转变启动的迹象之一（见专栏 6.8）。

专栏 6.8　别样肉客的肌肉大餐，其他食材也加入了烧烤大战

肉类替代品公司如雨后春笋，别样肉客（Beyond Meat）是其中之一，主要向杂货店、餐厅和快餐店供应汉堡和无肉产品。尽管新冠疫情影响了餐馆的营业，别样肉客的股价在 2021 年上涨了 60%。虽然逆势而行，别样肉客的零售额仍以每年 40% 的速度增长。股价反映了别样肉客的领先地位——738 倍预期收益的高位，不过从中长期来看可能难以维持。

面对日益增长的需求，各大公司蜂拥而上。消费品巨头雀巢公司利用类似的豌豆蛋白技术，推出了一款与别样肉客汉堡肉饼相媲美的产品。进一步观察发现，自别样肉客上市以来，泰森食品（Tyson Foods）、联合利华（Unilever）等强大的新竞争对手都推出了植物汉堡。

别样肉客肯定不会独享这一前景广阔的细分市场。但这并不重要,重要的是趋势和正在逐步发生的转变。消费者对肉类替代品的需求显然在不断增长,这一点从主流快餐店的产品中可见一斑,从麦当劳到英国的格雷格斯(Greggs),这两家公司都在菜单中增加了无肉产品。此外,越来越多的消费者希望采购肉类的大公司能够更好地管理气候问题。以英国为例,2020年21家大公司呼吁,强制要求供应链全面披露合法与非法砍伐森林的情况(BBC,2020c)。

技术和商业实践的转变也有助于实现温室气体减排目标,并有助于确保我们的饮食减少对地球的破坏。像酿酒狗(Brewdog)和沃尔克斯(Walkers)这样有远见的公司正在发挥带头作用,解决食品生产和温室气体排放的矛盾(见专栏6.9)。

专栏 6.9　酿酒狗的沼泽方案与沃尔克斯的循环有趣和掷地有声

酿酒狗是英国第四大增长最快的食品饮料公司,2019年销售额增长了114%,在应对气候变化方面处于领先地位,实施了"让地球绿色重生"的商业战略,计划在苏格兰种植100万棵树,使公司实现双倍负碳排放。也就是说,在树木长成并吸收空气中的温室气体之前,公司将购买2倍于公司年排放量的抵消额度。酿酒狗购买的8平方千米高地荒原,将分为6平方千米本地林地和2平方千米修复泥炭地。泥炭沼泽是一种主要的碳汇,维持泥炭沼泽可以锁碳。

领导力永远重要。酿酒狗CEO迈克·伯纳斯-李(Mike Berners-Lee)在听了大卫·爱登堡(David Attenborough)讲述的气候变化危机后，改变了公司的战略。酿酒狗的案例说明，企业可以根据气候目标调整业务，同时在商业上取得巨大成功。这与企业的社会责任无关（尽管我非常支持）；这与长期的商业活动和战略有关，能够为消费者、员工和股东带来好处。

英国随处可见的同名薯片制造商沃尔克斯正在转向循环生产工艺，这可以减少70%的温室气体排放。沃尔克斯把啤酒生产过程中产生的二氧化碳和薯片生产过程中产生的马铃薯废料混合变成肥料；然后撒在田地里，为来年生产薯片的马铃薯提供养料。这种方法很创新，在早期阶段得到了政府研发补助金（绿色工业行动）的支持。沃尔克斯利用厌氧工艺来消化马铃薯废料，同时产生甲烷，而甲烷被用来为油炸脆饼发电。这种新工艺利用沼气池的剩余物来制造肥料。

沃尔克斯还在尝试碳捕获，推动公司迈向负碳排放。沃尔克斯隶属于百事可乐公司，是英国循环经济实践的先驱，把废弃物转化为原材料，同时对温室气体排放产生积极影响。沃尔克斯的经营方式、思维模式和气候变化立场值得称赞，应当尽可能地复制推广（BBC，2020a）。

反对塑料垃圾的抗议者抱怨说，他们还没有看到百事在全公司范围内采取类似的温室气体减排措施。2020年，百事宣布了一项目标：2030年前，百事在全球范围内拥有和控制的所有业务都将100%使用可再生电力；2040年前，所有特许经营和第三方业务都将使用可再生电力。如果目标实现，百事的温室气体排放量将减少2 600万吨（Pepsi Co，2021）。

当务之急是让越来越多的企业、农户和消费者转变行动，调整他们的叙事、气候故事及其理解。行动倡导者需要用事实和对话来回应怀疑者对气候变化的看法。研究表明，对气候变化持怀疑态度的人最不愿意改变自己的饮食习惯。正如我观察到的，如果你想改变人们的行为方式，需要他们首先了解事实并深刻理解。然后，他们才可能开始考虑在气候问题上不作为的危害，最后才是反思个人选择（Boer et al., 2013）。不要对肉食爱好者、啤酒饮用者和薯片食用者横加指责。先要讨论气候变化的事实和挑战，一旦事实得到理解并达成一致，关于个人选择的讨论才更有可能改变人们的想法。说教和指责并不是改变思维和习惯的最佳方式。

（七）工业制造和加工

2050年前实现净零排放，在工业制造和加工领域尤其困难。在一系列行业及其实践中，我们要持续地努力减排，这迫切而且必要，但显然目前在应用和效果上都非常有限。正如2018年IPCC报告所指出的："要想减少工业排放绝对值，除了能效措施外，还需要安排一系列的减排方案"（IPCC，2018：743）。

通过燃料和原料转换、碳捕获和储存（CCS）、材料高效利用、产品设计创新、材料和产品回收再利用等战略，以及其他不计其数的步骤，可以确保提高效率，减少排放。

截至2021年，尽管制造业在全球经济中所占的总份额有所下降，但与工业相关的温室气体排放量仍在继续增加。制造业在经济中所占的比例已经下降了，以更少但更高效的工人生产了更多的产品，但温室气体排放量却在增加。2018年，工业部门排放量高于建筑或交通部门，占全球温室气体排放量的30%还多。从地区来看，亚洲是最主要的问题所在。IPCC强调了这一点：

> 通过大规模升级、替换和应用最优可得技术，特别是在尚未采用这些技术的国家，工业部门的能源强度可比当前水平下降约25%。

创新有望使能源强度再降低20%。

从长远来看，跳跃式变化应包括转向低碳电力、彻底的产品创新（如水泥替代品）或者广泛使用碳捕获和储存技术。IPCC明确指出，"没有任何单一的政策能够覆盖工业可用的所有缓释措施，还能同时克服相关障碍"（IPCC，2018：744）。水泥生产凸显了未来气候变化任务的挑战。

混凝土是世界上使用最广泛的建筑材料。水泥是混凝土的主要成分，生产水泥是造成气候变化的一个重要因素。水泥的年生产量超过40亿吨，产生的温室气体排放量约占总排放量的8%。但在减少这些温室气体排放方面的进展微乎其微。碳价上涨会激励人们转向碳缓释和碳捕获技术，其中一些技术已然成形（Cordis，2020），但大部分尚未实施应用。目前，新技术仍然是小众选择，甚至是实验性的。这种情况必须迅速改变。

建筑业的经营方式尤其难以改变。建筑业的盈利能力通常取决于施工速度，而这种施工进度安排并没有内化全生命周期的环境和碳成本。建筑业在很多地区和国家都非常本土化，监管薄弱。从根本上说，政府应当迫使建筑业改革，重新设计建造流程，通过监管来减少或捕获温室气体，并采用更多内化温室气体成本的循环工业流程。然而，令人震惊的是，截至2020年，2/3的国家根本还没有建筑节能标准（UN Global ABC.org，2021），而大多数新建筑都建在这些国家。

更有效的政府监管和监督至关重要。如果要在建筑施工和整个生命周期能耗中减少温室气体排放，就必须对商业和住宅建筑进行严格监管，执行日益严格的建筑规范。在绿化整个建筑行业的同时，还必须广泛使用绿色混凝土作为普通建筑的首选材料。并非没有新的解决方案，它们确实存在只是没有被广泛采用。例如，在混合料中使用粉煤灰，可以避免1∶1的单位温室气体排放。添加再生塑料等材料也能减少温室气体排放,并能像钢材一样增加混凝土强度(*The Guardian*,2016)。我们正在开发绿色水泥技术。领先企业承诺了要进行改革,但仍然屈指可数(见专栏6.10)。

为了实现净零排放,包括水泥生产商在内的工业企业需要使用碳捕获、碳利用和碳封存技术(见专栏6.11)。他们还必须致力于应用循环经济模式,将废物转化为燃料。在市场的推动下,企业应逐一落实既定目标并遵守TCFD的要求,市场应奖励即刻行动且目标一致的企业,惩罚那些不采取行动的企业,这才是真正的考验。

> **专栏6.10 西麦斯①的净零目标**
>
> 2020年,全球最大的水泥生产商之一西麦斯宣布了新的气候和净零目标。西麦斯承诺2030年前将减少35%的二氧化碳排放量,与《巴黎协定》目标保持一致。2020年,西麦斯还确立了2050年前实现混凝土净零排放的目标。
>
> 正如西麦斯CEO费尔南多·冈萨雷斯(Fernando Gonzalez)所说:"在我们的业务版图中,我们的最终产品——混凝土,在向碳中和经济转型的过程中发挥着关键作用……正因如此,我们制定了一项更加雄心勃勃的战略,即2030年前降低二氧化碳排放,2050年前生产出二氧化碳净零排放的混凝土。"
>
> 西麦斯还制定了二氧化碳减排路线图,包括提高能源效率、使用替代燃料、增加可再生能源,以及提升水泥中新材料的运用。

---

① 西麦斯(CEMEX)的外文全称为CEMENTOSMEXICANOSS.A.,即墨西哥水泥公司。——译者注

专栏 6.11 碳捕获与碳封存

碳捕获与碳封存（CCS）技术的经济可行性，从根本上取决于碳价以及购买者为抵消所支付的价格。在美国，碳价为每吨1—7美元，在欧盟为每吨20美元，这些项目都是昂贵的概念测试。当碳价上升到每吨100美元或更高时，计算结果会迥然不同，将有利于碳捕获与碳封存项目的快速发展。

例如，雪佛龙公司的示范项目——戈尔甘二氧化碳注入项目（Gorgon Carbon Dioxide Injection Project），是全球最大正在运行的综合碳捕获与碳封存项目之一。一旦全面投入运营，该项目预计每年将减少近500万吨的温室气体排放，大约相当于62万个美国家庭全年用电的温室气体排放量。很明显，一旦我们认为碳价长期上涨是确定的，净零承诺就会迅速进入可衡量、可执行的轨道，碳价的快速上涨将推动雪佛龙和其他公司积极建设此类项目。

一旦政府和监管机构改变价格激励机制，全球的投资者和主要公司都摩拳擦掌，积极向碳捕获和碳封存投入资源。许多领先企业并非石油巨头，却拥有大量资金、技术能力，以及在政策环境和投资前景更加明朗后的执行能力。

批评者反驳说，碳捕获与碳封存设施是新生技术，尚未大量推广，不足以影响气候结果。事实的确如此，但投资者已做好准备。只要有正确的激励措施和定价信号，就能看到转变和快速发展。正如其他新技术一样，从发明到推广再到应用的进程是不断缩短的。如果各国设定了正确的价格信号，启动根本性转变，加速脱碳，那么碳捕获与碳封存的情况也将如此。理想情况下，各国政府应当制定碳价目标，支持碳捕获与碳封存的快速实施，并将其作为2050年前实现净零排放国家计划的一部分。

> 作为转型方案的一部分，每个温室气体污染国家都要有明确的目标，并为碳捕获与碳封存的建设和运营做好准备。据英国气候变化委员会（UK Climate Change Commission）估计，2050年前英国每年需要捕获和封存75—175吨的二氧化碳，这需要庞大的二氧化碳运输和封存基础设施，至少为五个集群提供服务，并通过船舶或重型货车运输部分二氧化碳（CCC, 2019）。同样，我们不仅知道哪些是必要行动，我们也拥有相应的技术。完善价格激励和监管边界，剩下的就交给市场吧。

许多其他核心部门的工业生产也面临着类似的温室气体减排挑战，如钢铁部门（2019年产生了37亿吨二氧化碳当量）和塑料与橡胶部门（2019年产生14亿吨二氧化碳当量）。木材、铝和其他金属的生产也增加了温室气体排放。所有这些部门都要进行现代化改造，重新设计流程，提高效率，减少排放，以实现闭环并捕获排放。与此同时，必须提升碳价信号，改变计算结果，才能有利于现代化改造，加速关闭旧工厂，采用新方法。

如果说建造现代城市景观的工业流程难以改变，那么我们的旅行习惯和随之而来的一切也同样难以改变。全球国内生产总值中足足有10%来自旅游业，而旅游和商务差旅中有相当一部分依赖航空业。这一点也必须改变。

（八）飞行要体现便利对价

航空业的温室气体排放量在总排放量中占比超过2%。新冠疫情之前，2019年的飞行旅客量为45亿人次，预计到2037年，污染这个数字将翻一番。如果将航空业看作一个污染国家，那一定是世界上最严重的国家之一，排在日本和德国之间。

现在的飞行并没有体现出地球所承担的成本。目前，航空公司受国际航空碳补偿和减排机制（CORSIA）的约束，这是一个由国际民用航空组织（International Civil Aviation Organization）协调和监督的市场机制。这个协议覆盖了77%的国际航空活动，到2035年可抵消26亿吨二氧化碳，预期目标是使新增国际航班中的大部分实现碳中和。这个协议从2021年开始实施，分三个阶段逐步推进，要求航空公司提高效率、使用生物燃料和购买碳抵消（参与国际航空碳补偿和减排机制的国家间航线承运人遵循共同的方法和指标），每三年评估一次。新冠疫情的影响，可能不仅在于减少了2021年的排放量，也在于需要对国际航空碳补偿和减排机制进行评估。

我们还不能评判国际航空碳补偿和减排机制，但它是一个规范的国际市场解决方案的实例，如果要实现净零排放，许多行业都需要这种解决方案（CORSIA，2020）。国际航空碳补偿和减排机制理论上行之有效，但实践中可能会令人失望。为什么？因为国际航空碳补偿和减排机制由联合国机构代理运作，而这些机构在执行气候协议方面的记录乏善可陈。国际航空碳补偿和减排机制是在抵消问题上的外交妥协，它的温室气体价值尚待评估。因此，各国政府必须做好考虑其他定价机制的准备，并在国际航空碳补偿和减排机制无法实现减排的情况下介入管理。

让我们当中最富有的人承担最大的责任是合理的。经常乘坐飞机的人应该支付不断攀升的碳价，也就是说，他们乘坐航班越多，购买商务舱越多，他们就应该支付更多。数据显示了飞行常客应该支付更多费用的原因。2017年，占比仅为12%的美国航班乘客，占据飞行次数的比例高达惊人的68%（见图6-7）。整整53%的美国人根本不坐飞机。这一曲线的陡峭程度与欧洲类似，而在发达经济体之外，这一曲线几乎是垂直的（ICCT，2019）。正如通信技术国际会议（ICCT，2019）的恰当陈述："我们全球的气候实在无法负担大范围的频繁飞行,目前这一群体可能确实必须改变他们的行为。"

污染最严重的国家应该支付最多,并内化成本。然而,国际航空碳补偿和减排机制却没有包括最严重的污染者:拥有私人飞机的CEO们。这个信息很重要,这一点也需要调整。污染最严重的个人必须为特权买单。如果更高的收费能让CEO们减少飞行,那就最好了。这样对地球也好。

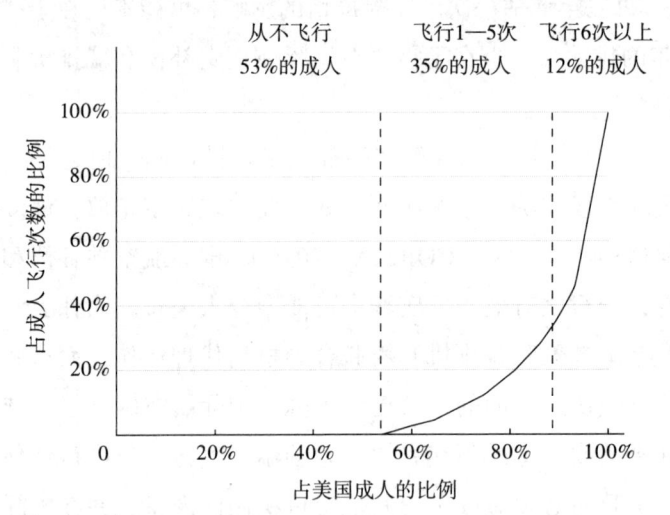

从不飞行	飞行1—5次	飞行6次以上
53%的成人	35%的成人	12%的成人

注:改编自 airlines.org/wp-content/uploads/2018/02/A4A-Air/TrabelSurvey-20Feb2018-FINAL.pdf。由于四舍五入,数字与原文略有出入。

图 6-7　有钱人飞得最多

来源:国际清洁交通委员会。

那技术发展怎么样呢?这个部门的技术发展相对滞后,现有的也还在起步阶段。目前,比较明显的进展在短途电动飞机,示范飞行了30分钟,但还没有气候友好型技术(氢气除外)或电动飞机可用于长途飞行。我们中的许多人就只能减少飞行。

（九）减慢航速和改变航线

正如航空公司及客户必须通过改变激励措施来承担更大的责任一样，占温室气体排放量3%以上的航运业也必须如此。在一切照旧的情景下，预计到2050年，航运业的排放量将增加120%。如果其他行业按照《巴黎协定》目标减少温室气体排放，而航运业不这样做，那么到2050年航运业的排放量将占总排放量的10%（Transport and Environment，2020）。然而，国际航运承载着约90%的世界贸易，对全球经济至关重要，同时也是最有效的旅行方式之一。空运污染最严重，每海里排放0.806 3千克二氧化碳；其次是货车运输，每海里排放0.169 3千克二氧化碳；再次是铁路运输，每海里排放0.104 8千克二氧化碳。海运效率最高，每海里仅排放0.040 3千克二氧化碳。2020年，航运货物的效率是空运的20倍，货车的4倍，火车的2.6倍。航运已被纳入《巴黎协定》，目前正在采取一系列措施实现净零目标。国际海事组织（IMO）已经制定了实现这些目标的指标。2018年国际海事组织的航运业温室气体战略，要求航运业在2050年前比2008年至少减排50%。该战略倡议国际航运的碳强度在2030年前比2008年至少平均下降40%，在2050年前比2008年至少平均下降50%。

这是一项艰巨的任务，需要对船队、运营、效能和航速进行重大改革。政府和监管机构应要求强制披露、报告效能指标，公布船队目标和战略，以实现温室气体减排目标。监管机构还应考虑强制提升船队效能，即鼓励报废旧船（EU Commission，2021）。监管指令可以改变激励机制、信息披露、目标和透明度，并加快新技术的推广。

2020年，大部分航运业仍然效率低下、污染严重，而且没有意愿参与必要的变革。规模较小的船东对气候变化问题几乎只是坐而论道。各国政府需要采取共同行动,加快步伐,分派任务,并确保这些任务受到包括国际海事组织在内的国际监管机构的监督。归根结底,应该惩罚造成污染的"海盗"。只有这样,市场力量才能推动取得预期成果;惩罚落后者,奖励先行者,如世界最大的航运公司马士基(Maersk),它正朝着净零方向前进(见专栏6.12)。

专栏6.12 马士基开辟了新航线

全球最大的航运公司马士基承诺2050年前实现净零排放。为了实现这一目标,马士基正在投资碳中和燃料和船舶。碳中和船的使用寿命为20—25年,到2030年,马士基必须有碳中和船投入商业运营。为实现这一目标,马士基自2016年以来已投资10亿美元。除了投资新船,马士基在2008年基础上降低了41%的二氧化碳排放量,其目标与国际海事组织的战略保持一致(Maersk,2019)。

马士基的温室气体排放已经与贸易增长脱钩。马士基的船舶一直以较低的速度航行,提高了效能,减少了温室气体排放。马士基现在的目标是,2030年前货物运输相关的温室气体排放量在2008年基础上减少60%。马士基的领导层认识到,只有实现碳中和,才能解决气候变化问题。他们正带头推动全行业的解决方案,因为仅仅提高效能是不够的。

马士基还在测试风帆技术,以提高效能、减少燃料使用。最重要的是,这种技术可以在不牺牲运力的情况下加装到现有船队的部分船型上,这样他们不用等新船下水,就能获得温室气体减排效益。

其实创新解决方案已经有了,比如渐进式设计调整、太阳能船舶和风帆辅助船舶。在这些容易采用的方法中，减速和增加风帆可以最大程度地提高船舶效能（分别为30%和23%），而且最简单、成本最低。总之，必须加快船队更新和老旧船队报废的变革步伐，奖励像马士基这样的先行者。各国政府必须采取共同行动，确保航运业不会转向监管不力、贴上宽松管辖标签的"海盗"承运商。我们不能在公海上再出现搭便车的问题。航运业必须不断创新，拉陡推广曲线，其中包括测试氨等新燃料（见专栏6.13）。

专栏6.13 难闻但充满希望的运输臭味

曼恩能源解决方案公司（以下简称曼恩能源），是一家总部位于德国奥格斯堡的跨国公司，主要生产船用和固定应用的大口径柴油发动机和涡轮机械。曼恩能源正在测试一种使用臭氨水的船舶发动机设计，氨有可能取代未来巨型货轮的船用燃料。技术初期会设计为燃料和氨两用发动机，并在2024年测试这种配置。

重要的是，虽然氨的能量密度比船用燃料低，但比氢的密度高，经常被宣传为石油的可能替代品，而且不必储存在零下234度的环境中。包括艾德维克（Eidesvik）在内的其他航运公司也在探索将氨作为船舶燃料。

但氨本身在处置、毒性以及温室气体排放（用于化肥生产时）方面也面临着挑战。再一次强调，创新和研发至关重要。丹麦奥胡斯大学的研究人员和催化剂制造商托索普（Haldor Tospoe）正在开发能够利用水、空气和可再生电力生产氨的技术。研究人员指出，"我们不用化石能源……我们只需利用风能和太阳能，几分钟内就能在另一端得到液体燃料"（BBC，2020b）。这项技术将于2022或2023年实现商用。

六、我们眼前山高路陡

在这里,我们不可能评估每个部门、每个行业,也不可能评估改善温室气体排放的所有可能的技术。即使能克服这个极其困难的任务,这样做也会产生激烈讨论,而气候变化已经引发了这些讨论。尽管如此,上述各种例子以及政府、企业和个人的不同转变都强调了还有很长的路要走,新技术的转型和加速推广进程已经开始了。

通过对几个主要领域的简要介绍,我们可以清楚地看到,在国家、地区和全球经济的大部分领域,对气候变化的调整应对和重新设计尚未完成,而且在许多领域几乎还没有开始。在2021年,实现净零排放已经不是一个循序渐进的问题,更不是对现有做法进行微调。如果各国政府不能同步支持创新,转变激励机制,加快新技术在众多领域的推广和应用速度,我们将面临触发有害新平衡点的风险。加快变革至关重要。

2021年,从欧洲、美国到中国,越来越多的国家开始制定绿色产业政策,这一进程应该加速。各国政府要支持绿色创新,并在本国经济中加速推广,以此转变信号和激励机制。从农业、工业到建筑业,许多行业仍然需要突破性创新,必须应用现有了解的温室气体减排技术。

七、有可能出现更陡的S形曲线

有证据表明,S形曲线有可能变陡。我们不仅处于一个技术推广普遍加速的时期——信息技术数字化绿色革命就在我们身边,而且各国的实例表明,技术采用率直接受到公共政策、气候变化监管行动和预期变化的影响,无论是瑞典的碳税、挪威和英国的内燃机淘汰日程,还是拜登政府的气候变化应对回归现实。

第六章　绿化产业政策：加速推广落实净零排放

绿色技术的快速推广已经开始，并将继续成为经济增长的引擎。新卢德主义对新技术的否认假设是错误的。在适当的支持、监管和监督下，新技术已经开始推动绿色工业革命，并将继续下去，从而解决生产效率和长期停滞的问题。由可再生能源和其他许多因素引发的绿色革命不应像我们在数字化、新自由主义版本的全球化中那样，把许多人抛在后面。

正在兴起的绿色全球化2.0是一场独一无二、更加公平的革命。绿色革命的特点不一定是少数人富裕，多数人贫穷。绿色全球化2.0的实现，需要政府目标明确、政策支持，转变激励机制，制定新的法规；需要市场和企业的响应和振兴，重塑和重构，重建以及重新设计我们整个实体经济部门。我们各经济体中的领先企业正在努力抓住这一转型所带来的商业机遇。

我们看到越来越多的证据，领先企业正在做出必要的气候承诺，调整战略和投资，甚至撤资，并从新的业务模式中盈利。这些勇于承担风险的企业已经从渴望绿色资产的投资者那里获得了回报。这些企业以及它们的领导层和员工都明白，绿色和净零目标的协调统一与融合内化，对长期的经济成功和盈利能力来说至关重要。它们有助于建设绿色全球化2.0，同时也能增加利润。这并不是办公室休息室墙上被人遗忘的泛黄的标语。与气候接轨的公司正在全面重新设计方法和思路，领先公司绝不是按部就班的。

至于落后者和反对者，他们会被投资者惩罚。正如卡尼（Carney，2019）所言，许多人都会破产。这就是监管到位、运作良好的市场经济中创造性破坏的本质。随着转型速度的加快以及新绿色全球化2.0胜负分明，显而易见的失败会越来越多。

要实现绿色全球化2.0，我们仍然任重道远。虽然不能确保成功，但各国政府和各经济体的行动者们越来越明白必须做什么。经济转型正在进行，它可能是平稳的，也可能是更加不连贯而且具有破坏性的断裂。我们的路径选择取决于我们的政府，共同行动还是单独行动，它们释放的信号，政策设计，实施的新技术和产业政策，以及它们推广的加速度。

  成功取决于数百万个重新调整的企业决策，包括如何投资、收购什么、何时撤资以及不投什么。成功还要求我们从根本上对经济、社会和生态系统的运行方式赋予新的理解、叙事和模型。在实现这个转变的过程中，我们将从线性经济模式，超越循环经济模式，迈向循回经济模式。在循回经济模式中，我们会认识到地球的极限，并在极限范围内运作，同时确保经济的可持续、韧性和公平（见图6-8）。

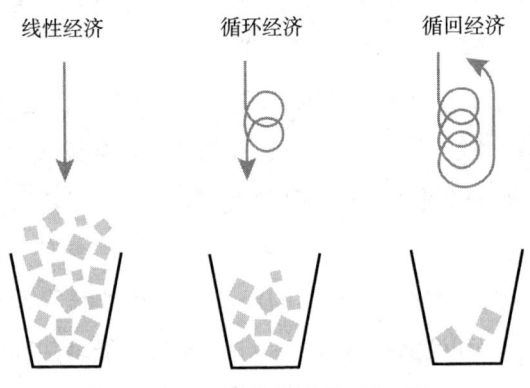

图6-8　建立循回经济模式的时机

来源：C计划增强循回功能。

参考文献

1. Acadia. (2019) 'The regional greenhouse gas initiative: 10 years in review' [Online]. Available at: https://acadiacenter.org/wp-content/uploads/2019/09/Acadia-Center_RGGI_10-Years-in-Review_2019-09-17.pdf (accessed: 22 September 2020).
2. AWEA (American Wind Energy Association). (2020) 'Wind energy in the United States' [Online]. Available at: www.awea.org/wind-101/basics-of-wind-energy/wind-facts-at-a-glance (accessed: 20 October 2020).
3. BBC. (2020a) 'Beer and crisps used to help tackle climate change', 7 December

第六章　绿化产业政策：加速推广落实净零排放

[Online]. Available at: www.bbc.com/news/science-environment-55207597 (accessed: 28 December 2020).

——. (2020b) 'The foul-smelling fuel that could power big ships', 6 November [Online]. Available at: www.bbc.co.uk/news/business-54511743 (accessed: 27 May 2021).

——. (2020c) 'McDonalds among food firms urging tougher deforestation rules', 5 October [Online]. Available at: www.bbc.com/news/business-54408544 (accessed: 28 December 2020).

4. Beerling, D.J., Kantzas, E.P., Lomas, M.R., Wade, P., Eufrasio, R.M., Renforth, P., et al. (2020) 'Potential for large-scale CO_2 removal via enhanced rock weathering with croplands'. *Nature*, 583: 242–248 [Online]. Available at: https://doi.org/10.1038/s41586-020-2448-9 (accessed: 29 December 2020).

5. BloombergNEF. (2019) 'New energy outlook 2019', 20 August [Online]. Available at: www.gihub.org/resources/publications/bnef-new-energy-outlook-2019/ (accessed: 24 January 2021).

6. Boer, J., Schösler, H., and Boersema, J.J. (2013) 'Climate change and meat eating: An inconvenient couple?' *Journal of Environmental Psychology*, 33: 1–8 [Online]. Available at: www.sciencedirect.com/science/article/abs/pii/S0272494412000618 (accessed: 28 December 2020).

7. BP. (2019) 'BP Energy Outlook 2019' [Online]. Available at: www.bp.com/en/global/cor-porate/news-and-insights/press-releases/bp-energy-outlook-2019.html (accessed: 24 January 2021).

8. Carbon Tracker. (2020) 'Decline and fall: The size and vulnerability of the fossil fuel system' [Online]. Available at: https://carbontracker.org/reports/decline-and-fall/ (accessed: 29 January 2021).

9. Carney, M. (2019) 'BoE's Carney warns of bankruptcy for firms that ignore climate change'. *Reuters*, 31 July [Online]. Available at: www.reuters.com/article/us-britain-boe-carney/boes-carney-warns-of-bankruptcy-for-firms-that-ignore-climate-change-idUSKCN1UQ28K (accessed: 29 December 2020).

10. Castellanos, J. D. A., Rajan, H. D. V., Rohde, A.-K., Denhof, D., Freitag, M. et al. (2019). 'Design and simulation of a control algorithm for peak-load shaving using vehicle to grid technology'. *SN Applied Sciences*, 1 August [Online]. Available at: https://doi.org/10.1007/ s42452-019-0999-x (accessed: 29 September 2020).

11. CCC (Climate Change Committee). (2019) 'Progress in preparing for climate change: 2019 progress report to parliament' [Online]. Available at: www.theccc.org.uk/publication/progress-in-preparing-for-climate-change-2019-progress-report-to-

parliament (accessed: 27 May 2021).

12. CEC. (2020) cec.org [Online]. Available at: www.cec.org.cn/guihuayutongji/tongjxinxi/niandushuju/2020-01-21/197077.html (accessed: 20 October 2020).
13. Cemex. (2020) 'Cemex announced ambitious strategy to address climate change', 19 February [Online]. Available at: www.cemexusa.com/-/cemex-announces-ambitious-strategy-to-address-climate-change (accessed: 7 October 2020).
14. China NREC (National Renewable Energy Center). (2019) 'China renewable energy outlook 2019' [Online]. Available at: http://boostre.cnrec.org.cn/wp-content/uploads/2020/03/CREO-2019-EN-Final-20200418.pdf (accessed: 20 October 2020).
15. Cole, C., Duxbury, J., Freney, J. *et al.* (1997) 'Global estimates of potential mitigation of greenhouse gas emissions by agriculture'. *Nutrient Cycling in Agroecosystems* 49: 221–228 [Online]. Available at: https://doi.org/10.1023/A:100973171134.
16. Cordis. (2020) 'CO_2 capture from cement production' [Online]. Available at: https://cordis.europa.eu/project/id/641185 (accessed: 29 December 2020).
17. CORSIA. (2020) 'Carbon offsetting and reduction scheme for international aviation (CORSIA)' [Online]. Available at: www.icao.int/environmental-protection/CORSIA/Pages/default.aspx (accessed: 29 January 2021).
18. Earth.com. (2019) 'Europe is phasing out coal faster than ever before', 29 October [Online]. Available at: www.earth.com/news/europe-coal (accessed: 29 January 2021).
19. EU Commission. (2021) 'Future of the Common Agricultural Policy' [Online]. Available at: https://ec.europa.eu/info/food-farming-fisheries/key-policies/common-agricultural-policy/future-cap_en#highergreenambitions (accessed: 29 January 2021).
20. *Faraday Insights*. (2020) 'Lithium, cobalt and nickel: The gold rush of the 20th century', Issue 6, Update June 2020 [Online]. Available at: https://faraday.ac.uk/wp-content/uploads/2020/06/Faraday_Insights_6_Updated.pdf (accessed: 20 October 2020).
21. *Forbes*. (2019) 'Renewable energy job boom creates economic opportunity as coal industry slumps', 22 April [Online]. Available at: www.forbes.com/sites/energyinnovation/2019/04/22/renewable-energy-job-boom-creating-economic-opportunity-as-coal-industry- slumps/?sh=1d83a7e33665 (accessed: 28 January 2021).
22. Future Farming. (2020) 'John Deere: We believe in electric tractors. 100%', 12 March [Online]. Available at: www.futurefarming.com/Machinery/Articles/2020/3/John-Deere-We-believe-in-electric-tractors-100-552869E/ (accessed: 23 January

2021).
23. Geroski, P. (1999) 'Models of technology diffusion', Paper 2146, Centre for Economic Policy Research [Online]. Available at: https://repec.cepr.org/repec/cpr/ceprdp/DP2146.pdf (accessed: 20 January 2021).
24. *The Guardian.* (2016) 'Making concrete green: Reinventing the world's most used synthetic material', 4 March [Online]. Available at: www.theguardian.com/sustainable-business/2016/mar/04/making-concrete-green-reinventing-the-worlds-most-used-synthetic- material (accessed: 8 October 2020).
25. GWEC. (2021) 'A gust of growth in China makes 2020 a record year for wind energy', 21 January [Online]. Available at: https://gwec.net/a-gust-of-growth-in-china-makes-2020-a-record-year-for-wind-energy (accessed: 24 May 2021).
26. G30 (Group of Thirty). (2018) *Banking Conduct and Culture: A Permanent Mindset Change.* Washington, DC: Group of Thirty.
   ——. (2020) *Mainstreaming the Transition to a Net-Zero Economy.* Washington, DC: Group of Thirty.
27. Iberdrola. (2021) 'Iberdrola group's climate commitment' [Online]. Available at: www.iberdrola.com/sustainability/against-climate-change (accessed: 29 January 2021)
28. ICCT (International Council on Clean Transportation). (2019) 'Should you be ashamed of flying? Probably not', 23 September [Online]. Available at: https://theicct.org/blog/staff/should-you-be-ashamed-flying-probably-not (accessed: 29 January 2021).
29. IEA (International Energy Agency). (2018) 'World energy outlook 2018', November. Available at: www.iea.org/reports/world-energy-outlook-2018 (accessed: 24 January 2021).
   ——. (2020) 'Global electric vehicle outlook 2020', June [Online]. Available at: www.iea.org/reports/global-ev-outlook-2020 (accessed: 20 October 2020).
30. IEEFA (Institute for Energy Economics and Financial Analysis). (2020) 'US coal companies battered by investors in 2019, as leading sector index drops 53%', 2 January [Online]. Available at: https://ieefa.org/u-s-coal-companies-battered-by-investors-in-2019-leading-sector-index-drops-53 (accessed: 20 October 2020).
31. IEEP (Institute for European Environmental Policy). (2019) 'NetZero agriculture in 2050: How to get there', February [Online]. Available at: https://ieep.eu/uploads/articles/attachments/eeac4853-3629-4793-9e7b-2df5c156afd3/IEEP_NZ2050_Agriculture_ report_screen.pdf?v=63718575577 (accessed: 17 October 2020).
32. IMF (International Monetary Fund). (2019) 'Global fossil fuel subsidies remain large: An update based on country-level estimates', IMF Working Paper

WP/19/89 [Online]. Available at: https://www.imf.org/en/Publications/WP/Issues/2019/05/02/Global-Fossil-Fuel-Subsidies-Remain-Large-An-Update-Based-on-Country-Level-Estimates-46509.

33. IPCC (Intergovernmental Panel on Climate Change). (2018) 'Special report: Global warming of 1.5 ºC' [Online]. Available at: www.ipcc.ch/sr15 (accessed: 29 December 2020).

——. (2019) 'Special report: Climate change and land' [Online]. Available at: www.ipcc.ch/srccl/chapter/summary-for-policymakers/ (accessed: 17 October 2020).

34. IRENA (International Renewable Energy Agency). (2019) 'Global energy transformation: A roadmap to 2050' [Online]. Available at: www.irena.org/publications/2019/ Apr/Global-energy-transformation-A-roadmap-to-2050-2019Edition (accessed: 24 January 2021).

——. (2020) Renewable energy statistics [Online]. Available at: www.irena.org/-/media/Files/IRENA/Agency/Publication/2020/Jul/IRENA_Renewable_Energy_Statistics_2020.pdf (accessed: 20 October 2020).

35. Kortenhorst, J. (2019) 'New report suggests the speed of the energy transition is rapid', 11 September [Online]. Available at: https://rmi.org/new-report-suggests-the-speed-of-the-energy-transition-is-rapid (accessed: 16 October 2020).

36. Linquist, B.A., Adviento-Borbea, M.A., Pittelkowa, C.M., van Kessel, C., and van Groenigenb, K.J. (2012) 'Fertilizer management practices and greenhouse gas emissions from rice systems: A quantitative review and analysis'. *Field Crop Research*, 135: 10–21 [Online]. Available at: https://linquist.ucdavis.edu/sites/g/files/dgvnsk6581/files/inline-files/ 2012-Linquist-et-al-FCR-Review-GHG-fert.pdf (accessed: 29 December 2020).

37. Maersk. (2019) 'Towards a net zero carbon future', 26 June [Online]. Available at: www.maersk.com/news/articles/2019/06/26/towards-a-zero-carbon-future (accessed: 29 January 2021).

38. Mazucatto, M. (2015) *The Entrepreneurial State: Debunking Public vs. Private Sector Myth*. London: Anthem Press.

39. Mckinsey. (2020) 'The road ahead for e-mobility', 27 January [Online]. Available at: www.mckinsey.com/industries/automotive-and-assembly/our-insights/the-road-ahead-for-e- mobility (accessed: 20 October 2020).

40. Milner, H. and Solstad, S.U. (2018) 'Technology diffusion and the international system'. Draft paper [Online]. Available at: https://scholar.princeton.edu/sites/default/files/hvmilner/files/technology-diffusion.pdf (accessed: 16 October 2020).

41. *New York Times*. (2020) 'Long concealed records show Trump's chronic losses and

years of tax avoidance', 27 September [Online]. Available at: www.nytimes.com/interactive/2020/09/27/us/donald-trump-taxes.html (accessed: 29 January 2021).

42. Oilprice.com. (2020) 'Five energy stocks to buy before Christmas' [Online]. Available at: https://oilprice.com/Energy/Energy-General/Five-Energy-Stocks-To-Buy-Before-Christmas.html (accessed: 29 January 2021).

43. Pepsi Co. (2021) 'PepsiCo doubles down on climate goal and pledges net-zero emissions by 2040' [Online]. Available at: www.pepsico.com/news/press-release/pepsico-doubles-down-on-climate-goal-and-pledges-net-zero-emissions-by-204001142021 (accessed: 29 January 2021).

44. Pickering N. K., Chagunda, M. G., Banos, G., Mrode, R., McEwan, J. C., and Wall, E. (2015) 'Genetic parameters for predicted methane production and laser methane detector measurements'. *Journal of Animal Science*, 93 (1): 11–20 [Online]. Available at: https://doi.org/10.2527/jas.2014-8302 (accessed: 29 January 2021).

45. *PV Magazine*. (2020a) 'Distributed storage could save Texas $344 million per year by deferring transmission and distribution costs', 11 May [Online]. Available at: https://pv-magazine-usa.com/2020/05/11/distributed-storage-could-save-texas-344-million-per-year-by-deferring-transmission-and-distribution-costs/ (accessed: 29 September 2020).

———. (2020b) 'LCOE from large scale PV fell 4% to $50 per megawatt-hour in six months', 30 April [Online]. Available at: www.pv-magazine.com/2020/04/30/lcoe-from-large-scale-pv-fell-4-to-50-per-megawatt-hour-in-six-months (accessed: 7 October 2020).

46. PVPS. (2019) 'Trends in 2019 photovoltaic applications' [Online]. Available at: https://iea-pvps.org/wp-content/uploads/2019/12/Press_Release_-_IEA-PVPS_T1_Trends_2019-1.pdf (accessed: 20 October 2020).

47. Qin, X., Li, Y., Wang, H., Li, J., Wan, Y., Gao, Q., Liao, Y., and Fan, M. (2015) 'Effect of rice cultivars on yield-scaled methane emissions in a double rice field in South China'. *Journal of Integrative Environmental Sciences*, 12: 47–66 [Online]. Available at: https://doi.org/10.1080/1943815X.2015.1118388 (accessed: 29 December 2020).

48. Rios-Nunez, S. M., and Coq-Huelva, D. (2014) 'The transformation of the Spanish livestock system in the second and third food regimes'. *Journal of Agrarian Change*, 5 (4): 519–540 [Online]. Available at: https://doi.org/10.1111/joac.12088 (accessed: 28 December 2020). Roberts, D. (2020) 'We have to accelerate clean energy innovation to curb the climate crisis. here's how'. *Vox*, 16 September [Online]. Available at: www.vox.com/energy-and-environment/21426920/climate-change-

renewable-energy-solar-wind-innovation-green-new-deal (accessed: 28 December 2020).

49. ScienceAlert. com. (2019) 'Scotland is now generating so much wind energy, it could power two Scotlands', 17 July [Online] Available at: www.sciencealert.com/scotland-s-wind-turbines-are-now-generating-double-what-its-residents-need (accessed: 20 October 2020).

50. Shiller, R. (2010) *Irrational Exuberance*. Princeton: Princeton University Press.

51. Springmann, M., Godfray, H. C. J., Rayner, M., and Peter Scarborough, P. (2016) 'Analysis and valuation of the health and climate change cobenefits of dietary change'. *Proceedings of the National Institute of Science*, 113 (15): 4146–4151, 12 April [Online]. Available at: www.pnas.org/content/pnas/113/15/4146.full.pdf (accessed: 28 December 2020).

52. Stiglitz, J. (2019) 'The climate crisis is our third world war: It needs a bold response'. *The Guardian*, 4 June [Online]. Available at: www.theguardian.com/commentisfree/2019/jun/04/climate-change-world-war-iii-green-new-deal (accessed: 28 December 2020).

53. Transport and Environment. (2020) 'Shipping and the environment' [Online]. Available at: www.transportenvironment.org/what-we-do/shipping-and-environment (accessed: 29 January 2021).

54. UN. (2020) '2020 is a pivotal year for climate – UN Chief and COP26 President', 9 March [Online]. Available at: https://unfccc.int/news/2020-is-a-pivotal-year-for-climate-un-chief-and-cop26-president (accessed: 30 September 2020).

55. UN Global ABC.org. (2021) [Online]. Available at: https://globalabc.org (accessed: 29 January 2021).

56. Veugelers, R. (2016) 'Empowering the green innovation machine'. *Intereconomics Review of European Economic Policy*, 51 (4): 205–208 [Online]. Available at: www.intereconomics.eu/contents/year/2016/number/4/article/empowering-the-green-innovation-machine. html (accessed: 28 December 2020).

57. *Wall Street Journal*. (2020) '2020 was one of the worst-ever years for oil write-downs', 27 December [Online]. Available at: www.wsj.com/articles/2020-was-one-of-the-worst-ever-years-for-oil-write-downs-11609077600 (accessed: 28 December 2020).

58. WEF (World Economic Forum). (2019) 'The speed of the energy transition gradual or rapid change?', September [Online]. Available at: www3.weforum.org/docs/WEF_the_speed_of_the_energy_transition.pdf (accessed: 29 January 2021).

第七章
绿化叙事

> 叙事构成了我们所了解的现实，它使我们理解所见所闻，引导我们对前进方向做出新的推断，建立新的模式。
>
> ——维兰德等（Veland et al., 2018：42）

> 经济叙事具有感染力，它有可能改变人们做出经济决策的方式。
>
> ——席勒（Shiller, 2019：3）

人类社会依赖于叙事。我们给孩子讲故事；我们用故事来描绘世界；我们传唱故事；我们在洞穴的墙壁上描绘愿景和叙事。米开朗琪罗（Michelangelo）在罗马西斯廷教堂的天花板上绘制了《创世记》和《圣经》故事，而他的伟大对手列奥纳多·达·芬奇（Leonardo da Vinci）在米兰圣玛丽亚修道院的餐厅里绘制了《最后的晚餐》。人类生活在自己理解的故事里，他们通过编写故事来诠释表面上无法解释或令人困惑的事物，以此解构复杂性。我们的叙事帮助我们理解事物、得出结论并向前迈进（Veland et al., 2018）。经济叙事也会改变我们的想法、回应和选择（Shiller, 2019）。

当我们人类改变对话属性时，我们也改变了自己的故事、思考方式、回应与计划。改变论述和叙事很重要，因为故事会刺激我们的反应，改变我们的行动和理解。我们知道，如果固守错误叙事，或者基于无稽之谈，那么无论个人还是集体，结局都会很可怕。

我在本书中提出的看法是：通过支持我们的观点，加速或减缓社区对共同挑战、问题和行动的理解以及可能达成的共识，我们的叙事，即我们所讲述的故事（经济、社会和地球），会对事件和结果产生影响。

我们的故事可以是经济的，而且一如既往地包含了我们所理解的世界运作模式。这些故事融合了科学事实或虚构信息，对我们有利或有害。故事可以是政治的，也可以是文化的。我们的叙事会受到危机和冲击的影响，如"非理性繁荣"（Shiller，2000）助长的金融繁荣，或者突如其来的灾难、战争或疫情。新冠疫情明显影响了共同叙事，改变了我们的理解，也改变了我们对彼此、对社会和政府的期望界限。

作为社会、社区和个人，我们如何做出反应，会受到我们所相信的叙事和我们亲历事件的影响，这就像一个反馈回路。当我们改变叙事，改变思考复杂问题的方式时，可接受、可能的和可行的界限也随之改变。重大事件和危机会改变我们对可能和必要的认知。新冠疫情就证明了这一点，它扩大了我们讨论和认同的合理的政府行动范围（大规模财政干预、休假计划等）、必要的社会行动范围（社交距离和隔离），以及我们作为个人的行为方式（我们愿意承担什么能够或愿意为他人做什么）。

当我们试图改变气候变化的社区共识时，我们也可以看到这种情况。

当社区共识拒绝接受气候变化的事实并采取反事实的立场时，就会抵制行动并阻挠应对措施。然而，当一个社区受到恶劣天气事件的冲击，认识到气候变化的事实和人类的角色时，否认气候变化的共识就会被动摇（正如我们在澳大利亚看到的那样）。因此，真实世界的事件会改变人们的立场，开启新的理解、叙事和政治妥协。这样，社区也能够接受其他的经济可能性、环境目标和发展路径。

在构建脱碳世界的过程中，"连贯的战略和令人信服的战略叙事对缩小气候变化方面的行动差距至关重要"（Bushnell, Workman and Colley，2016：2）。许多社区需要加快重构和对话的速度，帮助我们在头脑中建立新的气候变化结构，了解我们生活的世界、我们在其中的角色以及集体和个人的责任。

一、新叙事创造新现实

围绕如何讨论气候变化、净零战略和可能的解决方案，国家、社区和地方正处于叙事不断演变的进程中。这些故事各有千秋，需要在事实的基础上，经过深思熟虑，要有包容性、影响力、经济性和人情味。社区应对气候转型的具体方式因地而异。

气候变化叙事的交流必须与政策的紧迫性相匹配，并以科学和数据为基础。信息传递必须一致、清晰、易懂。社区要清楚，气候变化不是"别处"发生的事，它就发生在此时此地，因此需要以事实为基础开展对话和讨论。当人们意识到行动责任时，叙事可以动员其他人行动起来，推动社会变革（Reisman，2008）。

（一）辩论和所有权

应对气候变化需要将讨论、控制和决策权下放给地方，这样，一旦了解了气候变化挑战的规模，社区就可以考虑采取措施。有一些例子可以说明这种授权如何发挥作用，讨论如何展开，并积极影响了气候变化对话。2021年，这种对话的授权和本地化解决方案的构建是零散的，即只在某些地区和地方（如欧洲的某些地方）比较强，而在其他地方非常弱。如果我们要改变气候变化叙事和结果，就必须在所有的社区加快对话、讨论和解决方案的授权，并通过增加发达国家向新兴国家和低收入国家的转移支付来提供适当的支持和资源。

（二）共识是必要的，也是可能的

在支离破碎的社会（如美国政体的部分地区）中重建共识，是一项紧迫的任务。创造新的气候变化叙事并非易事，但也并非不可能。它们正在一些社区和城市上演。我们也可以从青年驱动的气候变化叙事中看到这一点，格蕾塔·通贝里和气候罢课推动了这一叙事的发展，并在2019和2020年吸引了全世界年轻人的关注。我们在反抗灭绝运动中也看到了这一点。在2020和2021年，我们看到越来越多的国家和社区叙事正在转变。实例表明，富有成效的、文明的公民对话收获颇丰。

（三）地区和城市必须引领潮流

我们描述和讨论气候的方式会影响共同气候变化叙事，所以我们的政策行动也应本地化、相关联、可理解、可复制。毕竟，我们在熟悉的地方可以更容易、更务实地实施并影响气候目标。面对全球规模的灾难，我们可能会不知所措。但从地方层面看，可能的适应、缓释措施，以及经济和个人行为的改变，会更具体也更容易实现。在自己的社区，我们可以感受并呼吸到更好的空气，助力有创意的新解决方案，并在我们的城镇和城市实施这些方案。

尽管地方在气候变化问题上的行动具有很大的可能性，但改变气候问题对话的共同努力往往会遇到虚假的叙事结构，这些一定会阻碍行动的开展。

二、虚假叙事与应对气候变化

如果我们认为气候变化是一个骗局，我们就会忽视眼前的一切：加利福尼亚州的野火、全球创纪录的高温以及淹没我们社区的洪水。因此，2020年，时任美国总统的特朗普兜售关于气候变化的虚假叙事。他一直否认气候变化是真实的，甚至建议加州多清扫森林来解决野火问题。不幸的是，特朗普只是美国领导人里众多气候变化否认者中最突出的一个。美国围绕气候变化进行虚假叙事的历史漫长而痛苦，其本身就可以写成一本书。让我尝试用几百字来浓缩这段歪曲的历史。

（一）伦茨备忘录的有害影响

直到21世纪初，全球变暖（现称气候变化）在美国都还不是一个政治问题，没有左右派之间的尖锐对立。选民们关心环境是出于狩猎、徒步或环保主义等个人偏好，他们热爱户外活动、国家公园和广袤的荒野。对一些选民来说，全球变暖问题越来越重要，他们希望为之采取行动。共和党人担心时任总统乔治·W.布什在选举中处于弱势，时任共和党主要民调专家的弗兰克·伦茨（Frank Luntz）写了一份如今已臭名昭著的备忘录作为回应，他在备忘录中建议布什总统反驳气候变化的说法，借称科学辩论仍未结束，因而还是一个存在争议的话题（事实上并非如此）。正如伦茨所言："如果公众认为科学问题已盖棺论定，他们对全球变暖的看法也会随之改变。因此，您需要继续将缺乏科学确定性作为辩论的首要条件。"

伦茨明白，要避免在气候变化上采取行动，就必须让公众相信科学上仍然存疑，问题仍待研究，因为一旦科学结论明确，美国人就会要求他们的领导人采取行动。

美国过去20年破坏性、倒退式的辩论，以及对气候变化事实和所见现实的否认、怀疑和虚假争论，都可以追根溯源到这个破坏效果明显的战略：削弱公众对气候变化科学共识的理解。事实上，我们在艾米·科尼·巴雷特（Amy Coney Barrett）法官2020年10月的美国最高法院任命听证会上，也听到了同样的说法，她将气候变化描述为"一个非常有争议的公共辩论问题"（BBC，2020）。气候变化并无争议。它是一个物理的、实证的、可观察到的事实（Carney，2020）。然而，巴雷特大法官却不这么认为，因为她从20年来不断重复的伦茨虚假叙事中学到了这一点。

（二）兔子洞的危险

伦茨备忘录表明，如果我们抓紧虚假叙事，反而会让自己觉得了解真实情况——但如果故事情节不是基于事实，我们就会掉进兔子洞，进入另类现实的爱丽丝梦游仙境。

以广泛传播的匿名者Q阴谋论（QAnon Conspiracy Theory）为例。这个复杂多面的阴谋论认为，好莱坞、政府和媒体（通常是自由派和民主党）中的精英，正在秘密从事大规模的贩卖和虐待儿童活动。一个神秘的Q发出的匿名隐秘信息，更加推波助澜了这一说法，Q会留下碎片信息让信徒们去追踪、解码。这个故事简直是胡说八道，无稽之谈。然而，2020年在美国进行的皮尤民意调查（Pew Poll）发现，听说过匿名者Q的人中有20%认为它对国家"有点好处"或"非常好"（Pew Research Center，2020）。爱可信（Axios）民意调查发现，1/3的美国人对这个阴谋论持开放态度，其中美国南部地区的观点最为强烈，密西西比州和路易斯安那州有12%—14%的选民自认是信徒（Axios，2020）。匿名者Q叙事的信徒并非无害：他们在美国被列为潜在恐怖主义威胁（Business Insider，2019）。2021年1月6日，许多企图政变并冲进美国国会大厦的暴乱分子、罪犯和武装恐怖分子都自认为是匿名者Q的信徒。

别以为喜欢狂野叙事的只是美国人，事实并非如此。在英国、德国和其他国家，匿名者Q虚假言论的演绎不仅被接受，还迅速传播开来。2020年，在英国进行的民意调查发现，1/4的受访者相信匿名者Q言论的某些方面，比如毫无根据地说新冠病毒是被故意投放的，世界卫生组织医学专家团队于2021年2月在调查时就推翻了这一论调。2020年英国各地举行的反封锁抗议活动中，也可以看到英国匿名者Q信徒的身影（Vice，2020）。匿名者Q的变体在德国极右翼信徒中也越来越受欢迎（Bloomberg，2020）。安德雷斯·克鲁斯（Andreas Kluth）警告说："有一种传染媒介比非典、中东呼吸综合征、埃博拉、寨卡或当今流行的任何其他病毒更让我恐惧。这就是病态备忘录的传播，它们还有一个更传统的名字——阴谋论。"（Bloomberg，2020）

（三）社交媒体和不道德、不思考的算法

快速发展的社交媒体环境，可能会破坏重塑气候变化叙事的努力，这种环境不利于在事实基础上对需要紧急解决的问题形成社会共识。我们使用媒体的方式及其内容似乎正在腐蚀共性，破坏人们广泛理解真理、模糊事实与虚构，并允许创造"替代事实"（Conway，2017）。这样，选民们就会对事件形成不同的理解，脱离同一事实的基础，在备忘录、脸书帖子和宣传鼓吹的海洋中随波逐流。社交媒体倾向于将"我们"与"他们"对立起来；抛开礼貌、包容的对话和辩论；奖励散布虚假故事和恶性帖子的人。

2021年，与其说互联网和社交媒体实现了信息获取的民主化，不如说是将我们的信息消费迷雾化了，这些信息言之凿凿，经过人工智能精心筛选，越来越危言耸听，使我们远离了对全球和国家共同问题的集体讨论和理解。沉迷于屏幕的读者和选民，在国家主导

的错误信息宣传活动的推波助澜下，消失在量身定做的机器生成的信息和媒体兔子洞中（见图7-1）。

图7-1 社交媒体隔离与孤立的螺旋式兔子洞

人工智能毫无思想，但消费者却被它设计、诱导点击的"机器漂移"牵着鼻子走（*New York Times*，2020）。我们阅读的报道都经过算法筛选，目的在于迎合我们的已有观点，并进一步放大和扭曲这些观点，扭曲的方向往往非常有问题。

2021年，我们读的似乎不是同一份报纸。取而代之的是，我们打开平板电脑，直接访问有问题的消息来源。比如2019年的一项调查发现，半数以上受访的美国成年人从脸书获取新闻，使之成为最受欢迎的新闻来源社交平台，油管和推特分别以28%和17%的比例位居第二和第三，照片墙、领英（LinkedIn）、红迪网（Reddit）和色拉布（Snapchat）等其他各种平台的出现率比较低，但也值得关注（TechCrunch，2019）。这些都是不靠谱的生活决定和讨论信息来源，关注这些的观察者忧心忡忡。英国广播公司就21世纪我们面临的主要挑战对观察者进行了调查，结果显示，可靠信息源的崩溃是社会的重大威胁（Pew Research Center，2017）。正如《连线》（*Wired magazine*）杂志联合创始人凯文·凯利（Kevin Kelly）所说："新闻报道的新挑战主要是真相的新形态……真相不再由权威机构决定，而是由同行网络勾兑。每一个事实都对应着一个反事实，所有这些事实与反事实在网上看起来一模一样，这让大多数人感到困惑。"

这可能让人绝望。面对如此层出不穷的垃圾信息（假信息）源的冲击，我们怎样才能就气候变化和未来路径达成共识，尤其是在美国——这样一个扭曲了辩论事实基础几十年的国家？

三、对话如何改变思想并推进绿色共识

有效的解决方案确实存在。我们不要再盯着屏幕了，我们要重启谦恭的、本地化的、相互尊重的当面交谈。我们要在每个社区、各个层面开展气候对话，让所有人都能理解气候变化的事实并接受它。我们要创建新论坛、新空间，让我们能够讨论、辩论并理解气候危机，这样我们才能开始规划社区的未来。

这不是兜售绿色宣传，这是对地球物理现实的认知和承认。净零排放不是口号，而是科学要求（Corney，2020）。对话要基于共同理解和认同的事实，要不断重复并持续进行。在我们国家，气候变化已被意识形态化，我们只有通过这种谦恭的公民讨论，才能使辩论非政治化，理性、合理地解决这个问题。

这种对话还有可能吗？匿名者Q的案例、公共空间的迷雾化以及对共同理解的破坏表明，也许不可能了。2020年，48%的美国人投票支持气候否认者。这是否预示着我们当中越来越多的人无法将自己从各自的屏幕和信息流中抽离出来？广泛而深刻的理解不复存在了？

我难以接受。积极的动态重塑，即创造引人注目的、有意义的、基于事实且有影响力的新故事，竟然不可能了？值得庆幸的是，一些可行的案例表明，文明的公民讨论可以积极且深刻地改变我们的叙事和政策呈现，这种改变是决定性的，且意义重大。

（一）排污、图书馆和税收

让我从一个关于排污、图书馆和税收的真实故事说起。21世纪初以来，科罗拉多州丹佛市一直是个繁荣的城市。这座位于落基山脉边缘的里高城是科技和教育中心，每月都有4 000—5 000名年轻工作者涌入。他们都希望平衡好工作与生活，在布雷肯里奇或阿斯彭的双黑钻滑雪道上尽情驰骋，或沿着美国海拔最高、最难走、最缺氧的公路骑行前往莱德维尔。2020年，丹佛是美国第五大人口增长最快的城市。

在21世纪的前10年，科罗拉多州的各项服务，包括供水和排污、学校和其他市政服务，都被不断增加的人口逼到了崩溃的边缘。新任市长约翰·希肯卢珀（John Hickenlooper）（现任科罗拉多州初级参议员，2020年当选）清楚必须采取行动。他要让人们缴更多的税，来维持城市发展及其宜居性。当然，爱好自由、持枪、反税的美国人绝不会投票支持加税。

2007年，市长希肯卢珀提议发行5.5亿美元的债券并增加财产税，这个方案被命名为"更好的丹佛"。几乎没有人相信希肯卢珀会成功地使这一方案获得通过。他要做的是，改变美国人长期以来拒绝为他们所要求的服务付费的态度。然而，事实证明，只要讨论透明、细致、清晰，反复辩论，理解透彻，就能改变叙事和结果。希肯卢珀花了一年的时间，从一个图书馆到另一个图书馆，从一个公共会议到另一个公共会议，描述城市面临的公共服务危机、排污需求、新增管道需求、新增学校需求、不断发展的城市急需的许多其他相关项目，以及为维持丹佛经济崛起而必须筹集的资金。我嫂子是丹佛居民，她还记得在当地图书馆参加那些关于排污、学校、道路和税收诚恳讨论的情景。

在各社区和利益相关者组织的支持下，通过谨慎、平衡、以事实为基础的宣传,逐渐形成了城市选民对话和共识。最终,丹佛市选民投票支持了一系列债券和加税措施。一位温和的民主党市长,向持怀疑态度的选民成功推销了大幅加税,因为他首先公开、清晰地阐述了事实和挑战,然后反复、冷静地说明了行动和支出的理由。他的工作并不令人激动;相反,它很辛苦,也很繁复,但好的政府往往就是这样。政府工作包括公开讨论、商定解决普遍困难的可行办法。这不是口号,也不是为了拿分。然而,当你做对了,共识会变得更好。

如图 7-2 所示,希肯卢珀投入的时间和精力以及他取得的成功,为丹佛十多年的扩张和经济增长奠定了基础。值得注意的是,丹佛几乎没有受到 2008—2009 年国际金融危机的影响。希肯卢珀以事实为基础讲述了一个重要而积极的叙事,随后获得的资金以及对城市基础设施的投资发挥了作用,为城市和经济的蓬勃发展做出了贡献。

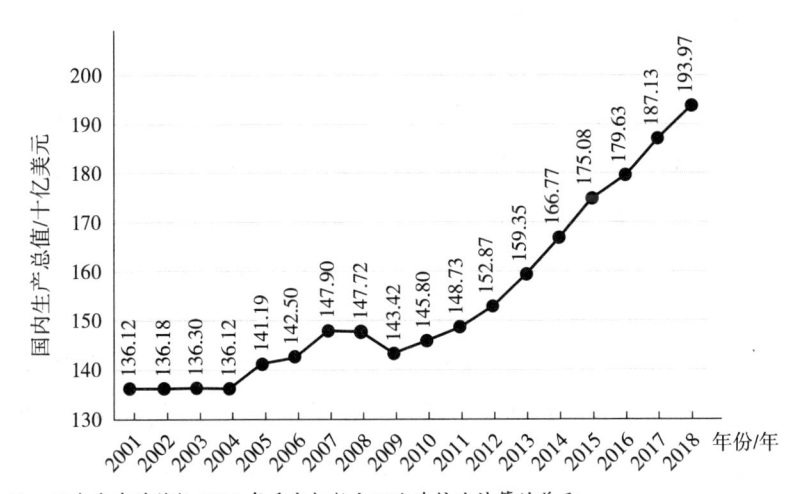

注:国内生产总值按 2012 年重定权数和环比连接法计算的美元。

图 7-2　直言与投资助力丹佛崛起

来源:美国经济分析局(Bureau of Economic Analysis,BEA),2019 年统计数据。

希肯卢珀为我们在 2021 年看到的这座城市添砖加瓦。今天，丹佛居民有口皆碑，毫无疑问，他的成功就是这座城市的成功，他确保了丹佛经济的持续增长和今天的繁荣。20 世纪初，我们在丹佛看到的是，当地选民了解了事实、从长计议，并愿意为共同的美好未来付出更多。我相信，我们可以通过改变有关气候变化的沟通、对话和政策选择来取得类似的结果，并助力转型和绿色技术革命。基于事实的、冷静的、跨越政治分歧的社区对话可以取得成功。

（二）养老金人口统计和寿命

让我们再举一个关于退休和养老金的建设性对话的例子。

养老金是所谓的政治"第三轨"，因为无论养老金改革多么必要，都没有人愿意触碰。然而，2002 年，英国伦敦经济学院教授阿代尔·特纳（Adair Turner）和他的同事们成功了，而其他许多人却失败了。他说服英国人在退休前工作更长的时间，以保持养老金制度的运作和公平。

养老金，更具体地说是社会成本和负担的代际转移，是所有社会面临的巨大挑战。随着社会进步，人口驱动和财富增加降低了全要素生育率，缩小了劳动力与退休人员的比例。随着时间推移，劳动力越来越少，所需供养的退休人员却越来越多，供养时间也越来越长。因为在经济增长的同时，超过国家规定的 62 或 65 岁退休年龄的人口寿命越来越长。我们中很少有人想延迟退休，但在最初确定养老金退休年龄时，计算预计大多数人的寿命会仅超过退休年龄一到两年，但到 2021 年，我们大多数人的寿命将超过退休年龄 15—20 年。现在发达经济体中出生的儿童平均预期寿命为 90 岁。社会无法负担占据人们寿命 1/3 的退休生活。这种成本还在上升，必须由现在和未来的劳动者、企业和社会来承担。这个成本，即人们期望获得的养老金，与劳动者和社会所能提供的养老金之间的差额（不考虑退休年龄和税收调整），在全球发达经济体国家形成了15.8万亿美元的养老金危机（G30，2018）。

然而在2021年，由于特纳教授的努力，英国避免了养老金危机。他做了什么，为什么会成功？2002年，工党政府成立了一个养老金委员会，由特纳担任主席，这个委员会推动并参与了一场关于英国养老金体系可持续性的全国辩论。养老金委员会讨论了随着寿命的延长，逐步调整福利、税收和退休年龄的必要性。2004年，养老金委员会发布了特纳报告（Turner Report）和建议，并于2006年发布了终版报告。

在委员会开展工作的4年中，他们走上街头，在全国各地举行养老金讨论会，解释改革的必要性。他们以审慎的方式，就英国面临的挑战展示了非政治化的事实和分析，并提出了各种可选方案。养老金委员会向全国所有利益相关者征集了数百份口头和书面证词，他们的目标是使辩论非政治化，并达成共识。特纳教授明确指出，决策必须以事实为依据：

> 如果你看过养老金委员会的第一份报告……你会发现大量的事实依据……我们努力确保人们不会对这个分析产生异议……我认为在这些过程中非常有用的是……看看是否每个人都能接受政策维持原样的结果预测。

在英国各地举办的活动每次都有约300人参加。在讨论开始时，针对参会人会进行一项民意调查，以此来了解他们对报告结论的立场。调查显示，在讨论开始时，平均约80%的参会人反对延长国家退休年龄。一天的讨论结束后，与会者在了解了事实和分析之后，态度发生根本转变，他们更愿意接受变革，采取行动。这是一项艰苦的工作，却带来巨大收益。

养老金委员会最后提出了以下建议：（1）建立一个低成本、由国家资助的养老金储蓄计划，所有个人都将自动加入该计划，但可以选择退出；（2）减少养老金系统的经济状况调查，以最大限度地减少储蓄损耗，部分资金通过增加养老金专项税来筹集；（3）将基本国家养老金与平均收入增长重新挂钩，部分资金通过稳步提高国家养老金领取年龄来筹集，以保持退休时长占比不变。政府实施了这三项措施，使英国公共和私人养老金的基础更加稳固、更可持续。至关重要的是，养老金委员会"为以前无法想象的措施创造了空间"（IFG，2007：94）。

英国养老金委员会的简要历程表明，公开审慎的政策方法和对话是怎样改变争议问题叙事的，去除政治化，改变固有观点，扩充可能的政策解决方案，并支持根据事实共识实施这些解决方案。

丹佛和英国的例子是脸书迷因、宣传鼓吹和虚假信息的政治对立面。它们代表的是深思熟虑的、民主的、学院式的公开讨论，以此获得我们都需要的公共产品。这两个例子给我们的重要启示是：事实胜于雄辩。通过在所有社区和利益相关者之间清晰地呈现事实，辅以详谈，事实可以成为共识转变的基础，并促成前无古人的政策成果。事实证明，清楚明了、协商一致的共同行动以及更好的结果终将取代错误信息。

（三）苏格兰气候大讨论

另一个当前气候对话的例子，进一步揭示了这种包容性的公开辩论和进程在当今的应用。

2019年，苏格兰议会通过了《气候变化法案》，从法律上约束政府在2045年前实现净零目标。政府清楚地认识到挑战巨大，据估计，实现净零排放措施中的60%以上或多或少要改变苏格兰社会的运作方式。政府还明白,对话和讨论对扩大区域内共同气候变化挑战的理解至关重要。为此,他们发起了"气候大讨论"(Big Climate Conversation),这是一场团结协作、兼容并包的全域对话,包括与域内各地利益相关者就苏格兰地区如何应对气候紧急状况进行的一系列讨论。

全域共举办了125次研讨会、社区和数字活动,由主持人引导讨论交流。对话开始时,参会者要以书面形式或通过网络陈述意见,讨论结束后还要再次陈述意见。

如图7-3所示,对话前后参与者自我报告的气候变化知识水平,清楚地表明了这次全域范围讨论交流的积极成效。

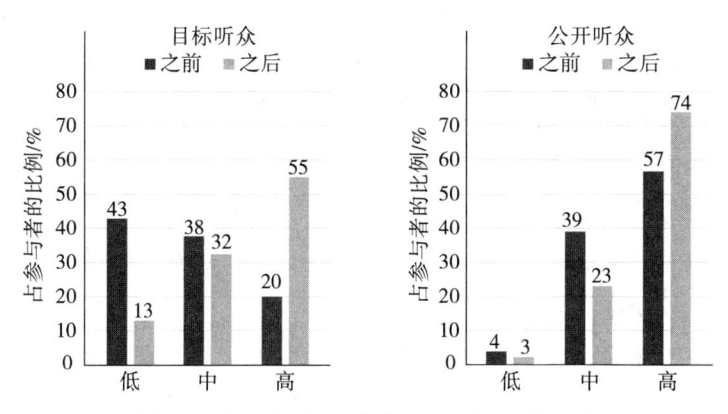

图7-3 了解气候变化的事实会改变人们的观点

来源:苏格兰政府,2020。

图7-3中的结果显示,"气候对话是提升气候变化认知的有效工具"(Scottish Government,2020:17)。目标听众和公开听众会议都提高了人们对气候变化的认知。目标听众的变化最为明显,因为目标听众的构成更加多元化,他们不是已经了解部分信息而主动参加的。

据英国气候变化委员会称,苏格兰的"气候大讨论"旨在支持该区域在 2045 年前实现净零目标，这是"雄心壮志的重大改变"（BBC，2019b）。由于这次成功的全域讨论，这个宏大目标可能会更容易实现，因为它让人们更广泛地了解了需要做些什么。

四、共同对话改变了我们的故事和成果

如前文所述，我们通过讲故事来生活、交谈和思考。丹佛税收对话、英国养老金辩论，以及影响深远的苏格兰气候大讨论都是很好的例子。这三个案例表明，我们依靠故事来理解复杂的主题，内化经验教训，并改变计划和行动。最好的画家为我们描绘故事；最出色的音乐家为我们歌唱故事；最优秀的政策制定者和经济学家在应对气候变化问题时，也应该讲述既有实证又有情感的故事，有始有终、过程清晰，而不仅仅是基于一个模型和一个最优价位。

决策者要想加快净零转型，就要在多个层面的各个论坛上促成并维持对话交流，就像这些例子一样，推动并改变我们对气候变化及其影响的叙事，转变我们可能的共同应对。这些对话可以为社区应对气候变化奠定基础。

对于那些寻求重塑我们的故事以更好地应对气候变化、向净零转型的人们来说，这些对话和辩论的案例提供了以下启示：

- 领导力永远重要。有魅力、可靠的领导人承诺至关重要。领导人可以阐明事实和目标，化解反对意见，说服顽固的反对者考虑变革。
- 去除气候变化对话中明显的政治化是有益的。对话不应该是喊口号和相互谩骂。对话是关于现实、基于事实的，而不是真假参半的喊话。
- 先摆事实。当人们不完全了解争议相关事实时，首先要诊

断问题，摆出支持事实基础的数据，然后再考虑可能的解决方案。摆清事实并得到普遍理解后，再讨论各种方案则水到渠成。
- 讨论过程必须公开。讨论过程覆盖面要广，必须包括所有利益相关者，讨论要有必要的深度，必须尊重所有人。在寻求改变气候变化等复杂话题的叙事方式时，公开参与是关键。
- 改变叙事需要承诺并反复重申。改变人们难以理解的主题故事需要时间和决心。面对困难的政策挑战时，要立即行动，因为它需要的时间可能比你想象得更长。
- 当问题涉及多个方面时，不要让自己被标签为受制于任何特定的利益相关者或团体。成功的对话不会预先假定某一方或某一解决方案优于其他；对话应当是公平合理的审议过程，这样才能得出合理的结论，赢得支持和拥护。

如果处理得当，这样的气候变化交流和对话能够而且确实会改变人心。这些对话因地制宜、直截了当、文明有序、深思熟虑，也是相辅相成的。它们让人们远离屏幕，远离网上匿名的咄咄逼人，它要求人们把彼此当作邻居、朋友和同胞来对待。这类对话能够建立具有包容性的理解，理解共同面对的威胁，理解积极的复兴可能性。我们可以在交流中相互理解，就事实达成一致，并为未来构建新的气候变化故事和绿色政策选择。

（一）创建与当地和社区有共鸣的叙事

当我们创造这些返青的气候变化故事和叙事时，它们也是因地而异的，即使它们有着共同的事实要素。亚利桑那州酷热沙漠中的故事与路易斯安那州遭受飓风袭击的故事一定不同。格陵兰岛讲述的故事与澳大利亚野火和物种灭绝的故事也不一样。这就是讲故事的本质，要想引发共鸣，故事必须具有地方性、真实性和亲和力。气候变化的对话将事实融入背景，帮助我们了解气候变化与我们生活的关系，以及我们能够做些什么和应该做些什么。正如斯泰格（Steger）所指出的那样：

> 虽然气候故事是个人观点，但我们共同的故事才具有改变叙述方式的力量……倾听、同情和各自讲述，是将我们联系在一起的工具，也是培养共性、开始真正变革的工具。

应对气候变化的集体智慧具有更大的动能，更有能力促成合作。因此，多层级对话和故事创作非常重要。

（二）叙事转变从缓慢到突然转变

通常情况下，现有共识会抵制变革，达到某个临界点后，叙事才会出人意料地突然转变。历史告诉我们，共识的转变是缓慢的，往往是不易察觉的，直到现实或冲击动摇了旧的假设，迫使人们接受新的理解或故事。据报道，纳尔逊·曼德拉（Nelson Mandela）在2013年的一次演讲中曾说过："在事情未完成之前，一切都看似不可能。"我们知道，恶劣天气事件会促使人们重新评估气候变化，例如澳大利亚内陆地区的野火。富有魅力的领导人还能够代言、澄清、改变叙事，使人们加速接纳新的故事和结局，曼德拉就是这样为他的国家做的。

反抗灭绝运动（Extinction Rebellion，XR）可以说是关于气候变化最有效的直接行动之一。反抗灭绝运动是一个分散的国际无党派运动，通过非暴力直接行动和民事反抗来说服政府在气候和生态紧急情况下采取公正行动。反抗灭绝运动积极分子在2019和2020年封锁了全球大城市的中心道路（包括伦敦、纽约、华盛顿特区和许多其他城市）。反抗灭绝运动有两个核心诉求：（1）各国政府必须说明真相，宣布气候和生态紧急情况，并与其他机构合作交流变革的紧迫性；（2）各国政府必须立即行动，阻止生物多样性的丧失，并在2025年前将温室气体排放量减少到零。反抗灭绝运动吸取了非暴力反抗的经验教训，并应用于气候危机。反抗灭绝运动取得了显著且迅速的成功，例如，英国议会通过了一项议案，宣布2019年进入了"气候紧急状态"。反抗灭绝运动说道：

> 我们站在悬崖边。我们可以承认我们所面临的事实，也可以继续拖延……我们的气候已经变暖了，丧失了一部分生物多样性，但亡羊补牢，未为迟也。

罢课运动、未来星期五运动、反抗灭绝运动，以及其他相关运动，向现在落后而且具有破坏性的言论和立场施加了压力。正如安格斯·萨托（Angus Satow）注意到的，"我们需要像反抗灭绝和罢课运动这样的团体来持续施压，推进气候危机的议事日程"（Satow in Taylor, 2020）。这些青年和气候运动受到右翼人士的嘲笑和诋毁，但通贝里、反抗灭绝和其他团体正在改变我们的叙事，因为他们挑战、批判了现有叙事和不作为。这些团体向我们展示了叙事转变和对话不仅是某个委员会的工作，它也可以是由积极分子和社区主导的自发形成的动态过程。归根结底，改变我们对气候变化的看法和转型并非泾渭分明，而是相辅相成、相得益彰的。

（三）气候变化叙事也是精神层面的

我们的气候变化叙事和对话也具有宗教和精神意义。教皇方济各在2015年的通谕《愿你受赞颂》（*Laudato Si*）中发出了嘹亮的灵声，值得所有为地球和我们在地球上的空间寻求有力的宗教情感辩护的人，通读全文并细细品味。在通谕中，教皇描述了气候变化的伦理和灵性根源。教皇敦促读者和他的教会不要只在技术上寻找解决方案，而且要改变人性和人心的道德取向——以牺牲取代消费，以慷慨取代贪婪，并认识到世间万物的内在价值。教皇正在寻求更好地为地球共同利益服务的政治和经济形式。因此：

> 政治不应受制于经济，经济也不应受制于以效率为导向的技术主义范式。当前，考虑到共同利益，政治和经济迫切需要开诚布公地对话，这样才能服务于生命，尤其是人类。

教皇的通谕醒目有力，矛头直指理性主义、注重效用、道德萎缩的新古典主义经济学：

> 利润最大化原则常常脱离其他考虑因素，反映了对经济概念本身的误解。只要产量增加了，就很少有人关心是否以未来资源或环境健康为代价；只要砍伐森林增加了产量，就没有人计算土地荒漠化带来的损失、对生物多样性造成的伤害或污染的加剧。

教皇呼吁重新进行道德评估，要认识到我们需要彼此，我们必须以道德和伦理的方式对待环境。教皇的通谕以事实为依据，以基督徒的灵性为支撑，对气候变化提出了全面而深刻的宗教愿景和论述，要求我们采取行动。教皇方济各认为，我们中的宗教人士有责任关爱环境，这一信念得到了许多其他宗教和领袖的响应，并以"生态正义"概念为核心，对所有生命的依存联系提出了全面的社会和生态愿景。

这种多层面的情感、宗教和信念，并不让我意外，因为引领气候变化叙事发生的驱动力往往是情感和精神，它要求我们所有人构建故事，将科学和经济信息与我们内在的道德和伦理信念联系起来，与我们生活的世界、漫步的树林、驻足的海滩和垂钓的河流建立情感联系。

2021年，我相信在多重压力、呼吁和对话的共同作用下，不论是有组织的还是自发的，我们所构建的关于地球和气候变化的故事正在发生看得见摸得着的变化。我们正在开创新方法来促进必要的对话，使气候变化非政治化，将净零转型作为我们每一个人必要而紧迫的地球目标。

有些民族、国家和社区在这一叙事之路上比其他的走得更远。正如我们已经注意到的，许多欧洲国家及城市、地区和选民已经接受了气候变化叙事的某些方面。这表现在越来越多的城市和国家宣布气候紧急状态，包括爱丁堡（2019）、伦敦（2019）、奥斯陆（2019）和巴黎（2019），以及奥地利（2019）、苏格兰（2019）和英国（2019），他们都采取了行动。宣告很重要，因为宣布紧急状态在政府的许多层面都有动员行动的激励效果。

这些声明就是向碳宣战。通过宣战，社区政策创新、推广或接纳的集体叙事S形曲线会迅速变陡，这再次强调了叙事和公共政策的转变往往先是缓慢的，直到达到某个点，变化才会急速发生。

现在是2021年，我们都在与地球气候临界点和转向危险新平衡赛跑。令人欣慰的是，有证据表明类似的叙事临界点正在出现，这有可能降低触发地球气候不可逆临界点的风险。

图7-4显示，宣布气候紧急状态的政府数量从2018年7月的几乎为零，跃升至2020年7月的1 814个。这些政府分布在30个国家，服务于8.3亿人。当然，宣布紧急状态只是第一步，不过这会推动广泛的行动，包括政府规划、预测和提供服务等。它可以从根本上改变政策进程，促使社区、地区、城市和国家联动。可以肯

定的是，这些地区在世界人口和政治单元中仍然是少数，但叙事S形曲线变陡是显而易见的。

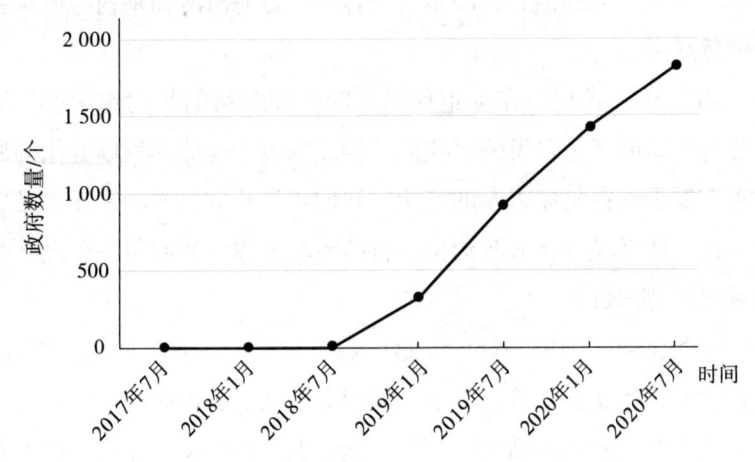

图7-4 宣布气候紧急状态的国家、地区和地方的政府数量

来源：气候动员（Climate Mobilization）。

许多国家和地区转变叙事和行动仍然过于缓慢。有些州和地区尚未开始行动，但它们必须开始了。然而，在过去两年多的时间里，紧迫感不断增强所发出的信号表明，选民对气候行动的要求在不断提高，国家和地方政府对气候紧急状态的重视程度也随之提高。

美国怎么办？我们能指望美国选民改变美国的气候故事和应对措施吗？特朗普政府拒绝前进是地球的一大威胁。今天，美国人在气候变化问题上的立场如何？

格蕾塔效应、年轻人驱动的叙事演变以及其他因素，可能会加快美国人转变观点的速度。在拜登政府的领导下，2021年的美国人似乎更愿意讨论气候危机的选择，以及如何在地方和全国范围内采取应对措施。在美国，"气候对话有时让人感觉像是在一屋子戴着耳塞的孩子们中间大喊大叫"（Segal，2019），但变化正在发生。美国人有可能克服互联网推动的部落思潮，讨论气候变化和未来之路。现实可能会引发叙事方式的转变，迫使人们认识到危险，以及讨论各种选择和加快行动的必要性。

（四）伦茨效应的终结

越来越多的恶劣天气事件——火灾、洪水和飓风，正在改变美国人对气候风险的看法。2020年，伦茨效应，即否认气候变化的科学共识和事实，对美国人的侵蚀正在减弱。民意调查显示，2020年，72%的美国人相信气候变化正在发生。在影响最明显、最切实的地方，这个数字上升得更快。在炙热的得克萨斯州潘汉德地区，75%—77%的人认为气候变化正在发生；在加利福尼亚州，比例更高，达到78%—81%。一旦你相信气候变化是真实的，你就会要求采取行动，正如伦茨备忘录所总结的那样。

重要的是，2020年，每4个接受调查的美国人中就有3个支持将二氧化碳作为污染物进行管制。在亚利桑那州（76%）、加利福尼亚州（79%）、马萨诸塞州（82%）、新泽西州（77%）和纽约州（83%）等地，这个比例更高（Yale，2020）。诸如此类的结果表明，美国人远远领先于共和党及其对气候变化的否认。现在，大多数美国人希望总统、国家、国会和地方就气候变化采取行动。这就解释了为什么候选人拜登在竞选宣言中提出的重大绿色产业政策和大规模投资计划在2020年的总统竞选中没有引起争议。特朗普试图让它成为争议，但没有成功。当大多数选民希望征收碳税并相信气候变化正在发生时，称其为"骗局"只会凸显否认者的无知。

2021年，拜登政府和美国人民已经准备好进行基于事实、更加冷静的对话，转变气候变化叙事。这将使实现全球净零目标的政策之路变得更加平坦，也提升了COP26在多条战线上取得成功的可能性。当然，这还需要大量的对话、沟通和倾听。不过正如西格尔（Segal）所言，气候对话并没有不可弥补的裂痕：

> 我们无法抹去那些无益的叙述……但我们可以再续新篇……科学叙事如果做得好，是最有力量的叙事。科学教给我们的不仅仅是事实、机制和规程……也许最重要的是，它赋予我们全球视野。

拜登政府的绿色政策目标和工业政策绿色化，表明了美国气候变化政策立场的转变。拜登政府重新加入《巴黎协定》，宣布了2050年净零目标。现在拜登政府应与长期盟友合作，在碳定价和今后的转型路径上发挥建设性领导作用。随着美国领导层的更迭，政策可能性发生了变化，机遇也随之增加。2021年，美国将回归关于气候目标和未来路径的国际共识和对话。美国可以在应对气候变化中运用自身的创新和工业实力，通过市场最大限度地加速转型。

这些已经宣布和即将宣布的美国政策转变，对市场产生了积极影响。通用汽车公司宣布将在2035年逐步淘汰汽油和柴油发动机汽车，这是一个令人惊叹的高速转型实例。随着支持更多重大行动的巨大力量开始成形，政策手段、预期改变和公司层面的决策相结合，将增强市场参与者、投资者和行动者的临界点意识。

展望未来，拜登政府在紧急转变政策的同时，应开始规划与气候变化相关的全国对话。要以数据为基础，即以科学和事实为基础，这些对话可以巩固并加强大多数人对气候变化正在发生的认知。这些对话可以帮助社区和城市根据公认的事实考虑应对措施。在全美各社区利益相关者的支持下，这些对话需要一些时间，但它们是全美创造新气候故事的必要组成部分。

正如包括拜登政府在内的各国政府应参与并支持此类全国公民对话一样，我们的地方和社区领导人也应如此。

五、气候变化对话和行动能力授权

授权气候变化对话以及能量、权威和资源来加速转型，对所有应对气候变化的社区来说都至关重要。地方层面的讨论、行动和规划往往更尊重人、更具体、更超前、更集体化，阻力也更小。因为在地区、城市和社区层面，我们从日常生活中就能感受到许多气候变化的应对政策和决策。英国向我们展示了授权的运行机制，也向我们展示了要注意什么。

英国既展示了授权的有效性，也展示了何时不应分权。在苏格兰、威尔士和北爱尔兰，分权的议会和大会在实现净零目标方面发挥了领导作用。这些地区承诺实现积极的目标，并在区域内开展气候对话。这一进程具有协商性、代表性、赋权性和包容性，在地方层面运行良好。各社区在讨论和辩论气候变化的过程中，加深了对绿色转型所需条件的理解。我们可以看到，苏格兰实施了可靠、可预测的政策，以及这些政策如何推动市场决策，改变激励机制、市场预期，甚至定价决策。这就是英国的联邦分权结构为气候变化带来的红利，这一结构由英国前首相托尼·布莱尔（Tony Blair）创建于20世纪90年代。政府授权能够推动必要的气候变化对话，支持叙事转变，并通过政策来落实。

然而，以首相鲍里斯·约翰逊（Boris Johnson）为首的现任英国政府正在推行集权的政治和制度政策。出于其他政治经济原因，政府旨在限制分权，将权力收回伦敦。而地方正在经济问题和气候挑战中苦苦挣扎，这恰恰与它们所需的参与对话和重建联系背道而驰。如果政府希望促成对话，那对话就必须是本地的、包容的。社区要有能量、权威和资源，才能在讨论达成共识后调整政策。英国政府在2021年削弱地方政府并使其陷入困境，却试图在格拉斯哥COP26上一鸣惊人并发挥领导作用，这是错误的，也是无法实现的。全球越来越多的地方政府表明，他们希望加快本地社区的净零转型。在这项任务中，他们应当得到帮助，而不是削弱。归根结底，应当规划地区、城市和乡镇脱碳应对计划细节的是地方政府。正是地方对话和政治活动将国家指令转化为地方所有权并积极行动，这也是国家规划落实的方式。正是我们城市和乡镇充满活力的政治行动，引领着我们积极想象、重新塑造净零未来。

在过去两年多的时间里，各地区、城市和乡镇纷纷宣布气候紧急状态，这表明了政策的迅速转变，以及气候政策在一系列领域的实施；地方政府把控政策、制定法规、设置预期，并规划着宜居、可持续、有韧性、包容与公平的未来。国家政府仍然肩负着制定总体目标和转型路径的任务，地方政府则负责提供更环保的新日常服务。

（一）城市是绿色创新中心、可持续的宜居中心

城市是聚集人才、激发创新、融汇文明的地方，也是推动气候对话和应对措施的地方，但城市也是巨大的碳排放源。例如，英国63个最大城镇产生的温室气体占总排放量的50%，仅伦敦就占了总排放量的11%。如今，推动我们经济发展的城市也必须为净零转型提供动力。英国与其他地方一样，城市之间参差不齐。伊普斯威奇（Ipswich）的人均碳排放量为每年3吨，处于领先地位，而伦敦的人均碳排放量是3.6吨，雷德卡（Redcar）等钢铁生产城市的人均碳排放量高达每年22.4吨。

毋庸置疑，城市是净零转型的重要组成部分。总体而言，城市比郊区或外围地区更具碳效率，脱碳速度也更快（BBC，2019a）。有了城市引领和社区承诺，再加上政府支持、新激励措施以及短中长期规划，我们更有可能在触发气候临界点之前实现净零排放。

2021年，世界上大多数城市还没开始应对净零挑战，不过越

来越多的城市正在以可持续的方式迈向目标。以下部分列举了一些城市的实例,这些城市实施了新的绿色政策,努力实现净零目标,同时使街道更宜居、环境更优美、区位更受投资者和市民青睐。从建筑标准到交通和穿行,再到电力供应等,各个城市正在制定议程,改变我们日常生活中大大小小很多场景的对话。

(二)城市与建筑环境

城市和区位决定了建筑改造的要求,为新建建筑制定净零规范,要求建筑中使用发光二极管(LED)照明。所有这些举措都能使净零目标的实现更进一步。城市可以从改造自己的建筑开始,按照新规范建造新建筑,按照新标准改造老建筑,逐步推进。许多城市已经开始实施这些措施。

例如,早在2010年,德国法兰克福就修订了相关法规,要求所有城市建筑都要达到被动式房屋(Passivhaus)标准,这是衡量建筑能效的一个严格指标。这一承诺建立在法兰克福2007年要求所有新建建筑达到被动式房屋标准的基础之上。法兰克福经过15年渐进式气候规划和规范,已经走在了前列,并证明了改变建筑设计并不意味着降级,而是升级、节能、增效,并减少温室气体排放。

再以加利福尼亚州圣莫尼卡市为例,它批准了世界上首个要求所有新建单户住宅在2017年前实现净零能耗的法令。这一行动比加利福尼亚州的战略计划更加激进,后者只要求所有新建住宅和商业建筑分别在2020和2030年前实现净零能耗。

在法兰克福和圣莫尼卡,我们看到市政府遥遥领先于州政府和联邦政府。

(三)交通、穿行和我们的城市景观

各城市正在为车队电气化、电动车充电站、减少货运、改革公共交通，以及许多相关措施制定标准，以此来改变我们的步行和骑车环境。

以美国华盛顿州的西雅图为例，早在2003年西雅图就倡议"清洁和绿色"车队（Seattle.gov，2019）。目前，西雅图拥有美国最大的绿色车队之一。绿色车队计划有两个目标：（1）2025年前，温室气体排放量减少50%；（2）2030年前，不使用化石燃料。作为计划的一部分，西雅图正在新建电动汽车充电基础设施。据估计，西雅图为此仅需在7年多里花费2800万美元（Seattle.gov，2019：4）。

我的家乡苏格兰爱丁堡也展示了积极规划并参与其中的可能性。2019年，爱丁堡发布了十年总体规划，其中包括有轨电车、禁止汽车通过桥梁，以及连接老城和新城的自行车和行人专用新桥。爱丁堡承诺2030年前实现净零排放，用电动汽车逐步取代城市车辆；增加充电站；改造建筑以提高能效，要求新建建筑达到被动式房屋标准；增加绿色基础设施；评估所有服务协议，确保符合2030年净零目标和行动规划（Edinburgh，2020）。

还有其他城市限行并处罚污染车辆，以转变激励机制。例如，未经许可，爱尔兰都柏林禁止五轴或五轴以上的货运车辆在7：00—19：00进入市中心。都柏林的这一行动使市中心附近的货车交通量减少了80%—94%，都柏林道路上重型货车平均减少了4000多辆（*Irish Examier*，2007）。法国巴黎也开始转变，以污染和公众健康关切为由，宣布2024年前将完全淘汰柴油汽车（Phys.org，2017）。我们可以看到，这些地方正准备成为后汽车时代城市。

（四）为我们的社区赋能

地方政府可以通过LED智能路灯计划、安装市政太阳能、供应可再生能源，以及激励措施，实现净零电气转型。从俄勒冈州的波特兰到瑞典的马尔默,从日本的北海道到澳大利亚的堪培拉,世界各地的城市都在致力于实现100%可再生能源。它们正在为里程碑式的成就以及实施行动计划设定最后期限。

照亮前进道路既是修辞,也是白话。例如,2016年,巴西最大的城市之一贝洛奥里藏特(Belo Horizonte)批准将17.5万盏路灯升级为高效LED路灯。为了完成这一任务,政府与私营部门签署了一份为期20年、价值3亿美元的合同,这是拉丁美洲最大的路灯合同之一。这个项目为城市和居民节省了50%的成本,显著减少了温室气体排放(Signify, 2019)。加利福尼亚州圣地亚哥市(San Diego)提供了另一个最佳实践案例。2017年,圣地亚哥市宣布了一项智慧城市项目,其中包括安装1.4万盏智能LED灯。据估计,这些LED灯每年可以节省240万美元的能源成本,而传感器网络还带来许多额外的好处(Sandiego.gov, 2020)。

地方政府还可以通过支持社区寻求利用净零电力资源,来促进可再生能源的供应,从而刺激私人投资以实现转型。苏格兰爱丁堡郊外的哈尔洛岛水电站(Harlaw Hydro)是社区行动和效益的典范。这一合作始于2012年,旨在建造一座小型水电站,发电后卖给电网,每年为当地绿色能源支持者带来的收入占比高达5%,并支持巴勒诺村的社区项目。这个计划得到了广泛支持,通过发行股票(主要由村民购买)筹集了40.3万英镑,为哈尔洛岛水库(Harlaw Reservoir)社区水电计划提供了资金。截至2020年,水电站已发电5年,发电量达430千瓦时,并为合作成员提供了远高于银行存款的收益率,同时支持了当地的慈善工作,减少了温室气体排放。

地方政府往往对实现净零的需求和路径了解得更透彻。与国际和国家指令相比,社区在有适当咨询权和代表权的情况下,更有可能对地方计划做出积极反应。阿姆斯特丹的良好实践也为我们指明了前进的方向。

2019年，阿姆斯特丹90%的家庭取暖依靠天然气，产生了该市1/3的温室气体排放。阿姆斯特丹承诺2050年前实现净零排放，为了实现这一目标，新开发的楼盘都没有安装天然气基础设施，现有的居民区天然气管道也被拆除。因此，仅2017年一年，就拆除了一万个公共住房单元的天然气供应设施。为了抵消拆除天然气设施的成本，房主还获得了激励。到2020年，不再使用天然气的家庭超过了10万户（Amsterdam.nl，2020）。这一艰难转型之所以能够实现，是因为阿姆斯特丹大多数居民都支持电力转型。如果说阿姆斯特丹展示了一切皆有可能，那么乌得勒支也是。

（五）一个更美好、更本土、更绿色、更持久、更宜居的未来

乌得勒支很好地示范了总体净零思路和市中心的重新规划是怎样改变我们的城市景观、生活体验，以及温室气体排放。荷兰人知道怎样让城市变得宜居，适合步行、骑车，并具有可持续性。乌得勒支的转型是个例证。20世纪70年代，乌得勒支老城区被一条古老的运河环绕，运河被填埋后，成了一条12车道的高速公路。以汽车为中心的这个规划割裂了城市，很快被广泛认为是一个历史性错误。2020年，乌得勒支纠正了这一错误，将凯瑟琳运河恢复为原来的水域状态。此举是城市总体规划的一部分，总体规划选择了水域和绿地，而不是汽车。这一规划还包含在城市火车站修建世界上最大的自行车公园，可容纳1.2万辆自行车。此外，还包括在市中心和步行街打造绿色屋顶。

乌得勒支为打造更美好、更本土、更绿色、更持久、更宜居的城市景观指明了方向。2015年达成的能源计划支撑了这些不断变化的城市景观，乌得勒支市所有新建住宅都实现了能源中和——这领先于国家目标。城市规划更倾向于电动汽车、公共交通和自行车。所有合适的屋顶都安装了太阳能光伏发电，乌得勒支市的光伏

发电安装率已居荷兰之首（IRIS，2020）。乌得勒支的案例展示了，当我们提前规划、共同努力并改变我们的叙事时，我们的城市所能实现的一切。还有许多其他城市也是如此，在此我无法一一讨论，比如马萨诸塞州的列克星顿、加利福尼亚州的旧金山、巴西的里约热内卢以及中国的武汉和金华。

我在这里也没有足够的篇幅来重点介绍各地正在开展的所有成功倡议，但这些例子表明，地方及其领导人可以通过切实可行的举措来实现净零排放。这些植根于当地、分权授权的净零行动，以及我们作为公民和选民的参与，见证了我们自己的叙事转变，使最初看似不可能的事情成为可能。

六、构建新故事，一起向未来

反思我们彼此讲述的故事以及我们编织的气候变化叙事是一个持续的过程。一些社区正在展示如何使其发挥作用。讨论需要以事实为基础，而事实一旦被理解，就可以促成对话，决定应该做什么、谁应该在哪个领域发挥领导作用，以及如何分担责任等。

有证据表明，这种基于现实的对话是可能的、积极的、包容的并富有成效。这种集体对话和对叙事的重新想象可以部分取代孤立的、扭曲的、侵蚀的、由人工智能驱动的动态网络误导信息。前者意在生活和前进，后者则意味着浪费时间和温室气体排放。

不同的社区和人群（年轻人和老年人）都在用理解和参与来取代偏见。这些对话是可以有组织的、有帮助的，也可以是自发的、分散的。在更好地了解气候变化事实和转型路径的基础上，世界各地和社区所采取的措施都说明了叙事正在转变。

我们所有社区是否都能实现这一叙事的飞跃还有待观察，但似乎人们的共识正在转向对未来路径做出科学的、基于现实的、温情的和道德的判断。我们需要更多地讨论这个问题，然后采取行动，并要求政府和社区、领导人和邻居、经济体和企业采取行动。在新的绿色叙事中，我们每个人都应该发挥作用。

参考文献

1. Amsterdam.nl. (2020) 'Policy: Phasing out natural gas' [Online]. Available at: www.amsterdam.nl/en/policy/sustainability/policy-phasing-out/ (accessed: 3 November 2020).
2. Anderson, J. and Rainie, L. (2017) 'The future of truth and misinformation', 19 October [Online]. Available at: www.pewresearch.org/internet/2017/10/19/the-future-of-truth-and-misinformation-online (accessed: 15 February 2021).
3. Axios. (2020) 'Poll: One-third of Americans are open to QAnon conspiracy theories', 21 October [Online]. Available at: www.axios.com/poll-qanon-americans-belief-growing-2a2d2a55-38a7-4b2a-a1b6-2685a956feef.html (accessed: 21 January 2021).
4. BBC. (2019a) 'Are cities bad for the environment?', 16 December [Online]. Available at: www.bbc.com/news/science-environment-49639003 (accessed: 16 September 2020).

    ——. (2019b) 'Scotland must 'walk the talk' on climate change', 17 December [Online]. Available at: www.bbc.com/news/uk-scotland-50808243 (accessed: 8 November 2020).

    ——. (2020) 'Kamala Harris asks Amy Coney Barrett: "Do you believe in climate change?"' 15 October [Online]. Available at: www.youtube.com/watch?v=TTNKg1jygpQ (accessed: 25 May 2021).

    ——. (2021) 'Climate change: Biggest global poll supports "global emergency"', 27 January [Online] Available at: www.bbc.com/news/science-environment-55802902 (accessed: 24 May 2021).
5. Bloomberg. (2020) 'Like a virus, QAnon Spreads From the US to Germany', 22 September [Online]. Available at: www.bloomberg.com/opinion/articles/2020-09-22/like-a-virus-qanon-spreads-from-the-u-s-to-europe-germany (accessed: 31 January 2021).
6. Bushnell, S., Workman, M., and Colley, T. (2016) 'Towards a unifying narrative for climate change'. Grantham Institute Briefing Paper No. 18, Imperial College London, April.

第七章 绿化叙事

7. Business Insider. (2019) 'Conspiracy theories pose a new domestic terrorism threat, according to a secret FBI document', 1 August [Online]. Available at: www.businessinsider.com/ fbi-document-conspiracy-theories-domestic-terrorism-threat-2019-8 (accessed: 30 January 2021).
8. Business Insider. (2020) 'The UK media regulator says a "Greta Thunberg effect" means more children are engaging in online activism', 4 February [Online]. Available at: www.businessinsider.com/greta-thunberg-effect-uk-children-online-activism-spikes-2020-2?r=US&IR=T (accessed: 24 January 2021).
9. Carney, M. (2020) Reith Lectures [Online]. Available at: www.bbc.co.uk/programmes/b00729d9 (accessed: 30 January 2021).
10. City of Edinburgh. (2019) 'Road map published for a net zero carbon Edinburgh by 2030', 22 October [Online]. Available at: www.edinburgh.gov.uk/news/article/12726/road-map-published-for-a-net-zero-carbon-edinburgh-by-2030 (accessed 15 September 2020).
11. Climate Generation. (2020) 'What is a climate story?' [Online]. Available at: www.climategen.org/take-action/act-climate-change/climate-stories/ (accessed: 30 October 2020).
12. Conway. K. A. (2017) Available at: YouTube: www.nbcnews.com/meet-the-press/video/conway-press-secretary-gave-alternative-facts-860142147643 (accessed: 15 January 2021).
13. Edinburgh. (2020) 'Edinburgh publishes 10 year draft city Mobility Plan', 10 January [Online]. Available at: www.intelligenttransport.com/transport-news/94582/edinburgh-publishes-draft-10-year-city-mobility-plan/#:~:text=The%20City%20Mobility%20Plan%20offers,quality%20of%20life%20for%20everyone (accessed: 30 January 2021).
14. Extinction Rebellion. (2020) [Online]. Available at: https://rebellion.global.
15. Francis. (2015) 'Laudato Si', 24 May [Online]. Available at: www.vatican.va/content/fran-cesco/en/encyclicals/documents/papa-francesco_20150524_enciclica-laudato-si.html (accessed: 2 November 2020).
16. G30 (Group of Thirty). (2018). *Fixing the Pensions Crisis Ensuring Lifetime Financial Security*. Washington, DC: Group of Thirty.
17. Harvey, F. (2020) 'Young people resume global climate strikes calling for urgent action', *The Guardian*, 25 September [Online].Available at: www.theguardian.com/environment/2020/sep/25/young-people-resume-global-climate-strikes-calling-urgent-action-greta-thunberg (accessed: 2 November 2020).

18. IFG (Institute for Government). (2007) 'Pensions reform: The Pensions Commission (2002–6)' [Online]. Available at: www.instituteforgovernment.org.uk/sites/default/files/pension_reform.pdf (accessed: 30 October 2020).
19. IRIS Smart Cities. (2020) Utrecht, the Netherlands [Online]. Available at: www.irissmartcities.eu/content/utrecht-netherlands (accessed: 15 September 2020).
20. *Irish Examiner*. (2007) 'New scheme to remove large lorries from city centre', 30 January [Online]. Available at: www.irishexaminer.com/news/arid-30295718.html (accessed: 3 November 2020).
21. Kaplan, S. (2020) 'The climate crisis spawned a generation of young activists. Now they're voters', *Washington Post*, 30 October [Online]. Available at: www.washingtonpost.com/climate-environment/2020/10/30/young-voters-climate-change (accessed: 2 November 2020).
22. Luntz, F. (2002). 'The environment: A cleaner, safer, healthier America', SourceWatch [Online]. Available at: www.sourcewatch.org/images/4/45/LuntzResearch.Memo.pdf (accessed: 24 May 2021).
23. NEA (National Education Association). (2019) 'The "Greta effect" On student activism and climate change', 19 September [Online]. Available at: www.nea.org/advocating-for-change/new-from-nea/greta-effect-student-activism-and-climate-change (accessed: 2 November 2020).
24. *New York Times*. (2020) 'Welcome to the rabbit hole', 16 April [Online]. Available at: www.nytimes.com/2020/04/16/technology/rabbit-hole-podcast-kevin-roose.html (accessed: 30 October 2020).
25. Pew Research Center. (2017) 'The future of truth and misinformation online', 19 October [Online]. Available at: www.pewresearch.org/internet/2017/10/19/the-future-of-truth-and-misinformation-online (accessed: 30 October 2020)
26. Phys.org. (2017) 'Paris wants to phase out diesel cars by 2024', 12 October [Online]. Available at: https://phys.org/news/2017-10-paris-phase-diesel-cars.html (accessed: 3 November 2020).
27. Reisman, K. C. (2008) *Narrative Methods for the Human Sciences*.Thousand Oaks, California: Sage Publications.
28. Sandiego.gov. (2020) 'Smart streetlights program' [Online]. Available at: www.sandiego.gov/ sustainability/energy-and-water-efficiency/programs-projects/smart-city (accessed: 3 November 2020).
29. Scottish Government. (2020) 'Big Climate Conversation: report of findings', 30 January [Online]. Available at: www.gov.scot/publications/report-findings-big-climate-conversation (accessed: January 2021).

30. Seattle.gov. (2019). 'Green fleet action plan: An updated action plan for the city of Seattle' [Online]. Available at: www.seattle.gov/Documents/Departments/FAS/Fleet Management/2019-Green-Fleet-Action-Plan.pdf (accessed: 3 November 2020).
31. Segal, M. (2019) 'To fix the climate, tell better stories'. *Nautilus*, 15 August [Online]. Available at: http://nautil.us/issue/75/story/to-fix-the-climate-tell-better-stories-rp (accessed: 30 October 2020).
32. Shiller, R. (2019) *Narrative Economics*. Princeton: Princeton University Press.
    ——. (2000) *Irrational Exuberance*. Princeton: Princeton University Press.
33. Signify. (2019) 'Belo Horizonte realizes 50% electricity cost savings by upgrading more than 182,000 streetlights to LEDs from Signify', 15 August [Online]. Available at: www.signify.com/global/our-company/news/press-releases/2019/20190815-belo-horizonte-realizes-electricity-cost-savings-by-upgrading-to-led-streetlights-signify (accessed: 3 November 2020).
34. Taylor, M. (2020) 'Extinction Rebellion: How successful were the latest protests?', *The Guardian*, 11 September [Online]. Available at: www.theguardian.com/environment/2020/sep/11/extinction-rebellion-how-successful-were-the-latest-protests (accessed: 2 November 2020).
35. TechCrunch. (2019) 'Bad news: Facebook leads in news consumption among social feeds, but most don't trust it, says Pew', 2 October [Online]. Available at: https://techcrunch.com/2019/10/02/bad-news-social-media (accessed: 30 October 2020).
36. Thunberg, G. (2019a) Speech at World Economic Forum, 25 January [Online]. Available at: www.youtube.com/watch?v=RjsLm5PCdVQ&t=2m23s (accessed: 2 November 2020).
    ——. (2019b) Speech at the UN Climate Action Summit, 23 September [Online]. Available at: www.npr.org/2019/09/23/763452863/transcript-greta-thunbergs-speech-at-the-u-n-climate-action-summit (accessed: 2 November 2020).
37. Veland S., Scoville-Simonds, M., Gram-Hanssen, I., Schorre, A. K., El Khoury, A., Nordbø, M.J., Lynch, A.H., Hochachka, G., and Bjørkan, M. (2018) 'Narrative matters for sustainability: The transformative role of storytelling in realizing 1.5°C futures'. *Current Opinion in Environmental Sustainability*, 31: 41–47 [Online]. Available at: https://doi.org/10.1016/j.cosust.2017.12.005 (accessed: 30 January 2021).
38. Vice. (2020) 'QAnon presence grows at UK anti-lockdown protests', 19 October [Online]. Available at: www.vice.com/en/article/7k9zex/anti-lockdown-march-uk-qanon-conspiracy (accessed: 30 January 2021).

39. Yale. (2020) 'Yale climate opinion maps 2020', 2 September. Available at: https://climatecommunication.yale.edu/visualizations-data/ycom-us (accessed: 24 January 2021).

第八章
脱碳、经济增长和公正转型

> 在我看来，疫情带来了如此严重的生存危机，提醒了人类自身究竟有多么脆弱，更重要的是，它也驱使我们直面全球气候变化的威胁，引发我们去思考，气候变化会怎样改变我们的生活。
>
> ——芬克（Fink，2021）

> 现在可以为经济增长脱碳，同时实现经济增长繁荣和温室气体排放大幅减排已成为可能。
>
> ——乔佐（Jotzo，2016）

> 在道义上，我们有责任对所做选择相关的利益和风险进行公平分配。公正转型的概念中，应当对这些不同的变化进行管理，以便以"不遗漏任何人"的方式实现环境可持续性、社会公平和经济发展。
>
> ——施瓦茨（Schwartz，2020）

创造零碳经济要求我们正视气候危机，并在我们的社会和经济运行方式上实现巨大飞跃（Fink，2021）。在我们实现全球经济去碳化和可再生能源化的过程中，全球增长和全球化的轮廓不应与现有的政治经济模式相同。为确保尽可能将全球气温升幅限制在1.5摄氏度以内或远低于1.5摄氏度，我们需要一个全面的、长达数十年的投资周期。在某些领域，如能源和可再生能源以及汽车电气化领域，转型已经开始。它必须在所有行业、经济体、社会和其他领域迅速蔓延。这种转型可以是一种公正的转型（Schwartz, 2020），如果构建得当，还有助于确保基础更广泛的经济增长（Jotzo, 2016）。

正如前文强调的，需要绿色产业政策、碳定价和重新监管来加快推广速度，并使许多行业的 S 形曲线更加陡峭。在 2021 年，我们知道现在的技术已经可以压平温室气体排放曲线，但这些技术的应用速度往往过于缓慢（如农业或建筑业）。这必须从国家、地区和本地三个层面层层攻破。与过去的革命性技术变革相比，当前的技术演进和传播速度更快。内燃机从发明到在世界上被广泛使用了 100 多年，而互联网的普及和应用则要快得多，先进经济体在 20 年内就从起步阶段开始采用互联网（Andres et al., 2007）。2021 年，由于发达经济体在技术转让、投资和技能培训上的援助支持，我们有充分的理由认为，在许多行业和国家，技术的传播和采用速度也会同样快。

随着传播速度的加快、成本的下降、采用率的激增以及创新的持续，绿色全球化 2.0 的形态以及我们实现目标的能力将受到转型带来的经济增长率提高的积极影响，因为多个绿色新政将推动我们的经济和社会转型。然而，增长可以加速和推动绿色转型的说法是有争议的。

一、增长还是不增长

其中一种观点主张有可能实现持续、更快的经济增长，同时逐步实现经济增长与温室气体排放脱钩，我多数时候支持这一观点。根据这一立场，持续的绿色增长对于为净零转型提供资金、解决不平等问题、增加资源转移以及解决公平问题都是必要的。这种绿色全球化 2.0 的立场认为，只有在经济增长的情况下，对于那些在政治和经济之间权衡极其困难的事项，才能提供资金支持及可持续性。另一种观点则主张反其道而行之，认为应该进行"去增长"，让全球经济的某些部分陷入停滞和逆转，以确保可持续性和地球的生存。去增长的主张者认为，目前经济增长模式是为了私人利益而无节制地使用有限资源，对温室气体和地球环境的关注微乎其微，因此与人类的生存格格不入。这种观点认为，要重新调整全球化的形态并重塑经济，就需要去增长。

绿色全球化 2.0 下的增长与去增长这两种立场，将人类和技术的乐观主义与地球和政治的悲观主义对立起来。在本章中，我将同时立足于两种立场展开阐述。我相信技术突破、创新、人类智慧的可能性，也相信我们具备能力采取行动，弥补我们造成的环境破坏。我相信，我们可以实现绿色经济增长、去碳化和经济脱钩，以及新的绿色全球化 2.0。新全球化的轮廓应该是不同的、明显更好的、可持续的、有韧性的、强大的、合乎道德的和包容的。我还认识到，我们不能把地球上的资源当作无限的。事实并非如此。我与那些寻求解决不平等、公平以及安全和公正转型问题的人站在一起。绿色未来不会凭空出现，也不会因为百万富翁和亿万富翁的慷慨解囊而实现。在没有监督的情况下，市场和企业不会带来理想的结果。相反，必须对其进行设计，使其对所有人都是公正的。

二、绿色未来的新形态

我们需要考虑全球化、环境可持续性、公平以及我们共同构建的经济进步形式的新形态。我们应该避免把可持续的电子化劳动当作解药，取代贪婪的新自由主义全球化。对人类来说，未来不该被隔离在屏幕前，接受亚马孙、脸书和谷歌等庞然大物的服务。这些互联网巨头不是我们的朋友，而是将我们分裂为不同群体，将我们困在像兔子洞一样黑暗的信息茧房中的元凶。在我们努力实现净零未来的过程中,亚马孙和脸书这种企业不应该不受监管,更不应该被允许拥有更大话语权。

在未来几十年,我们可以构建一个新的全球化模式——绿色全球化2.0,这一模式将通过利用并重新定向经济市场的力量,以实现共同的脱碳目标。去增长的主要支持者蒂姆·杰克逊(Tim Jackson)正确地指出,无管制、污染、不公平、非绿色的增长,再加上扭曲的(过低)工资率和不平等的大幅增加,让全社会蒙羞,损害了政治和凝聚力,同时破坏了经济和生态的可持续发展能力,导致全球变暖。

重新构想的全球化必须建立在零碳排放或负碳排放的绿色增长基础上。可再生能源将为绿色全球化提供动力,而且正如我们看到的那样,可再生能源已经在为绿色全球化提供动力。绿色全球化2.0的构建需要更环保的水泥(见专栏6.10),需要维护费用和供热成本更低的绿色节能建筑,需要更适合居住和繁荣的地方。这不意味着我们要停止建设,恰恰相反,我们必须对全球城市、郊区和农村的环境和生活空间进行更新或改造。

要滋养地球,就必须在农业和土地利用方面做出巨大改变。为了过上更加绿色、全球化和可持续的生活,生产生存所需的粮食和食物是必需的。但生产方式必须与现在不一样,无论从破坏性单一种植方法、温室气体排放形式和食用肉类的选择方面都要进行明显改变。同样,在农业领域,许多解决方案其实都已在我们的掌握之中。我们可以改变做法、少吃肉、更可持续地耕作、改变激励措施、宣布逐步淘汰、创新和重新设计。重启绿色全球化2.0或许会让我们的节奏慢下来。我们可能会减少旅行次数,去不同的地方,或者改变我们的计划和消费模式。这并不是全球化的终结;相反,这是一种重新想象的、本地化的、走上不同道路的全球化,在这种全球化中,我们要为自己的决定和选择付出真正的代价。

在美国、欧洲和其他地区,重新设计的绿色增长和绿色新政将有助于我们实现这一目标,其基础是重新调整产业政策重点,使可持续增长和繁荣电气化。绿色全球化 2.0 所需的大规模、持续数十年的投资,可以产生经济乘数效应,并且有助于解决劳伦斯·萨默斯(Lawrence Summers)在 2014 年提出的长期停滞问题。绿色全球化 2.0 可以通过绿色投资、再培训、提高薪酬、增加积极劳动力、提高生产率、提高经济增速和许多国家的最大潜在增长率来解决长期停滞问题,而不会产生通货膨胀压力。

绿色全球化 2.0 将得到世界各国中央银行货币政策的支持。出现极低利率或者负实际利率时,是重新设计并投资于绿色增长机会和可持续经济未来的时机。与净零排放的实际政策调整相比,叫什么不重要。

绿色全球化 2.0 有助于消除 2021 年许多国家出现的民粹主义愤怒情绪。这种愤怒是可以理解的,这是因为工资长期停滞,人们觉得未来无望,全球化在当地造成的破坏性结果将太多的人抛在后面(Rodrik,2017),削弱或摧毁了中产阶级,并将人们分裂成对立的派系,形成文化上的隔阂(Collier,2018)。在投资绿色新政的同时,也应重新评估我们社会中的重担和其承担者。这些调整从根本上保证了更加公平的转型,是可以承受的。如果我们了解并认同气候变化的事实,改变我们的叙述方式,从而实现绿色目标,我们就可以协同共进,积极灵活地改变彼此间的对话方式,共同采取行动,重新构想一个充满活力、繁荣的零碳未来。

三、构建绿色全球化 2.0

绿色全球化 2.0 将资本主义与绿色转型挂钩,迫使其在碳预算的限制和地球生态的要求之下寻求生存之道。正如马祖卡托（Mazzucato，2019）所言，这种形式的绿色全球化"应该是与私营部门共同创造、共同分享市场"。我们可以通过引导投资流向共同净零排放目标，并让重新定位、充满活力的私营部门共同参与，来促进投资和创新，而这一切都不需要细致的微观管理。政府将确定一个方向，然后利用政府的各种政策工具，推动公共科学家和私人投资者进行自下而上的实验和探索。这种做法以前管用，现在也一样。

本章探讨了重启的绿色全球化的形态。主要论点包括，在某些领域加速增长的同时，其他领域的活动可能萎缩。"赢家通吃"的应用程序和信息技术增长中，少数人变得非常富有，而其他人受益寥寥，与之相比，绿色增长更具包容性和广泛性。因此，绿色全球化 2.0 可以解决长期停滞的经济困境。这种重启将成为我们未来繁荣的基础。

在实施绿色新政的同时，各国政府应重新审视负担和公平问题，以确保最大限度地减少钻制度漏洞的机会。政府应确保我们每个人都公平地承担转型的成本。当大家发现负担分配是公平的，且显而易见，他们就会齐心协力，支持抗碳战争。相反，如果负担一直不公平，零碳故事和叙事就不容易构建或达成一致，我们仍将分裂，无法迅速行动。

我认为，公平必须在政策决策过程中发挥更大的作用，用富有同情心的"道德理性人"（即一个在经济激励和个人道德伦理之间寻求平衡的决策者），取代"经济理性人"（即缺乏同情心的功利主义机器人）。

四、我们所有人的绿色新政

2020 年，许多国家的政府都表示要开始实施绿色新政，以改变全球化的性质和前进方向。有些国家的绿色新政比其他国家走得更快。

我们已经看到，绿色增长是可能的，而且正在发生。绿色新政可以为这一进程提供产业政策动力。很长一段时间以来，反对绿色工业政策和应对气候变化行动的批评者总是说，这些措施的代价过于昂贵。正如莱维茨（Levitz，2020）所指出的："在应对经济停滞危机和生态衰退危机之间的权衡是很艰难的。"这些批评声完全错误，恰恰相反，多国的绿色新政以及区域和全球协调的气候变化政策所产生的脱碳、重振和振兴效应将推动经济增长，而不是阻碍经济增长。绿色新政将加速投资，而不是降低投资；增加创新，而不是阻碍创新。

所有的绿色新政都致力于为公共机构与私营部门的投资者和参与者提供资金，共同支持创新的绿色未来。

（一）政府可以负担得起绿色重启所需要的投资

在一个低利率的世界里（在可预见的未来似乎仍将如此），出现偿债引发债务螺旋式上升的风险是极低的。因此，各国政府可以利用超长期限的政府债券投资于绿色全球化2.0的建设，并投资于绿色基础设施（电力、配电等）的重建和重新设计，以促进去碳化的全球化。正如我们所看到的，政府制定了政策规则、保障机制和减排路径，这已经开始释放私营部门的决策过程和投资动力。各国政府现在就应进行投资，以确保到2050年实现净零排放，并支持我们共同的地球目标。

政府可以直接投资建设或鼓励建设充电设施网络，还可以支持绿色创新，如建设氢能基础设施，从经济的方方面面支持农业工业向净零排放进行转型。这些支持措施中，有些是监管行动，政府无须直接付出代价，有些需要一些成本，但仍然是必要的。在当前的低利率和负利率环境下，绿色投资是能带来回报的明智之举。绿色投资将推动转型速度，引发整个经济的私人投资流动，在经济中产生乘数效应和反馈回路。

绿色新政将加速绿色全球化2.0进程，并支持市场从污染目标转向净零目标。变化已经开始，并应在COP26上，通过国家和集体对绿色新政产业政策、净零排放目标和实施做出决定，进一步推进这一变化。

各国政策制定者们都明白这一紧迫性，并将全球化的重新设计与绿色明天和转型联系起来：问题不是我们能否实现绿色增长，而是能够多快实现绿色增长？领导者们正在关注绿色市场和技术创新的重新播种和重新生长，并利用积极的叙事传达新的可能途径，帮助我们共同重新构想更美好的未来。这一重启将为生产水平和经济增长注入新的动力。我们并非处于创新和增长的终点，而是处于创新和活力的新阶段的起点。

正如罗伯特·戈登（Robert Gordon）于2016年所指出的，生产力多年来一直萎靡不振。然而，戈登的总体论点——我们的创新已经走到尽头，我们的增长引擎已经耗尽——并不令人信服。这一观点过于悲观，没有考虑到危机一旦被认识到、民众一旦参与进来、政府一旦做出政治承诺并投资于再生进程所产生的动态效应。

（二）使经济更绿色、更具生产力

在美国、英国和其他地方，解决戈登的生产率悖论和萨默斯的长期经济停滞问题的部分办法是利用更加公平的绿色增长动力。向净零社会转型可以帮助缩小工资差距，提高生产率，为工人提供能够体面生活的工资，从而加快经济增长，提高最大增长潜力。

长期以来，工资停滞不前，成本不断上升，而越来越少的人能够获得生产带来的收益。因此，工人们的积极性被打消，工作动力被削弱。如果我是工人，我也会这样，你难道不会吗（Akerlof and Yellen, 1990）？在新冠疫情之前的几十年里，许多国家的经济运行都没有充分发挥潜力，而现在又因为疫情，我们需要进行投资，调整经济结构，允许创造性的破坏和改造重塑。

各国政府，无论是通过债券融资、负利率融资，还是央行支持，都应抓住机遇，以极低的成本或负利率进行投资。例如，奥地利已经出售了70年期的负利率债券。在这样的环境下，不借贷、不投资是不负责任的，政府应该承担债务，投资绿色全球化2.0。

批评者担心，美国、欧盟和亚洲的绿色新政可能会导致一段时间的经济过热。但这不太可能，即使出现一定程度的通货膨胀，也不会无法控制。相反，更快的工资增长可以帮助工人收复过去50年来的失地。在政府的支持下，通过绿色投资、资源转移和快速推广来促进绿色工资增长更合理地分配，这应该是人民喜闻乐见而不是担忧的事情。反过来，这些投资也有助于为更新和重新构想的循环中更多的投资提供资金。如果监督和支持得当，净零转型还将有助于通过对工人的再培训、新的职业和绿色专业来创造更高的生产力。

（三）绿色新政的成本

从短期来看，绿色新政的成本可能会很高，但它们是可控的（在负利率下），而且它们将为地球和经济带来红利。当然，战争的代价从来都不是低廉的，战争往往是痛苦的、艰难的，时间也比预期的要长。但这种危机（以及战争和疫情）也是社会的平衡器（Scheidel, 2018）。危机开启了新的可能性，使不可能变为可能。例如，战争既有破坏性，也有驱动力；它们创造了新的联盟，加快了变革的速度，使社会团结起来，并开辟了可能的新未来。2021年，我们别无选择，只能应对气候危机，要么现在就有条不紊地应对，要么以后就像央行专家警告我们的那样，无序应对。

(四)对债务和赤字鹰派的回应

当我们认识的经济学家(我认识的经济学家太多了)似乎对下一季度或明年的经常账户赤字一筹莫展,并问道:"我们能负担得起吗?"我们应该反问:"与什么相比?"与社会和生态崩溃相比值得吗?为了阻止地球上 1/3 非人类物种的大规模灭绝值得吗?为了避免亚马孙雨林的枯萎、北方森林消失和格陵兰冰山消融,值得吗?

从这个角度看,与这些风险相比较,绿色新政需要的资金是完全可控的成本。当资金成本接近零利率或负实际利率时,我们完全有能力为未来投资。如果不这样做,就是我们对地球和子孙后代的责任的推卸。绿色新政不是简单的成本费用,而是人类极具性价比的保险。绿色新政是对有效投资政策至关重要的、高效的、富有成效的放大器和加速器。

(五)作为政策加速器的绿色新政

绿色新政将成为经济的绿色重启及再增长的政策加速器。它们旨在重新调整政府政策,使其与共同的净零排放目标相一致,以加快实现这些目标。绿色新政已经引发了公共政策和市场的响应和反应,推动了私人投资流动。通过投入大量公共资源,政府正在向经济和市场发出信号。绿色新政甚至在直接影响市场之前,就已经改变了投资者的预测,并有助于加快转变过程,扩大公共政策的效果和影响范围。

在公众方面,改变后的政策叙事还包括明确承认和优先考虑绿色因素以及政策改变等,例如:

- 建立碳委员会和监测制度。

- 欧洲投资银行宣布绿色投资目标。
- 欧盟委员会为疫情后的绿色重建制定目标。
- 在 NGFS 指导下，调整对中央银行政策的评分以及职责解释。
- 欧洲中央银行、荷兰中央银行和英格兰银行在气候变化问题上的转变。

例如，在私营部门也正在发生转变：

- "气候变化行动网络"（Climate Action Network）宣布净零排放目标。
- 欧洲"商业气候联盟"（We Mean Business）联盟[①]。
- 美国的"净零改革"（Transform to Net Zero）倡议联盟[②]。
- 贝莱德董事长兼 CEO 拉里·芬克（Larry Fink）、新加坡主权基金淡马锡等人士发表声明。
- 数百家公司承诺遵守 TCFD 要求和达成净零目标。

成千上万的机构和企业正在向净零转型计划大步迈进。在不到一年的时间里，企业承诺的数量翻了一番。到 2020 年 9 月，价值超过 11.4 万亿美元的公司已承诺实现净零排放目标（UNFCC，2020）。我们必须对这些承诺进行监督，并确保它们转化为实际行动，但它们绝非毫无意义，而是公共力量驱动市场转变的过程正在加速的信号。

---

① 请参阅：www.wemeanbusinesscoalition.org/net-zero-2050。
② 请参阅：https://transformtonetzero.org。

大量类似行动以及更多的监管行为，正在促使各国和全球市场改变看法和预期。绿色新政、监管和政策转变以及公共和私人措施相互促进，并建立反馈回路，推动预期、规划以及市场和投资者的判断和行动。

这不是去增长。相反，这将是另一种脱钩的、更加平衡的、低碳的增长。这种增长要求某些类别的经济活动大规模增长，例如与清洁能源的生产和分配、电气化改造、建筑翻新、绿色农业流程等相关的经济活动。其他污染行业将萎缩，企业将关闭。如果污染企业不能像某些企业那样迅速转型为清洁能源公用事业，那么这将与取消补贴和迅速摒弃化石燃料同时发生，污染企业将破产，搁浅资产也将出现。

如果有正确的监管和市场信号，一个更加绿色、谨慎投资、环境、社会和治理驱动的增长已经显现，并将进一步加快清洁能源、清洁交通和其他创新取代化石燃料的步伐。更高的经济增长率将导致对绿色技术和创新的投资水平提高，而不是降低。这一点在某些领域已经显现，积极的经济反馈循环促进了技术的推广应用和经济增长。

五、全新的绿色全球化 2.0

绿色增长还可以帮助各国应对社会压力和民粹主义问题，因为绿色增长、就业、工资和机会在不同群体中的分布更加均匀，这与科技和数字经济不同，后者的大部分利益被攥在了少数人手中。也许你认为民粹主义是一种文化现象，但从根本上说也是一种经济现象，反映了经济失调、低工资和高成本、机会萎缩、生活降质，以及由此滋生的失望和怨愤。那么就应该通过更加强有力、多元化、公平共享的绿色增长来解决这一问题。美国前总统乔·拜登认为，

第八章　脱碳、经济增长和公正转型

解决气候变化和经济失调及民愤问题迫在眉睫。通过转变政府政策，使之与气候变化目标相一致，来解决经济失调问题，有助于缓解民愤。

（一）拜登政府的绿色政策飞跃

拜登政府在气候变化政策上的转变是对政府所有政策进行全面调整以纳入气候变化目标的一部分。这种调整体现在总统以及包括国家安全委员会、财政部部长、国务卿在内的所有最高内阁机构和官员都一再将气候变化作为政府的首要政策。这一巨大变化极为重要。美国政府最高层的观点已经转变，为了实现气候变化目标，任何手段和工具都可以开始采用。

拜登政府提出的美国绿色新政表明了政策转变的严肃性。这项高达 2 万亿美元的政策是有史以来由成功的美国总统候选人提出的最雄心勃勃的绿色产业政策。如果获得通过并写入法律，它将撬动惊人的投资，相当于奥巴马政府期间绿色技术投资的 20 倍，并将迅速改变政策叙事和美国社会对气候变化的理解。

拜登政府 2 万亿美元的绿色新政和投资政策将伴随着监管和激励机制的重大转变。拜登在 2021 年 1 月 20 日宣誓就职后几小时内就签署了一项行政命令，承诺美国将重新加入《巴黎气候协定》。政府还将制定积极的温室气体净零排放目标，并采取许多其他监管措施。按照美国的标准，拜登的提议是激进的。为什么？因为提议的绿色投资规模，还因为"如果只看项目，绿色新政的核心是……美国这么久以来干预程度最高的产业政策"（*Atlantic*，2019a）。

拜登总统提出的美国绿色工业政策与其他国家的努力不谋而合。我们在英国、中国、新加坡、包括法国在内的欧洲和其他地方都看到了这样的政策。各国日益认识到有必要在气候和环境方面设定方向性目标并调整奖惩措施，就像各国在其他领域一直做的那样。

正如科恩和德隆（Cohen and Delong，2016）所指出的，美国一直在寻求调整方向和转变投资目标，这是良好的公共政策在经济发展过程中应该做的，即使市场仍然占据主导地位：

> 没错，确实有一只"看不见的手"……但这只"看不见的手"一再被政府从肘部抬起，换个位置放下，继续施展它的魔力。

例如，美国总统德怀特·D. 艾森豪威尔（Dwight D. Eisenhower）启动了一项大规模的投资计划，其规模远远超过了罗斯福总统的计划，为20世纪60年代的繁荣奠定了基础。拜登的绿色转型也能为X一代和千禧一代带来同样的效果，并为20世纪30年代的持续绿色增长奠定基础。

拜登总统制定绿色转型政策的能力可能会因民主党在美国参议院的优势微弱而受到一定影响。因此，重大支出法案可能难以通过，甚至会停滞不前。这将是一个真正的挫折，削弱其政策的经济乘数效应。不过，参议院的阻挠和开倒车行为对美国的绿色转型政策可能并不是致命的。

拜登政府仍然可以在不通过支出法案的情况下，通过行政措施或行政命令迅速改变激励措施、法规和政策。未来可预见的大量绿色法规和政策行动，将极大地改变私人行为者和投资者对绿色与褐色公司和部门的风险和回报的投资假设。各个领域内，经济的绿色化和转型必将加速和刺激增长，并推动投资决策和计划。

拜登的绿色政策议程标志着美国的新开端。除了重返《巴黎协定》，政府还采取了以下措施：

- 美国已宣布实现净零排放目标，并将制订到2050年的计划

第八章 脱碳、经济增长和公正转型

和减排路径。
- 所有内阁官员都一再强调，气候变化是整个政府的头等大事。
- 拜登总统已任命前国务卿约翰·克里（John Kerry）为"气候沙皇"，领导美国的重新参与（克里代表美国签署了2016年《巴黎协定》）。

此外，行政部门也将采取措施：

- 开始就内部碳定价假设和机制（碳税或碳交易机制）采取措施。
- 改变政府规划所采用的贴现率，使其不高于2%。
- 就企业平均燃料经济性标准和电动汽车支持采取行动。
- 美国环保局对二氧化碳重启管制措施。
- 重新建立甲烷排放监管机制。
- 对油气液压增产加强监管。
- 禁止在联邦土地上新增石油开采。
- 提高建筑标准。
- 制定能效标准。
- 调整风电光伏行业激励机制。

上述监管措施都不需要一开始就投入大量资源，但都预示着有意义的转变。单个来看，它们只是很小的措施，但如果将它们视为一个整体，视为美国气候政策全面战略调整的一部分，就应该看到它们的本质：美国对气候变化政策的根本性调整，以及对净零排放目标、时间表和绿色工业转型的承诺。

1. 企业对政策调整反应迅速

显而易见的气候变化政策调整会引发各国、各地区和各工业部门的公共部门、企业和市场的快速反应。

美国主要企业都明白，政策激励手段将在2021年发生巨大变化。例如，保守且坚定地支持商业的美国商会宣布支持碳定价和碳交易，这是一个巨大的转变。企业和高管为了避免落于人后，会促使这种转变在2021年及以后势头更旺。许多企业已经实现飞跃，令其竞争对手感到震惊。

2. 震惊全行业的通用汽车

通用汽车公司CEO玛丽·巴拉（Mary Barra）是最早在2020年对政策环境的变化做出回应的美国领袖人物之一，她表示，"当选总统拜登最近说'我相信，通过转向电动汽车，我们可以重新拥有21世纪的汽车市场'。我们通用汽车公司对此深表赞同"（*New York Times*，2020a）。

该公司已承诺加大力度，包括在未来5年内加快推出电动汽车和卡车的计划，以及到2025年将电动汽车投资从之前的200亿美元预算增加到270亿美元。巴拉女士明确表示："气候变化是真实的，我们希望成为解决方案的一部分"（*New York Times*，2020b）。通用汽车的明确调整只是众多调整中的第一步，因为那些等待2020年大选结果的美国企业正在转变战略，以配合拜登政府的绿色激励措施和方法。

巴拉于2021年1月宣布，通用汽车将在2035年之前停止生产燃油汽车，这震惊了全球汽车行业。这不亚于一场地震。美国最大的汽车制造商宣布这一举措，改变了整个美国市场。除了特斯拉之外，其他所有汽车制造商现在都必须迎头赶上，否则就会失去市场份额并萎缩。通用汽车的巴拉将全部赌注押在了引领转型上。她没有选择坐以待毙,也没有选择将未来贴现。她能看到未来,抓住未来,创造未来。这才是真正的领导者该做的。

3. 不断发展的绿色经济

重要的是,尽管特朗普政府对美国在气候变化方面取得的进展造成了重大损害,但还没到只留给拜登政府一片废墟的程度。这是因为在过去四年中,企业在气候变化问题上的转变一直在继续,这些企业和行动者选择的是未来,而不是过去。

绿色经济的规模有多大?正如我已经指出的那样,许多美国公司、市场和投资者正在进行转型。2019年,乔格森(Georgson)和马斯林(Maslin)估计,美国绿色经济的年销售收入为1.3万亿美元,雇用了近950万名工人。这两个数字在短短三年内增长了20%。调查还发现,与其他经合组织国家相比,美国从事绿色经济的就业人口占劳动适龄人口的比例更高(4%),人均绿色销售收入更高。两位研究者估计,总的来说2015和2016财年的全球绿色经济总规模至少为7.87万亿美元。他们的结论是,绿色经济作为增长动力的作用似乎被低估了,许多国家在转型过程中创造更多绿色就业和增长的潜力巨大。正如他们所说,"考虑到气候变化的紧急状况和化石燃料行业的就业不景气,未来的投资重点应放在绿色部门的增长上,这才是合理的"(Phys.org,2019)。

无论是拜登绿色新政的影响和反响、监管的转变,还是中国、欧洲和日本的净零排放目标、COP大会上达成的承诺和进展、市场的集体反应,以及经济中进行绿色升级的比例,都将影响政策和商业变革的速度。正如我观察到的那样,变化可能是缓慢的,几乎难以察觉,直到突然达到一个临界点,扩散S形曲线变得陡峭,出现基于底层叙事的飞跃,于是市场发生转变,投资者开始行动。

重要的是,在2021年,绿色经济的形态越来越明确,且似乎并没有盲目追随现有不平等、新自由主义模式的那种有害且扭曲的路径。现在有一个特别的机会，可以沿着新的道路促进经济增长，扩大繁荣，并向选民保证，明天不一定比今天更糟，相反，明天会更好、更环保、更宜居。

绿色产业的增长速度快于整体经济的增长速度。一个行业的绿色强度（绿色工作岗位的就业比例）每增加一个百分点，年就业增长率就会提高得更多。更多的绿色工作岗位是个好消息。对未来十年的预测表明，绿色强度（green intensity）将继续为就业带来好处。绿色强度较高的国家在经济衰退期的表现通常也较好。那些参与并致力于实现净零排放的国家正在取得更好的经济成果。这与我们的预期不谋而合。当公共和私营部门的政策和战略都向净零目标看齐时，它们就会相互促进，加速增长，提高经济韧性。与此相反，那些抱着污染、旧工业思维、不支持转型并滥用稀缺资源的国家则会获得更差的结果。

没有大学文凭的工人也可以从事许多绿色工作。这种态势是积极的，值得欢迎的。我们需要弥合富人与穷人之间的差距，并通过广泛的可持续的经济增长来平息选民的怒火。绿色增长可以扩展到整个经济，不一定要集中在少数幸运儿的口袋里。在美国，象征着成长的绿色幼苗正在扎根，且一切征兆都显示出积极的发展态势。

经济政策研究所（EPI）对拜登绿色新政影响的估计表明，该计划将在美国产生巨大的积极就业效应。经济政策研究所估计，到2024年，对基础设施、清洁能源和能源效率的重大投资每年可支持690万至1 290万个美国就业岗位（EPI，2020）。美国的绿色就业热潮已经开始。2018年，有33.5万人在太阳能行业工作，超过11.1万人在风能行业工作，相比之下，有21.1万人在煤矿或其他化石燃料开采行业工作。2018年，清洁能源就业增长迅猛，达到3.6%，净增加11万个新工作岗位（占2018年创造的所有工作岗位的 4.2%）（*Forbes*，2019）。

在我们实现再工业化、去碳化和重新设计净零未来的过程中，这不是在抖音（Tik Tok）上构建的未来，也不是由网红们在照片墙上构建的未来，更不是在脸书或境外综合讨论区（4chan）上传播错误信息的未来。这些都是资本密集度低、"赢家通吃"的平台，其生产力或社会经济效用值得怀疑。

相反，绿色工业革命依赖于精密制造业、风能、太阳能、电动汽车生产、改造和再设计，在此基础上发展壮大，为各个社会阶层的人们提供真实的就业机会。基于绿色技术的制造业和服务业工作与低工资、低技能的服务业工作明显不同，后者让许多人感到缺乏保障，因此不停寻找新的工作机会。

前文提到过，经济危机、疫情和战争既可以是破坏性的，也可以是创造性的，可以是摒弃旧方式、采用新模式和新方法、重定社会契约和重振经济的时期。二战提供了进一步的历史证据，证明美国的绿色转型政策，以及国家绿色发展计划的总和，可以产生积极的动态效应，从而实质性地改善经济。二战期间的支出揭示了背后的原因。

4. 专款支出可以带来高增长、高就业和高生产力

与"正常"经济复苏中的供需动态不同，未来几十年净零经济的大规模结构重新设计将使整个经济的潜在增长率上升，而不是使现有的污染型化石燃料经济增长过快。全球净零排放进程和绿色新政将会吸引更多的工人参与生产性就业，就像二战时期那样。

梅森和博西（Mason and Bossie，2020）的研究表明，二战期间，公共开支创造了1 300万新增就业，而整体劳动力的规模并没有减少。这些新雇员中有许多是妇女（铆工罗西的事迹永垂不朽）。其他工人则从生产率较低、收入较低的工作转向前景更好的工业生

产。还有一些人则摆脱了边缘化和无所事事的状态。

长期以来，困扰美国和许多其他经济体的问题之一就是长期就业不足。多年来，美国的劳动力参与率一直在下滑，而且持续处于低位，令人担忧。只有日本通过大规模的经济刺激、女性友好政策以及文化方面的因素打破了这一循环。美国和欧洲有太多的工人就业不足、灰心丧气或不再寻找工作。路德维希（Ludwig, 2021）的研究表明，如果将消极的未充分就业的工人以及工资低于生活水平的工人计算在内，美国的实际失业率要比平时报道的高得多。如果实际数字与路德维希的数字接近，这就是低潜在增长率和长期经济停滞问题的另一种解释。不难理解，如果工资持续过低，成本（如医疗、教育和儿童保育）持续过高，而且不存在好的机会，某些原本健康的群体退出劳动力市场并不奇怪。在这样的环境下，潜在增长率会降低，生产率也会受到影响。绿色转型和绿色发展既可以一定程度上平息经济民粹主义的怒火，也是对萨默斯提出的长期停滞的一种回应，因为正如经合组织所发现的那样，就业增长和工资增长的情况可能会有所不同，而且覆盖面更加广泛：

> 绿色政策将重塑劳动力市场，为工人创造新的机会，但也带来新的风险……如果能够很好地应对相关挑战，向绿色增长的成功转型就能为工人创造新的机遇。绿色行业将创造就业机会，而碳足迹高的"棕色"行业则会毁掉就业机会；这对其他部门的就业也会产生重大的连锁反应。

在转型的早期阶段，新的工作岗位将是传统意义上的绿色工作岗位，如绿色农业、可持续建筑、可持续林业、公共交通、可再生能源、回收和废物管理、清洁工业和碳捕获，以及联邦和地方政府的活动。

最终，未来的绿色全球化 2.0 将覆盖所有行业和经济活动，其速度可能比我们想象得要快。各行各业都将受到影响，为了确保行业存活并繁荣发展，必须进行调整，否则将无法在零碳经济的生态中生存。绿色转型是我们未来全球可持续增长的动力。正是这些绿色市场、工作岗位、更高的工资、新技术、充满活力的企业和创新，将创造高薪、高技能的工作机会。绿色全球化 2.0 代表着一条可持续的、具体的、循序渐进的、以太阳能和风能为动力的电气化净零之路。这一转型可以将我们在计算机和数字革命中看到的工业升级蔓延过程在绿色革命中复现，并持续到 2050 年。在这里，绿色新政的净零转型可能会重现二战期间的现象。

20 世纪 40 年代的大规模战争开支不仅推动了高薪就业机会的增加，还促进了生产力、创新力和经济活力的提高。战争开始时，美国经济的全要素生产率（即经济生产率增速）不到 1%，随着所有工人集中精力打败法西斯主义，这一增长率攀升至 3.5%。在国有化部门和与战争相关的部门，这一效果更为显著。例如，1942 年，生产 1 磅[①]机身需要 3.2 个工时。3 年后，只需 0.45 个工时，1/7 的时间。

可以看到，这些创新和生产率效应已经反映在正在进行的净零转型中。新技术的成本并没有像许多人预期的那样居高不下，而是在政府支出、激励措施和监管的帮助下，随着扩散 S 形曲线变陡，成本会迅速下降，生产率就会上升，创新的速度不仅不会减缓，反而会加快前进。我们在可再生能源、电池和其他领域都看到了这一点。这种绿色工业转型的动力可以推动经济和社会的发展。

由于这些原因，绿色新政和私营部门投资的转变可能会为美国和全球的黄金时代创造条件，就像过去战后时期一样，经济增长快速而广泛，同时不平等现象减少，平等的机会增加。报酬合理的真

[①] 1 磅 =453.59 克。——译者注

正的工作机会可能有助于改变那些抵制新说法的地方和地区的观念。例如，在亚拉巴马州、阿拉斯加州、佛罗里达州、伊利诺伊州、堪萨斯州、蒙大拿州、北达科他州和怀俄明州，2018年超过20%的就业增长来自光伏投资。这将开始改变当地讨论的基础，转向基于经济学的绿色事实。这些积极的经济动态不仅在美国可见，在其他地方也能看到，因为企业和投资发生了转变，行为也发生了改变。这些是对各国当地社区的真实投资，而不是从远处下载的某个应用程序，仅使极少数人致富。一旦这种基于事实的气候变化故事深入人心，只会进一步支持转型。

（二）欧洲的绿色叙事正在转变

欧洲的绿色增长也是充满活力的，并且已经富有成效地建立在绿色叙事的基础之上。

欧盟制定了7 500亿欧元的重建计划和1万亿欧元的绿色新政，高盛将其称为"马歇尔计划以来欧洲最大的经济刺激计划"（CNBC，2020）。这仅仅是绿色新政的小零头，据高盛估计，在未来10年内，该计划将花费超过7万亿欧元。这可能是革命性的。

在欧洲经济增长乏力、不振和令人失望的10年中，绿色工作的表现超过了其他工作。2000—2017年，欧洲环境经济领域的就业和产值增速超过了其他经济领域，增长了70%（Eurostat，2018）。欧洲绿色经济的发展步伐正在加快。正如世界经济论坛所指出的，"这些计划提供了重启经济、创造就业、提高GDP和增强经济韧性的机会"（WEF，2020）。正如坎芬（Canfin，2020）所指出的：

> 到2050年，欧洲大陆将成为世界上第一个碳中和大陆。如果能够兼顾气候和经济的需求，欧洲将证明就业和繁荣如何与环境优先并行不悖，为世界其他地区树立榜样。

第八章 脱碳、经济增长和公正转型

经济的重启和再增长正在推动欧盟中小企业的扩张，欧盟有3 400万个工作岗位来自绿色行业，其中服务业居首位（860万），其次是零售业（780万）、工业（430万）和制造业（320万）（EU Open Data Portal，2017）。欧洲的领先企业已经理解了这种必要性，但美国尚未完全明白并内化背后的逻辑。

欧洲在公共和私人领域的政策和实践大大领先于美国。正如主要由欧洲公司组成的支持绿色增长的商业游说团体"气候行动联盟"（Action Group）的 CEO 所说，"我们必须采取更多、更快的行动，更加重视可持续性和循环性。《欧洲绿色新政》为我们提供了实现这一目标的机会"（CEO Action Group，2020）。

欧洲领导人在呼吁和行动承诺中使用了精准、具体且具有指导性的表达方式。这表明，欧洲的 CEO 明白，这是一场全经济范围的转型，绿色是未来的增长点，棕色投资必须终止，TCFD 的披露要求成为规范，碳定价和碳抵消必须落地。欧洲的这一转变并非空谈，它越来越积极，也越来越环保。欧洲的政策和商业叙事正在绿化，而且比其他地方更环保。这种转变将继续加速。欧洲正在反复讲述的集体故事可以促使政策对话和经济的绿化。这些故事不像美国那样受到不实说法和反科学倾向的阻碍，也不像澳大利亚或巴西那样盲目。严肃的公众、公民和政策制定者不接受气候变化否认主义。其他国家和地区的绿色故事还在形成中，面临的争议也更大。欧洲则不然。

（三）日本发出行动信号

日本也在对其工业政策进行绿色变革。首相菅义伟承诺2020年之前要"从根本上"将政策从煤炭转到净零目标上。在支持净零排放目标的同时，菅义伟还准备带动日本企业界行动起来，这一过程将以政府为主导，并在共识形成时迅速推进。政府正着手支持太阳能发电和 CCS 技术在各种工业排放中的应用。重申一次，政策也很重要。有了政府对太阳能和 CCS 的支持，各工业行业将加速转变。正如菅义伟明确指出的，"我宣布，我们将致力于实现一个零碳社会……应对气候变化不再是经济增长的制约因素。我们需要转变思想，认识到采取果断措施应对气候变化将导致产业结构和经济发生变化，从而带来巨大增长"（Climate Change News，2020）。可见日本首相明白现实的经济形势。绿色增长将成为日本未来的新引擎。

（四）中国起步较慢，但值得密切关注

中国正在开始绿色转型，要想在 2060 年之前压平温室气体排放曲线，实现碳中和，还有很长的路要走。怀疑中国只是在"洗绿"的人，应该先看看中国过去所取得的成就。中国政府和企业拧成一股绳，向共同目标前进的能力令人震惊。

中国及其领导人明白，今天必须进行大规模投资，明天才能引领绿色经济。随着这一事实越发清晰，中国的内部发展速度将会加快。他们已经在高铁和光伏等领域证明了自己的能力，但在绿色转型方面他们才刚刚开始。例如，他们已宣布将植树造林作为一项重要目标，并表示将进行森林恢复，造林面积将相当于一个德国[①]。中国在改革方面向来是大刀阔斧的。

（五）约翰逊的丘吉尔时刻

英国首相鲍里斯·约翰逊要实现突破了。这位首相从不回避从其他地方借鉴可能有用的东西，他直接引用了美国总统乔·拜登的言论，说希望在新冠疫情之后看到一个"更公平、更环保、更有韧性的全球经济"，并且"我们有责任为子孙后代'重建得更好'"（BBC，

---

① 中国的面积是德国的 27 倍。

2019）。除此之外，约翰逊自己还有一个责任要担。他是COP26的东道主，必须帮助确保会议取得成功，并确保各国领导人共同抓住机会，强行打破过去的局面，加快我们的集体转型。约翰逊需要发挥领导作用，而不能拙劣地行事。这是首相的丘吉尔时刻（Mackintosh，2020）。他必须抓住这个机会，但他是否具备这样做的个人能力和外交技巧尚不清楚。正如2008—2009年英国首相戈登·布朗（Gordon Brown）挺身而出，领导G20应对危机一样，这也是对现任首相的考验。话说回来，他还是丘吉尔的传记作者。他能做到吗？

六、去增长问题

前面我强调过，随着绿色叙事和经济转型的加速，它将不再是与绿色工作相关的，而是与所有工作相关。在政府的支持下，向"五十度绿"代表的各种绿色可持续措施的转型将会在全球经济中的各行各业倍增并放大其效应，因为它们需要符合净零目标保障制度下的新要求。绿色将成为生产性、营利性、韧性、伦理性、可接受性、前瞻性的代名词，无论是对地球和未来，还是我们的道德伦理，这都是必要的。总之，绿色新政及其将带来和支持的增长对于实现净零和工业社会转型是必不可少的。但是，那些批评增长、表示减少增长或不增长是唯一解决办法的人，又是怎么想的呢？

（一）解决去增长问题

"去增长"概念最早由高兹（Gorz，1972）提出，拉图什（Latouche，2009）在此基础上进一步发展，后来杰克逊（Jackson，2011）对这一概念进行了最清晰的阐述。去增长的主张者认为，增长是不经济、不公正的，而且这在生态上是不可持续的，也是永不满足的；同时他们认为应该调整社会的方向，从新自由主义增长和不断增加的消费（以及污染和破坏）概念转向以社会福祉相关的其他衡量标准和方法为导向的社会。杰克逊和维克托（Jackson and Victor，2020）提出，我们是否可以通过去增长政策来解决温室气体排放和气候变化问题。

杰克逊和维克托（Jackson and Victor，2020）最近的模型结果显示，向净零排放和稳定的可持续繁荣转型是可能的，也是可以实现的。他们的模型（以加拿大为研究对象）侧重于实现气候变化目标所需的四个领域：（1）经济电气化；（2）电力部门脱碳；（3）非电力部门脱碳；（4）与碳无关的其他环境改善。该模型比较了基准情景（一切照旧）、碳减排情景（政府2050年相较1980年减排80%）和可持续繁荣情景（在2040年之前实现净零排放）。

在模型中，第一种情景中工人的收入增长最快，从5.7万加元增加到2067年的10万加元；第二种情景中人均国内生产总值到2067年达到9.2万加元；最后一种情景中，收入仅从5.7万加元增加到6.5万加元。杰克逊和维克托（Jackson and Victor，2020）强调，应该避免第一种情景，因为环境破坏是严重的、无法计算的，而且是永久性的。第二种情景的结果比较好，第三种情景虽然是最激进的，但也会使收入略有增加。正如他们所指出的，"传统智慧认为，如果不对社会繁荣和福祉造成不可挽回的损害，这种转型是不可能的……这种不理想的结果是可以避免的"（Jackson and Victor，2020：7）。杰克逊和维克托（Jackson and Victor，2020）的研究成果是对那些怀疑在气候变化灾难来临之前，质疑净零碳排放在经济上是否可行、是否可以承受、是否可以实现的人的反驳：

> 以不断加深的环境危机为代价追求经济增长，极有可能带来灾难。另外，这种模式显然有其他选择。例如，无须大规模改变社会结构，就可以实现温室气体排放量的大幅减少。

（二）为"去增长"正名

积极的一面是，我们可以在发达经济体 GDP 增长略微放缓的情况下，实现碳减排和净零排放。这是一个支持采取更激进、更快速行动的论点，并且预期即使在这样的情况下，仍然可以实现适度的增长，并伴随着积极的社会经济效益（如提高工资、减少不平等、缩短每周工作时间），以及必要的环境成果。遗憾的是，由于"去增长"故事本身所包含和传递的内涵，这一重要信息往往会被忽略。

（三）人们对"去增长"并不买账

作为一个政治经济和选举问题，"去增长"仍然是一个难以推销的概念。作为一项政策建议，尽管杰克逊和维克托的模型结果与之相反，但仅从名称上就能看出这一概念是消极的，而非积极的。前文也强调过，我们使用的故事和语言对于取得成果和构建新的行动共识是多么重要。

作为一种叙事结构，"去增长"是行不通的。相关政策的细微差别，以及其他受欢迎的合理政策，如提高工资、减少工时、调整工作与生活等，都会被其负面影响所掩盖。就像 2020 年美国呼吁"削减警费"一样，向夹在中间的公众传递了错误的叙事信息。此外，"去增长"听起来太像已经富裕起来的人告诉穷人，未来只会更糟糕。然而，杰克逊和维克托的新思想和其模型中的一些元素是积极的，令人信服的。由于叙事结构和语言表达上的重大失误，其中的细微差别被忽略了。

（四）取其精华，去其糟粕，继续前进

因此，我建议汲取"去增长"支持者观点的精华部分，即围绕增长的本质、增长的组成部分、我们如何衡量增长及其影响、何为

优先事项等问题的讨论，并将其应用于净零对策、绿色新政设计和机制中。采纳杰克逊和维克托的部分建议，如提高工资、提供负担得起的儿童保育、缩短工作周期，以及其他改善我们作为社会中劳动者福祉的措施。其中许多都非常合理，在政治上也很受欢迎。

七、公平、信任和机会

杰克逊和维克托（Jackson and Victor，2020）提出的变革性解决方案已经在温室气体减排和社会福利规定方面取得成果的国家所应用，这意味着（在瑞典、荷兰和丹麦）你可以拥有并享用到绿色化的社会民主成果。这些国家的净零对话、政策目标和政策实施故事最为有效，这并非巧合。它们在社会上更具包容性，在经济上分层较少，在文化上更具凝聚力，形成的团体隔阂较少。我们可以列举荷兰、苏格兰（我的家乡）、芬兰、挪威和瑞典的例子。还有其他一些集体，包括美国的各个州，也正作为一个群体积极推进。这些规模较小、凝聚力较强的国家和社区通常奉行某种程度上的母亲式资本主义（Collier，2018），通过提高税收来更好地保护人们免受自由市场弊端的影响。这些州的政府不仅便于民众接触和信赖，还为所有人提供地方和国家层面的服务。

成功的国家如果能够展示自身能力，并建立信任，就在追求净零碳排放目标的路上就会有更大的空间，而不会对其在机会、公平性、参与度和责任共担方面的目标造成伤害。公平与信任同样重要，因为我们都在为碳而战。选民们需要得到保证，转型进程也要解决公平问题，实现公正的转型。如果绿色的美好未来只是富人和发达国家的专属，而将其他人抛在后面，那么它就不可能实现，也不可能是可持续的。目前，国际上的情况远没达到公平和平衡。

只有国内外的责任分担公平时，才有可能建立和维持集体共识、行动叙事以及人类共同公域的再绿化。在描绘和构建绿色零碳未来的形态时，我们需要确保我们不是以"经济理性人"的角度，而是以具有同情心的"经济理性人"的角度，认识到我们社区和工作的社会和集体性质，以及我们在未来任务中对公平和公正的需求。

（一）公平应对气候变化与经济复苏

对公平的追求具有普适性，这已经刻在了人类和其他物种进化至今的基因中。行为经济学、儿童和成人心理学以及动物研究都表明，公平对于生存是多么重要。我们都能本能地知道什么是公平，什么是不公平。我们不是纯粹功利主义的"经济理性人"，相反，我们对不公平感到恐惧、反应消极。这就是所谓的"不公平厌恶"（Heinrich，2004）。作为人类，我们会密切关注他人获取回报的方式，如果我们觉得自己付出同样的努力却获得较少的回报，我们就会做出消极的反应。

例如，卡尼曼、克内奇和泰勒（Kahneman，Knetsch and Thaler，1986）在一项实验中证明了这一点。给一个人10美元，他可以决定如何与另一个人分这笔钱。如果另一个人同意，就进行分割。如果不同意，则两人都得不到任何东西。做决定的人会选择做什么？收钱的人会有什么反应？标准的经济学理论认为，给钱的人会尽可能多地留下钱，而收钱的人会接受对方给的任何东西，因为这总比什么都没有强。但事实并非如此。大多数参与者都会平分这10美元。那些出价较少的人往往会被接受者拒绝，双方都一无所获。这就是公平的体现。我们宁可什么也得不到，也不允许公然的不公平和自私。甚至在年幼的孩子身上也能看到类似的反应。

麦考利夫、布莱克和沃内肯（McAuliffe，Blake and Warneken，2017）的研究也证明了我们在进化过程中对不公平的厌恶。在这里，研究人员要求儿童玩一个简单的游戏。两个互不相识的儿童配对，并分到了数量不等的糖果。两个孩子中的一个（决策者）可以接受或拒绝分配。如果决策者接受，两个孩子都能得到糖果。如果决策者拒绝，两个孩子什么也得不到。想象一下，决策者得到4颗，而他们的伙伴得到1颗。他们会怎么做？研究人员发现，儿童经常拒绝接受不公平安排。他们宁愿牺牲自己的奖励，也不希望同伴遭受不公。对孩子们来说，一无所获总比同伴甚至是刚认识的孩子得到得多要好。结果证明，我们的孩子往往会为他人维护公平。同样地，研究人员还做了另一个游戏，强调公平的重要性。

在这个游戏中，一名儿童再次成为决策者，这名决策者将所有糖果据为己有，不与他人分享。另一个孩子，作为旁观者，有一个选择：他们可以出面阻止这种不公平的现象，但代价是牺牲自己的一些糖果，以阻止这种不公平现象。旁观的孩子会怎么做？他们会干预吗？事实证明，"孩子们经常会进行干预，选择付出一些糖果来阻止自私的决策者对另一个孩子的不公平行为"（McAuliffe, Blake and Warneken, 2017）。因此，在这里我们再次看到，即使是小孩子也知道什么是不公平的，并会做出反应来调节天平来达到公平。

进化过程中对公平的偏好和对不公平的排斥超越了人类本身。猴子也能理解自己何时受到不公平对待。瓦尔（Waal, 2011）对卷尾猴的研究表明，当一只猴子在做同样的工作时，比另一只猴子得到更多的奖励，一只得到了一颗葡萄，另一只得到了一片黄瓜，这会导致被剥夺奖励的猴子对结果感到明显不安和愤怒，并厌恶地扔掉它的黄瓜。更令人吃惊的是，如果研究人员奖励给另一只猴子一颗葡萄，而这只猴子并没有做任何值得奖励的事情，那么这只被冒犯的猴子往往会拒绝继续参与研究人员的任务。猴子罢工了（Waal, 2011）。白占便宜者不论是对猴子，还是人类和气候变化，都是可怕的存在。

(二)公平对于实现地球目标的必要性

为什么要提到心理学、儿童行为和动物研究？因为如果我们要永久性地改变我们的集体叙事并确保实现净零目标，那么不管是现在还是将来，公正和平等的落实都是至关重要的。

正如我们在新冠疫情中所看到的，人们在公共卫生危机中可以承受重担，在战争中也是如此。在实现地球经济脱碳和2050年净零碳排放的斗争中，个人和集体可以承担更多挑战，但这需要我们所有人明白这一挑战的底层逻辑和故事，作为国家、社会、社区、投资者和个人更加公平地参与其中。在应对气候变化的过程中，必须反对和惩罚搭便车者和自私自利者，他们践踏了公平和公正的社会准则。因为，如果只有少数人肆意挥霍，而其他太多的人却不堪重负，那么遭受不公、负重严重失衡的弱势群体会进行抵制，气候变化的叙事和应对措施就会岌岌可危。

最后，富人最好记住，帮助维持和确保更公平的社会契约符合我们自身的利益。否则，当平衡失调时，社会动荡就会产生。如果人们的工资停滞不前，生活越来越艰难，他们就会失去对社会和政治的承诺，从而走上民粹主义的道路。埃森格林（Eichengreen，2018）强调，社会凝聚力需要定期调整社会结构，将资源分配的天平从富裕阶层向其他群体倾斜。他认为，这是精英阶层认识到自己也必须提供和维持契约的平衡，而不是错误地认为在"赢家通吃"的社会中，他们理应回报更高，从而一次又一次地从大众那里攫取更多，公众就不会发生革命，社会就能茁壮成长。

(三)重新平衡的时机

我们的气候变化转折点和经济临界点正是重新平衡社会契约、解决不平等和不公平问题、纠正严重滥用权力现象，以恢复社会对政府机构和共同目标的信任的时候。我们知道什么是公平，猴子知道什么是公平，孩子也知道什么是公平。人们能够分辨出什么时候被人利用，什么时候被人骗取钱财（Akerlof and Shiller, 2015），或者什么时候多干活少挣钱而老板却在发财（Akerlof and Yellen, 1990）。

各国政府和社会应采取一系列额外的经济和法规措施，帮助确保更大程度的公平、公正和责任分担，同时增强社会凝聚力。

解决日益加剧的不平等问题的关键措施是堵上税收漏洞，消除钻空子、搭便车的空间，从而为集体行动创造资源。

（四）解决日益加剧的极端不平等问题

为了解决公平问题并增加收入，在这个少数人进行炫耀性消费、积累超高净资产的新镀金时代（New Gilded Age），极端不平等问题日益加剧，各国政府应正视这一问题，并着眼税收，通过调整税收政策解决问题。据报道，全球 2 153 名亿万富翁的财富超过了占全球人口 60% 的 46 亿人（Oxfam, 2020）。年复一年，亿万富翁和百万富翁阶层控制着世界财富的比例越来越大，而现在正是地球、经济和社会面临的挑战越来越多、越来越紧迫的时候。正如乐施会（Oxfam, 2020）所言：

> 政府制造了不平等危机，现在必须采取行动结束这一危机。政府必须确保企业和有钱人缴纳他们应缴纳的税款，并增加对公共服务和基础设施的投资。

获得额外资源将有助于为绿色新政和所需的转型提供资金。为此，政府和选民必须正视收入不平等这头"大象"。拉克纳和米拉诺维奇（Lakner and Milanovic, 2013）的不平等大象图（见图 8-1）显示，全球精英阶层，即收入最高的1%，近几十年来收入大幅增长，占据了全球收入增长的很大份额，从大象翘起的鼻子可以看出这一点。高收入基数叠加复利效应导致富人更富。

全球中上层阶级的收入停滞不前，20年来，最后8%的阶级的收入增长为零。这也是发达经济体中劳动中产阶级用选票泄愤，助长民粹主义政治的部分原因。大象躯干底部的低谷深度可以说明这一点（见图8-1）。并非所有的消息都是坏消息，随着某些发展中国家的发展，全球中产阶级总数迅速增加，也提高了这些国家的人民收入。像中国这样的国家已将脱贫。从图中大象躯干处的高点可以看出这一点。

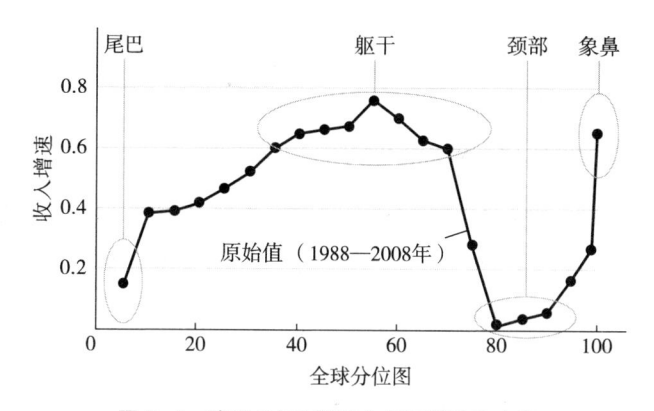

图 8-1　我们必须正视收入不平等这头大象

来源：拉克纳和米拉诺维奇，2013。

极度贫困的底层人民被抛在后面，陷入悲剧和挣扎之中，较贫穷的国家陷入贫穷和暴力的恶性循环，国家崩溃使情况更加恶化，而国家崩溃本身又受到气候变化动态和恶劣天气事件的影响。这可以从大象奋拉的尾巴上看出来。

图8-1所示的情况破坏了社会稳定、共识和应对危机（包括气候变化）的能力。如果在这一问题和相关的资源转移中能有更大的

公平性和公正感，碳战争就会更有效、更容易被接受，也不会对现有秩序造成如此大的破坏。如果不采取措施解决这个"大象问题"，愤怒的选民们可能会继续阻碍我们实现共同的地球目标，尽管这些目标对我们人类有着明显的重要意义。

各国政府在应对气候变化的同时，应采取措施解决财富过度集中在少数人手中的问题，确保富人缴纳更多的税款。这并不是要求对富人进行严厉打击，而是呼吁适度提高极富人群的税收，但这个税率仍低于他们近30年来的缴税额。

对最富裕阶层适度增税将为政府收入带来可观的贡献。据美国国会预算办公室估计，1979—2016年，最富裕的1%美国家庭的税前收入增长了近3倍。美国1%的顶尖富豪持有的财富比社会90%人群的总财富还要多（Brookings Institution，2019）。

（五）调整税收以解决公平和公正问题

各国政府为绿色新政筹集资金时，应考虑对极端富裕阶层的财富和收入增税。美国提供了一个例子，说明这可以重新平衡公平并帮助为未来提供资金：

- 对美国财富超过5 000万美元的极端富裕人群增税2%，对亿万富翁增税3%。这一最低限度的调整将在10年内筹集高达2.75万亿美元的资金（Saez and Zuckman，2014）。这将满足拜登绿色新政的资金需求。大多数美国选民都支持这种温和的税收提案。
- 对非劳动所得进行征税（通过提高企业分红税）。理想情况下，政府应按照与劳动力相同的税率对资本征税。正如皮凯蒂（Piketty，2013）所明确指出的，如果不采取税收政策行动，资本将倾向于由越来越少、越来越富的人所拥有，从而影响社会稳定。

- 增收遗产税。在美国，最高税率目前只适用于那些遗产超过 1 120 万美元的人（每千名美国人中只有不到一人）。只有 1 900 名美国人在去世时会触发遗产税。只有 80 家小公司受到遗产税的影响。布鲁金斯建议，各国政府应考虑提高遗产税，使其适用于价值 350 万美元以上的遗产，并将超过这一门槛的税率分级，这一举措将使美国在 10 年内收回 3 000 亿美元。

- 增收社会福利税。在美国和其他一些国家，社会福利税设有上限。如果将这一税率提高到影响收入的 90%，而不是现在的 83%（与 20 世纪 30 年代设立这一税率时的水平一致），那么 10 年内将筹集超过 1 万亿美元的资金（CBO，2020）。

以上只是用来举例，每个国家的情况不同。有些国家的税率要高得多（如法国、荷兰和瑞典），而其他国家的基尼系数要低得多（如澳大利亚和日本），还有些国家的税收从根上就有问题（如希腊）。总体来说，各国政府在促进资金支持绿色革命的同时，也需要重新平衡负担，解决严重的不平等问题。如果不解决不平等问题，它可能会破坏社会的稳定，破坏达成气候变化共识和实现净零目标的努力。在对富人大幅征税方面，我并不一味乐观，因为他们往往具有强大的政治影响力，要将税收提高到社会所需的合理水平困难重重。鉴于这种情况，我们在追求公正转型的同时，还需要进行其他小规模但仍有成效的改革。

（六）漏洞之大，足以让 SUV 畅行

政府应努力堵住被少数富人利用的严重漏洞。毕竟，如果超级富豪几乎不纳税，就很难创造更美好的明天。举个例子，特朗普在

过去 15 年中有 10 年没有纳税,在过去 2 年中只缴纳了 750 美元的税款,这甚至比他在菲律宾缴纳的税款还要少(*New York Times*,2020c)。然而,他却声称自己的净资产高达数十亿美元。这在社会和道德上都是不可接受的。如果我们要求社会中几乎所有的劳动者为碳支付更高的价格,改变他们的行为和饮食习惯,并适度增加税收,我们就不能允许富人继续积极避税,以逃避社会和生态责任。

从中长期的角度来看,普遍的避税行为与高昂的国家行政成本和社会计划(更不用说绿色新政)是不可能同时维持的。希腊就是这种社会信任缺失和避税行为的典型例子,其经济中有多达 1/3 的部分是在税务体系之外运作的。希腊人民及其政府一再掩盖事实,被发现了他们就起诉和追捕该国首席统计师安德烈亚斯·乔治乌(Andreas Georgiou)①,长达十多年,而不是承认错误。希腊选民需要以对话的形式探讨一下,假如 1/3 的同胞拒绝为下一代的未来需求做出任何贡献,他们的社会应如何负担各种支出。我不知道雅典的答案是什么,但至少可以肯定的是,如果希腊当局要发挥作用,为其公民提供生活保障,并为向零碳经济转型做好准备,那么坦率而文明的对话和辩论是必要的,更不用说广泛而深入的改革了。

许多国家还需要做更多的工作来改革国家税法,以杜绝避税行为,解决系统性的不良行为,并修正超级富豪们的做法。此外,在美国等国家,随着公共收入的减少和赤字的增加,企业和富人的税收也在减少。这种避税行为和相关漏洞代价高昂,应加大力度堵塞

---

① 安德烈亚斯·乔治乌是欧元区和希腊危机爆发时希腊政府的首席统计师。当他很快发现希腊政府大量少报债务时,他向欧盟和国际货币基金组织报告了正确的数字。由于报告了事实,乔治乌被不愿承认错误的腐败政府机构多次恶意起诉,直至希腊最高法院。乔治乌先生最终取得了一定程度的成功,欧盟、国际货币基金组织和其他国家的政府都要求结束这种对事实和一位兢兢业业工作的公务员的攻击。但是,乔治乌先生被迫在国外生活了十多年,这是一个政府滥用司法和法律程序的可怕故事。

漏洞，弥补税收损失。

苹果公司的避税案例是目前极端国际避税的一个好例子。苹果公司的避税计划建立在爱尔兰与这家总部设在美国的公司达成的特惠协议之上，该协议允许苹果公司规避爱尔兰 12.5% 的公司税，而只需要缴纳 0.005% 的税。然后，苹果公司通过其爱尔兰子公司将在欧洲赚取的所有利润转移出去，支付这一近乎零的税率，而不是在购买苹果产品的地方纳税。通过这种方式，苹果公司节省了数百亿欧元。一家将自己描绘成负责任的行为者的公司，最终却成了占社会便宜的吸血鬼，一个傲慢的企业自由主义者，未能履行其对所在社会的企业责任（*Fair Observer*, 2020）。迄今为止，欧盟委员会一直要求苹果公司偿还这些税款，但没有成功。

其他许多家喻户晓的大公司也像苹果公司一样，玩弄税收制度，将利润存放在避税天堂。公民税收正义组织（Citizens for Tax Justice）对财富 500 强中排名前 30 位的此类公司进行了排名（见图 8-2）。

其他研究也得出了类似的结论。例如，《福布斯》对《财富》世界 500 强企业的分析发现，有 60 家企业盈利，却没有缴纳美国联邦所得税。这 60 家公司（包括亚马孙、雪佛龙、达美航空、通用汽车、哈利伯顿和 IBM 等巨头）在美国的总收入超过 790 亿美元，但它们的实际税率为负 5%。平均而言，它们甚至获得了退税（*Forbes*，2019 年）。各国政府应努力堵住这些漏洞，并进行国际协作，要求所有企业无论在哪里开展业务，都必须缴纳最低税率。

（七）通过国际协作来防止过度避税

各国政府应推进国际税务合作，以增加财政收入，并为必要的环境保护和可持续发展项目提供资金。经合组织多年来一直在努力缩小这一巨大差距。世界主要国家应利用起这个平台和渠道，阻止避税行

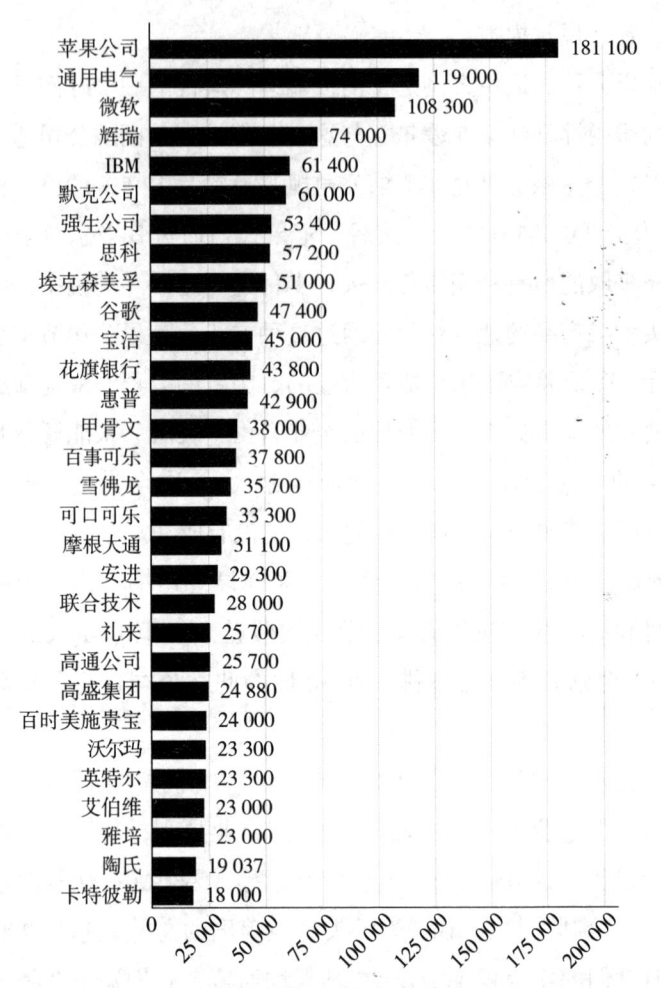

公司	所持海外美元金额/百万美元
苹果公司	181 100
通用电气	119 000
微软	108 300
辉瑞	74 000
IBM	61 400
默克公司	60 000
强生公司	53 400
思科	57 200
埃克森美孚	51 000
谷歌	47 400
宝洁	45 000
花旗银行	43 800
惠普	42 900
甲骨文	38 000
百事可乐	37 800
雪佛龙	35 700
可口可乐	33 300
摩根大通	31 100
安进	29 300
联合技术	28 000
礼来	25 700
高通公司	25 700
高盛集团	24 880
百时美施贵宝	24 000
沃尔玛	23 300
英特尔	23 300
艾伯维	23 000
雅培	23 000
陶氏	19 037
卡特彼勒	18 000

图 8-2 违规企业应支付其应缴份额

来源：公民税收正义组织，2016。

为。以往，在受影响企业和游说团体的强烈反对下，特朗普政府打了退堂鼓，而拜登政府应该支持经合组织的这一努力。我们都需要为绿色未来支付成本，任何人都不应获得免费通行证。这是公平的体现，只要反复解释清楚这些公司逃避纳税是在损害社会，选民就

第八章　脱碳、经济增长和公正转型

会理解。

与其他许多方面一样，我们需要改变那些将积极避税视为聪明之举的国家的社会观念。这并不高明。它应该是可耻的。当我在三菱商事工作时，它是当时世界上最大的贸易商。该公司与日本其他公司一样，在日本和其他业务所在国纳税。他们并不积极避税。日本的社会规范要求他们纳税。因此，董事长本·牧原（Ben Makihara）有一天与我联系时明显感到惊讶，他问道："上周和好友洛克菲勒先生共进午餐时，他告诉我他没有纳税。怎么能这样呢？"这确实是个好问题。不应该这样。在法律、社会、商业、道德角度思考，避税都是不可接受的。

在富人拥有绝大部分政治话语权，而穷人极其弱势的地方，想要讨论和修改税收制度是非常困难的。然而，绝大多数的人是支持税收公平，且反对避税行为的。因此，为了提高公平性，在立法方面可能有一定的民主决策自由度。成功虽无保证，但失败亦非定局。这当然值得反复尝试，而且如果叙事和故事得到广泛认同，就会取得成功，丹佛的情况就是如此。

同样重要的是，不仅要解决每个国家的公平问题，还要解决资源跨境再分配这一棘手问题。作为明智政策和人类生存的考量，我们需要加强机制，以加快低收入国家的绿色转型速度，这些国家需要帮助以跨越技术发展。发达经济体应促进这些国家"直接走向绿色"。《巴黎协定》已经迈出了第一步，但还需要做更多工作，支持绿色转型，加大共同资源投入。

各国政府明白，资源转移必须成为解决方案的一部分。在要求温室气体减排和实现净零目标的同时，却不支持低收入国家的转型是站不住脚的。最终在 2010 年，各国同意从 2020 年开始每年从富国向穷国转移 1 000 亿美元，以支持跃迁式发展和迅速铺开的转型。然而，连这一微不足道的数字也未能实现，即便它甚至比实际需求低很多（Orenstein，2015）。

（八）重复计算、错误计算及其他问题

　　承诺原则上实现这一较低资源转移目标的国家，为了达到每年1 000亿美元的额度，采用了存疑的核算方法，例如，将原本是海外发展援助的资金算作与气候变化有关的援助，而实际情况并非如此。许多声称的气候援助资金并不是额外的，只是原本的钱换了个名头。这种群体性误计的做法是虚伪的，无助于实现温室气体减排目标。这已不是第一次，我们对联合国进程的失望感到痛心，同样也不是第一次，我们对于那些空洞的承诺与实际执行之间的巨大鸿沟感到沮丧。这也不会是最后一次失望，因为联合国往往只是一个做出承诺和发表言论的平台，却不能保障后续的实施和遵守。在COP26召开前夕，关于如何实现1 000亿美元的讨论十分激烈，而且愈演愈烈。低收入国家抱怨政府始终未能支持转型，也未能用新的资金来兑现豪言壮语。

　　假设很不幸的是，有人采用了类似的创造性外交核算方式，并声称2021年已经实现了1 000亿美元的目标。如果这种情况发生，我们应该保持怀疑。因此，人们应该要求各国政府通过现有机制做出更大的努力，并要求资金具有额外性和有效性。我想表达什么呢？我想说的是，我们应该利用世界银行和地区多边开发银行的资金，打造一个新的绿色马歇尔计划，旨在实现净零转型。

　　发达经济体的领导者应从国家收入中拿出一小部分，帮助较低收入国家实现从现有发展水平到绿色技术的创新飞跃。然而，这不应通过国家海外发展援助来实现，而应利用世界银行和多边开发银行的融资机制，通过一个新的、协调的绿色全球未来基金为这一转型提供资金。

　　正如我们大幅调用世界银行和国际货币基金组织的资金资源以

应对新冠疫情一样,各国领导人也应利用现有的多边治理架构,大力支持气候转型,每年额外筹措1000亿美元。这相当于世界银行增加约2/3的资源,相当于其他区域多边开发银行也增加500亿美元资源。

为什么要选择通过现有机制提供更多资源?

第一,股权人和债权人的资金成本非常低。世界银行和多边开发银行不需要1美元进1美元出,因为它们可以通过承诺和加杠杆以及其他机制在市场上筹集资金,这降低了股东的实际资金成本,同时加强了多边机构对借款人、接受低成本或无成本受捐方的影响能力。当前长期的低利率环境,加上世界银行和多边开发银行的AAA信用评级,将继续使它们能够以极低的利率借款,并以相对较低的优惠利率向各国提供贷款。虽然在目前的环境下,一些国家可能更愿意直接从市场上借款,但世界银行和多边开发银行还能在绿色转型的各个方面提供关键性的支持和指导,同时帮助确保所支持的项目实现其声称的社会和环境目标。

第二,此类机构具备大量绿色专业知识,尤其是世界银行。世界银行代表了其股东的美好愿望,同时又不受单个债权人的直接控制。此外,世界银行了解发展经济学,历史成果优秀。然而,并非所有资金都应通过华盛顿和世界银行提供。这样做会导致债权和股权过于集中,使世界银行不堪重负,所以建议采用1∶1的资金结构。类似的雇员专业优势也适用于地区性多边开发银行,这些银行努力在深入了解当地市场的专业知识、积极参与和监管当地事务,以及赢得当地利益相关者的支持和认可之间找到恰当的平衡点。因此,亚洲开发银行和亚洲基础设施投资银行都拥有特定的地区专业知识。在欧洲和东欧,欧洲投资银行和欧洲复兴开发银行可以采用商业标准,加快该地区的转型,而且国家股东的成本也很低。

第三,良好的治理架构和体系已经建立。双边援助可能会被虹吸到一些因政治利益而受青睐的项目中,但这些项目对受援国可能并没有什么好处。世界银行和多边开发银行为资金的有效性和适当监督提供了更大的保证。治理是至关重要的。

第四,如果我们认为绿色转型不应仅仅是一项自上而下的工作,还必须是一个自下而上、由地方自主的进程,且不受贸易援助体系的操纵行为影响,那么最好是通过世界银行和多边开发银行将更多资金引入全球未来基金,而不是依赖于重复计算和无效、扭曲的国家政治机制。

第五,利用现有机构将使领导人能够以极低的成本更快地成立新基金。增量资源转移将在有力的监督下进行,并受益于专业人士圈子的支持。世界银行和多边开发银行可以为项目设定真正的温室气体转型目标,欧洲投资银行等许多机构已经在其他项目中这样做了。

《巴黎协定》要求1 000亿美元的援助预算额,回顾目前为达到这一数字所做的努力,我们可能会得出预算翻倍毫无可能的结论,但新冠疫情的应对措施表明,情况并非如此,实际上当所有人都明白其紧迫程度和原因时,一切皆有可能。发达国家每年在应对疫情方面花费数万亿美元,所有国家都知道这不仅是可能的,而且是必要的。那么捐助国的人民是否愿意付出更多呢?

民意调查一再表明,关于公众对外国援助的看法和对自身认知的情况,以下两个要点十分重要,可以帮助判断为资源转让提供更多支持是否存在可能性。

首先,许多选民高估了本国对外援助的支出。例如,澳大利亚人认为对外援助占国内生产总值的14%。因此,参加调查的人发现实际上它只占0.8%而感到十分震惊(Lowy Institute,2020)。美国人受到的误导更大。民意调查一直显示,美国人认为对外援助占联邦预算的25%。事实上,2019财年美国的对外援助总额为392亿美元,占联邦预算的不到1%(Brookings Institution,2019b)。

其次,选民往往比我们想象的要慷慨。因此,当被问及此事

第八章 脱碳、经济增长和公正转型

时,接受调查的澳大利亚人回答说,对外援助占10%的比例是可以接受的。在德国和法国,35%的人支持增加海外发展援助金额,尽管法国人经常认为这些钱会被浪费掉。

我们并不都是不可救药的自私者,事实上,如前所述,进化和发展的需求驱使我们成为合作者,并监督什么是公平的,什么是不公平的。人们在进化过程中普遍表现出的公平和慷慨,对于比例水平和实际数额的明显混淆(偏向乐观),为开始新的对话提供了一个契机。

这显然是对援助和绿色转型进行新阐述的一个机会。现有和拟议的支持力量十分有限,在此基础上,这个新故事可以用对话的方式开启。它可以是一个利用选民善良本性的故事,同时强调这样一个计划的成本很低,远远低于许多人认为的合理、可负担和适当的水平。这种叙述不仅要强调一定程度的支持对气候的重要益处,还要强调其经济乘数效应。最重要的是,一方面,我们需要一种关于支持其他社区的说法,以良性和积极的现实来反驳谣言和谬论;另一方面,我们可以利用现有金融机构的市场借贷能力,获得更低成本的资金,从而实现全球共同目标,即便所需资金需要在既定的1 000亿美元基础上翻一番。

全国范围的讨论和对话应建立在坚实的事实基础之上,就一定程度上更加慷慨和有效地支持绿色转型达成共识,并通过已被证明行之有效的现有机制加以引导。

虽然无法保证成功按预想的进行资源再分配,但我们应该尝试这样做。重塑援助故事和我们的共同目标需要通过兑现承诺来实现。重复计算、改换名目和一厢情愿的想法都是无益的。这不仅于事无补,反而会滋生各方的愤怒和怀疑:捐助方会失望和愤怒,因为捐助方的选民会发现温室气体减排效果有限,并得出援助被滥用的结论;而受援方则会不高兴,因为他们不知道资金是否额外增加的，或者只是同一笔钱换了个名目。

资源问题是对COP26代表的又一次外交压力测试。撇开前述的需要更多资源、更好地利用和调配资源不谈，目前1 000亿美元的目标能否实现，以及能否真正实现？如果能够实现，我们就有可能在碳抵消、碳定价、减排目标等其他领域达成共识，并更进一步。如果无法实现，我们就会在污染者的行动要求和发展中国家的合理要求之间难以实现平衡，前者是合理的，但其过去的污染行为产生了负面影响，而后者则要求获得一定程度的适当支持，以实现技术飞跃、启动转型改革。

二十国集团领导人需要为我们共同的未来投资。他们需要从政治视角来看待正在发生的气候变化现实，并集体行动起来，在为时已晚之前解决这一问题。代价是微小的，而对地球可能带来的整体利益却是巨大的。

八、让转型真正启动

向净零碳排放的气候变化转变正在进行中。在公共承诺、计划、目标和战略中，这种转变的迹象越来越明显。越来越多的私营部门行动者加入进来，并朝着同一方向努力，在公共和私营行动、公共社区之间以及私营企业内部形成了积极的反馈回路。许多主要国家的政府做出了积极的净零碳新承诺，并启动了绿色新政。

COP26是这一进程中的下一个考验，也是一个做出改变的时机。这是一个支持、确认和奖励新兴市场动力的机会，是一个加快传播、创新、气候变化减缓和适应速度的机会，也是一个投资于绿色未来的机会。这一未来可能有序也可能无序地来临，也是一个开始重构和创造公正转型的机会。

我们正处于从一个均衡状态向另一个均衡状态移动的临界点竞

赛之中。COP26为我们提供了一个机会，让我们更接近地球政策的临界点，即国家社会向绿色转型的共同临界点。如果我们能够成功地到达我们自己的叙事和政策临界点，我们就能离净零排放的未来更近，并可能避免触发地球气候变化的不归路临界点。

这种变化会缓慢积累，然后在达到质变时突然爆发。希望2021年人类能迎来一个突如其来的叙事和政策的转折点。

参考文献

1. Akerlof, G. and Shiller, R. (2015) *Phishing for Phools: The Economics of Manipulation and Deception*. Princeton: Princeton University Press.
2. Akerlof, G. and Yellen, J. (1990) 'The fair wage-effort hypothesis and unemployment'. *Quarterly Journal of Economics*, 105 (2) (May): 255–283 [Online]. Available at: www.washingtonpost.com/blogs/wonkblog/files/2013/10/fair_wage_effort_hypothesis.pdf (accessed: 30 November 2020).
3. Andres, L., Couberes, D., Diouf, M. A., and Serebrisky, T. (2007) 'Diffusion of the Internet: A Cross-Country Analysis,' Policy Research Working Paper 4420, World Bank, Washington, DC [Online]. Available at: https://openknowledge.worldbank.org/bitstream/handle/ 10986/7636/wps4420.pdf?sequence=1 (accessed: 1 February 2021).
4. *Atlantic*. (2019a) 'The green new deal's big idea', 19 February [Online]. Available at: www.theatlantic.com/science/archive/2019/02/green-new-deal-economic-principles/ 582943/ (accessed: 1 February 2021).
5. BBC. (2019) 'Demands grow for "green industrial revolution"', 3 June [Online]. Available at: www.bbc.com/news/science-environment-52906551 (accessed: 30 November 2020).
6. Brookings Institution. (2019a) 'Who are the rich and how might we tax them more?', October [Online]. Available at: www.brookings.edu/policy2020/votervital/who-are-the-rich-and-how-might-we-tax-them-more (accessed: 12 November 2020).
———. (2019b) 'What every American should know about US foreign aid', 2 October [Online]. Available at: www.brookings.edu/opinions/what-every-american-should-know-about-u-s-foreign-aid (accessed: 16 November 2020).
7. Canfin, P. (2020) 'How the EU Green Deal offers hope for European recovery', 19 October. Microsoft blogs [Online]. Available at: https://blogs.microsoft.com/

eupolicy/2020/10/19/how-eu-green-deal-offers-hope-for-european-recovery/ (accessed: November 2020).

8. CBO (Congressional Budget Office). (2020) 'Increase the maximum taxable earnings for the social security payroll tax', 9 December [Online]. Available at: www.cbo.gov/budget-options/56862 (accessed: 1 February 2021).

9. CEO Action Group. (2020) 'Business outlines plan of action to accelerate the European Green New Deal and post-COVID-19 recovery, engagement material'. World Economic Forum, September [Online]. Available at: www3.weforum.org/docs/WEF_Joint_Statement_of_the_CEO_Action_Group_for_the_European_Green_Deal_2020.pdf (accessed: 17 November 2020).

10. Citizens for Tax Justice. (2016) 'New report exposes world of offshore tax avoidance.' 5 October [Online]. Available at: https://ctj.org/new-report-exposes-world-of-offshore-corporate-tax-avoidance (accessed: 22 March 2021).

11. climatechangenews. (2020) 'Japan net zero emissions pledge puts coal in the spotlight', 26 October [Online]. Available at: www.climatechangenews.com/2020/10/26/japan-net-zero-emissions-pledge-puts-coal-spotlight (accessed: 30 November 2020).

12. CNBC. (2020) 'Goldman Sachs picks 20 stocks to ride Europe's push toward a greener future',10 July [Online]. Available at: www.cnbc.com/2020/07/10/goldman-sachs-picks-20-stocks-to-ride-europes-push-toward-a-greener-future.html (accessed: 1 February 2021).

13. Cohen, S. and Delong, B. (2016) *Concrete Economics*. Cambridge, Massachusetts: Harvard Business Review Press.

14. Collier, J. (2018) *The Future of Capitalism: Facing the New Anxieties*. New York: Harper.

15. de Waal, F. (2011) 'Moral behavior in animals'. TED Talk, November [Online]. Available at: www.ted.com/talks/frans_de_waal_moral_behavior_in_animals?languag e=en (accessed: 11 November 2020).

16. Eichengreen. B. (2018) *The Populist Temptation: Economic Grievance and Political Reaction in the Modern Era*. Oxford: Oxford University Press.

17. EPI (Economic Policy Institute). (2020) 'Investment in infrastructure and clean energy would create at least 6.9 million good jobs', 20 October [Online]. Available at: www.epi.org/press/investment-in-infrastructure-and-clean-energy-would-create-at-least-6-9-million-good-jobs-manufacturing-construction-and-transportation-sectors-would-gain-the-most (accessed: 1 February 2021).

第八章 脱碳、经济增长和公正转型

18. EU Open Data Portal. (2017) 'Flash Eurbarometer No. 456: SMEs, resource efficiency and green markets' [Online]. Available at: https://data.europa.eu/euodp/en/data/dataset/S2151_456_ENG (accessed: 25 January 2021).
19. Eurostat. (2018) 'Development of key indicators for the environmental economy and the overall economy, EU-27, 2000–2017' [Online]. Available at: https://ec.europa.eu/eurostat/statistics-explained/index.php?title=Environmental_economy_%E2%80%93_statistics_on_employment_and_growth (accessed: 17 November 2020).
20. Fair Observer. (2020) 'Only losers pay taxes: Apple and the ingenuity of tax avoidance', 24 July [Online]. Available at: www.fairobserver.com/economics/hans-georg-betz-apple-tax-avoidance-verdict-ireland-eu-tax-havens-news-18811 (accessed: 11 November 2020).
21. Fink. L. (2021). 'Larry Fink's 2021 letter to CEOs.' [Online]. Available at: www.blackrock.com/us/individual/2021-larry-fink-ceo-letter (accessed: 22 March 2021).
22. *Forbes*. (2019) 'Renewable energy job boom creates economic opportunity as coal industry slumps', 22 April [Online]. Available at: www.forbes.com/sites/energyinnovation/2019/04/22/renewable-energy-job-boom-creating-economic-opportunity-as-coal-industry-slumps (accessed: 16 November 2020).
23. Georgson, L. and Maslin, M. (2019) 'Estimating the scale of the US green economy within the global context'. *Palgrave Communications*, 5 (121). https://doi.org/10.1057/s41599-019-0329-3 (accessed: 25 January 2021).
24. Gordon, R. (2016) *The Rise and Fall of American Growth: The US Standard of Living since the Civil War*. The Princeton Economic History of the Western World. Princeton: Princeton University Press.
25. Gorz, A. (1972) *Nouvel Observateur*, 397, 19 June. Proceedings from a public debate organized by the Club du Nouvel Observateur, Paris, France.
26. Heinrich, J. 2004. 'Inequity aversion in capuchins?'. *Nature*, 428 (139) [Online]. Available at: https://doi.org/10.1038/428139a (accessed: 1 February 2021).
27. Jackson, T. (2011) 'Prosperity without growth: Economics for a finite planet'. *Energy G Environment*, 22 (7): 1013–1016. Available at: https://doi.org/10.1260/0958-305X.22.7.1013 (accessed: 11 February 2020).
28. Jackson, T. and Victor, P. (2020) 'The transition to a sustainable prosperity: A stock-flow-consistent ecological macroeconomic model for Canada'. *Ecological Economics*, 117: 1–14 [Online]. Available at: https://reader.elsevier.com/reader/sd/pii/S0921800920301427 (accessed: 10 November 2020).

29. Jotzo, F. (2016) 'Decarbonizing the world economy'. *Solutions*, 7 (3): 74–83 [Online]. Available at: https://issuu.com/thesolutionsjournaldigital/docs/fea_jotzo (accessed: 16 February 2021).
30. Kahneman, D., Knetsch, J. L., and Thaler, R. H. (1986) 'Fairness and the assumption of eco- nomics'. *Journal of Business*, 59 (4) Part 2: S285–S300.
31. Lakner, C. and Milanovic, B. (2013) 'Global income distribution: From the fall of the Berlin Wall to the great recession', Policy Research Working Paper Series 6719, World Bank [Online]. Available at: https://ideas.repec.org/p/wbk/wbrwps/6719.html (accessed: 16 November 2020).
32. Latouche, S. (2009) *Farewell to Growth*. Cambridge, UK: Polity Press.
33. Levitz, E. (2020) 'The economy of World War II proved a Green New Deal is possible', 24 September [Online]. Available at: https://nymag.com/intelligencer/2020/09/biden-climate-green-new-deal-world-war-two.html (accessed: 1 February 2021).
34. Lowy Institute. (2020) 'Lowy Institute Poll 2020' [Online]. Available at: https://poll.lowyinstitute.org/themes/foreign-aid (accessed: 16 November 2020).
35. Ludwig, G. (2021) Ludwig Institute for Shared Economic Prosperity. [Online]. Available at: www.lisep.org (accessed: 18 February 2021).
36. Mackintosh. S. (2020) 'The Great British kakistocracy'. *EuropeNow*, 20 November [Online]. Available at: www.europenowjournal.org/2020/11/20/the-great-british-kakistocracy (accessed: 1 February 2021).
37. Mason, J. W. and Bossie, A. (2020) 'Public spending as an engine of growth and equality: Lessons from World War II'. Roosevelt Institute, 23 September [Online]. Available at: https:// rooseveltinstitute.org/publications/public-spending-as-an-engine-of-growth-and- equality-lessons-from-world-war-ii (accessed: 1 February 2021).
38. Mazzucato, M. (2019) 'The economic argument behind the Green New Deal'. *MIT Technology Review*, 24 April [Online]. Available at: www.technologyreview.com/2019/04/24/135779/the-economic-argument-behind-the-green-new-deal (accessed: 10 November 2020).
39. McAuliffe, K., Blake, P. R., and Warneken, F. (2017). 'Do kids have a fundamental sense of fairness?', 23 August [Online]. Available at: https://blogs.scientificamerican.com/observations/do-kids-have-a-fundamental-sense-of-fairness (accessed: 11 November 2020).
40. *New York Times*. (2020a) 'GM drops its support for Trump climate rollbacks and aligns with Biden,' 23 November [Online]. Available at: www.nytimes.

com/2020/11/23/climate/general-motors-trump.html?action=click&module=Spotlight&pgtype=Homepage (accessed: 23 November 2020).

——. (2020b) 'GM accelerates its ambitions for electric vehicles', 19 November [Online]. Available at: www.nytimes.com/2020/11/19/business/gm-electric-vehicles.html (accessed: 22 November 2020).

——. (2020c) 'Trump paid $750 in federal income axes in 2017. Here's the math', 27 September [Online]. Available at: www.nytimes.com/2020/09/29/us/trump-750-taxes.html (accessed: 17 November 2020).

41. OECD (Organisation for Economic Co-operation and Development). (2017) 'Employment implication of green growth: Linking jobs, growth, and green policies', June [Online]. Available at: www.oecd.org/environment/Employment-Implications-of-Green-Growth-OECD-Report-G7-Environment-Ministers.pdf (accessed: 17 November 2020).

42. Orenstein, K. (2015) 'COP Blog: Paris's $100bn question'. EnvironmentalFinance.com, 1 December [Online]. Available at: www.environmental-finance.com/content/analysis/cop-blog-pariss-100bn-question.html (accessed: 16 November 2020).

43. Oxfam. (2020) 'World's billionaires have more wealth than 4.6 billion people', 20 January [Online]. Available at: www.oxfam.org/en/press-releases/worlds-billionaires-have-more- wealth-46-billion-people (accessed: 12 November 2020).

44. phys.org. (2019) 'US green economy worth $1.3 trillion per year, but new policies needed to maintain growth', 15 October [Online]. Available at: https://phys.org/news/2019-10- green-economy-worth-trillion-year.html (accessed: 16 November 2020).

45. Piketty, T. (2013) *Capital in the Twenty-First Century*. Cambridge: Harvard University Press. Rodrik, D. (2017) *Straight Talk on Trade: Ideas for a Sane World Economy*. Princeton: Princeton University Press.

46. Saez, E. and Zuckman, G. (2014) 'Wealth inequality in the United States since 1913: Evidence from capitalized income tax data', NBER Paper 20625, National Bureau of Economic Research, Cambridge [Online].Available at: http://goodtimesweb.org/industrial-policy/ 2014/SaezZucman2014.pdf (accessed: 4 January 2020).

47. Scheidel, W. (2018) *The Great Leveler: Violence and the History of Inequality from the Stone Age to the Twenty-First Century*. Princeton: Princeton University Press.

48. Schwartz. A. (2020) 'Who needs a just transition?'. Center for Strategic and International Studies, 21 May [Online]. Available at: www.csis.org/analysis/who-needs-just-transition (accessed: 20 January 2021).

49. Summers, L. (2014) 'Reflections on the new "Secular Stagnation hypothesis"'.

VoxEU, 30 October [Online]. Available at: https://voxeu.org/article/larry-summers-secular-stagnation (accessed: 18 February 2021).
50. UNFCC (United Nations Framework Convention on Climate Change). (2020) 'Commitments to net zero double in less than a year', 21 September [Online]. Available at: https://unfccc.int/news/commitments-to-net-zero-double-in-less-than-a-year (accessed: 30 November 2020).
51. WEF (World Economic Forum. (2020) 'Business leaders embrace Europe's new green reality for investment and growth', 16 September [Online]. Available at: www.weforum.org/agenda/2020/09/business-leaders-embrace-europe-s-new-green-reality-for-investment-and-growth (accessed: 17 November 2020).

第九章
临界点竞赛

我们正处在一场气候变化临界点的竞赛中。未来一系列可怕的、相互关联的气候变化临界点会造成不可逆转的气候崩溃，造成一个没有回头路的温室世界，我们需要在此之前到达一个集体叙事政策和实践方面的临界点。这场临界点竞赛是当下划时代的全球性挑战。

数据告诉我们，正如曼恩（Mann，2019）所说："我们得到的观测数据越多，我们的模型就越复杂，我们就越能了解到，事情发生的速度和规模可能比我们几年前预测的还要惊人。"

要成功实现叙事和政策的飞跃，就必须在经济、社会和社区中进行大规模变革。如果我们因缺乏领导力、未能扩展或不愿改变而失败，那么所有社会的繁荣和生存都将面临风险。如果我们失败了，不仅会面临灾难，我们的无所作为还会导致地球上大部分非人类物种的大规模灭绝。

2021年是关键的一年，但我们似乎远未到达必要的言论和政策临界点。大多数国家仍未实现净零排放目标，多数工业行业也仍需果断转变生产流程，实现碳中和或循环工艺。与此同时，温室气体累计排放量不断增加，我们的全球碳预算几乎耗尽。那我们是否应该因此失去希望，被无法解决太复杂的问题而吓退？

但现在还不是绝望的时候，如果我们失败了还有缓冲的时间。

正如曼恩（Mann，2019）所指出的，气候危机的节奏在前期是十分缓慢的，但后期会突然骤升；叙事、政策、商业和社会的转变就是在这样的周期中进行的。现有的故事和叙事看似固若金汤，但一旦共识转变，它们就会突然发生决定性的变化。当这种情况发生时，很多事情都会改变，而且改变得很快。

我们在疫情的应对和反应中看到了这种突然转变的过程。我们再次看到，在危机中，领导力至关重要，这意味着必须立即行动，不能拖延。可以看到，一旦大多数人认识到并理解了危机，就有可能取得巨大成就。人民会结成新联盟，抛却旧信念。以前不可能的事情变成可能，还可以动用巨大的国家权力和备用力量。我们看到，当人们认识到并理解危机时，人们、社区和家庭就会团结起来，愿意改变他们的行为、举止以及短期、中期甚至长期的期望。经济和企业也会迅速做出改变，调整其方法和模式。我们正在经历的这场疫情表明，危机是叙事、政策、政治、经济和社会变革的熔炉。

面对气候变化的紧急情况，我们正在构建一种新的共识，一个关于气候危机经济学的故事，一种具有韧性、可持续性、伦理道德上站得住脚的政治经济学对策。

我们可以赢得这场临界点竞赛。如果我们从疫情和其他危机中吸取教训，我们还有时间。2021 年，有迹象表明，世界可能正在接近一系列叙事、政策和经济临界点，这些临界点相互关联、互相影响，可能为绿色全球化 2.0 创造条件。

一、领导力永远重要

在政策决策和执行过程中，领导力始终至关重要。应对气候变化危机需要我们的政治阶层以高瞻远瞩、利他主义、合乎道德和灵活创新的方式发挥领导作用。于 2021 年 11 月召开的 COP 26 上，

第九章 临界点竞赛

全球领导人必须通过他们的行动、宣言和承诺，帮助我们达到气候危机紧迫性的临界点，加快落实应对措施，并规划未来的路线。在此过程中，领导人可以决定性地影响经济和市场的预期和情绪，并向市场肯定绿色故事正在发展。领导者可以展现他们的集体决心，将净零排放作为所有政策领域的共同目标。越来越多的证据表明，政府可能会在2021年取得这方面的巨大进步。

拜登总统认识到采取行动的紧迫性和必要性，并表示：

> 应对气候危机，我们已经等了太久。我们不能再等了……我们亲眼所见。我们感受到了。我们刻骨铭心。现在是采取行动的时候了。

拜登总统的气候顾问约翰·克里（John Kerry）也明确指出了现在的紧迫性，呼吁世界各国领导人：

> 把气候危机当作紧急事件来处理……我们已经到了这样一个地步，即投资于预防破坏或至少将破坏降到最低比事后修复更便宜，这是绝对的事实……我们必须以前所未有的方式动员起来，以应对这一正在迅速加速的挑战，留给我们的时间不多了。

要有效应对危机，就必须认识到危机的存在。拜登总统和克里先生显然都实现了这一改变，进而促成了政策转变和行动。如果特朗普在2020年获胜，这本书的基调和结论就会大相径庭，令人沮丧。随着拜登政府将气候变化置于国家安全和外交议程的首位，全球叙事和政策路径是开放的，并且在不断拓宽。美国政府已经宣布了一系列政策变化，并公布了一项2万亿美元的绿色产业政策。这不是在"洗绿"。这是一个关键的叙事和政策转折点。

准备参加COP26的其他领导人也提高了他们的目标和雄心。

二、立即行动

包括美国、中国、日本和欧盟在内的主要国家已承诺实现净零排放目标。许多其他国家也必须这样做。在做出这些承诺的同时，有关气候变化的大环境也会发生巨大而永久的变化。

中国已迈出了关键的一步，欧洲、英国和苏格兰已经照亮了前进的道路，在发达国家中，它们正在最积极、最持续、最有效地减少温室气体排放。多年来，欧洲的政策制定者已经理解了气候变化问题。欧洲各国已经在运用许多政策工具和机制来转变激励机制。其他国家应该学习他们的成功经验和失败教训。

未来国家和国际气候变化的转型路径将是陡峭、充满挑战和动荡的，但如果我们拖延，路径只会更加陡峭。减排计划和后续实施肯定会面临政治阻力，但大多数选民和企业都支持现在就采取行动，而且希望现在就采取行动。多数人都心如明镜，投资绿色未来的时机就在现在。

三、停止贴现未来

正如约翰·克里所说，政府必须停止贴现未来的做法。要实现净零排放，我们就必须停止对子孙后代的生存和价值进行贴现。从经济、道德和伦理的角度来看，这种做法是不可接受和不可持续的。从地球的角度来看，这是不可原谅的。长期以来，对未来贴现一直是采取必要行动的掣肘，这种做法必须停止。各国政府应将气候变化投资的贴现率降至尽可能接近于零。政府、私营部门和投资者应为大规模的、持续的、变革性的绿色投资热潮提供资金。

近乎零的贴现率可以使必要的投资提前。此外，由于大部分发达经济体的利率极低甚至为负，绿色投资的成本可以忽略不计，而经济中的正反馈循环将是显著的、广泛的和持久的。在重建、改造和重新设计方面，政府和私人应进行大规模的绿色投资。2021年，美国、中国、欧洲和其他国家的政府似乎都认识到，在绿色产业政策以及与地球和气候目标相一致的国家和企业战略的支持下，长期投资激增背后的经济和政治经济意义。

几十年来对建设和转型到绿色全球化2.0的投资所产生的乘数效应是显而易见的。政府和私营部门审慎推行和支持的投资政策，将在未来几十年为经济、社会和地球带来实实在在的持久红利。市场已经认识到这一转变，并正在奖励先行者和领导者。

在我们停止贴现行为，并投资于绿色明天的同时，我们必须开始收取真正的碳价格，并一劳永逸地进一步转变市场、商业和个人的激励机制。

四、激励机制

许多国家已经开始通过碳税和碳排放权交易制度对碳进行定价。例如，瑞典、欧盟碳市场和加拿大的例子说明了政府如何制定积极的目标，并设计出所需的转型路径。2021年，我们必须迅速转型，制定统一的最低碳价，并在全球范围内逐步提高和趋同。根据经济学基础知识，我们知道定价会改变市场行为、推动行动、改变决策，以及企业和个人的选择。美国二氧化硫市场向我们展示了如何做到这一点并实现大气目标。我们还从少数几个已经打响"碳战争"国家的例子中了解到，碳定价是可控的，并具有经济效益。

对碳进行定价需要政治上的胆识和清晰的判断力，还需要考虑公平和公正问题，但正如瑞典、加拿大和其他国家所证明的那样，对碳进行定价可以在不造成巨大破坏的情况下完成，并且可以实现温室气体的大幅减排。

这是对全球领导人至关重要的试金石。他们能否就碳价目标和价格上升曲线达成一致？他们能否宣布"承诺日"并为此做好准备？领导者们应该争取达成一个远远高于目前大多数市场价格的碳价，在2030年达到每吨130多美元，到2050年上升到300美元。我们需要直面这种经济和市场失灵，并对碳进行定价。确切的价格有待商榷，但有两条一般性要求是不容商量的：（1）需要商定一个最低碳价；（2）碳价应在2050年之前的几十年内逐步提高。这两条要求是建立预测能力、提高可信度、改变市场预期、推动投资决策，以及加快工业变革和绿色创新速度的先决条件。

在碳定价这一关键问题上，我持悲观态度。无论全球多么需要达成这一目标，COP大会都不是一个合适的场合。部分国家坚持反对递增型碳定价的可能性很大。可以想象，俄罗斯、沙特阿拉伯和其他对碳高度依赖的国家会断然拒绝达成有意义的定价计划和协议。若是"承诺日"落空，又该怎么办呢？

碳定价和提价的领导者必须结成气候联盟。承担起规划和执行可持续的、具有韧性的净零碳排放路径责任的国家绝不能被白吃白喝者、污染者和否认者所削弱。实现净零排放需要付出成本，碳定价也是如此。必须保护那些承诺并执行已达成共识的气候变化计划的国家和企业，使其免受不承诺和不执行计划的国家和企业的影响。2021年，准备向前迈进的领导人和国家必须这样做，不受拒绝行动的国家影响。因此，对碳定价的国家应该对那些不支付碳成本的商品征税。

如果不能就净零碳排放和碳定价达成强有力的全球共识，就必须形成新的气候联盟。我们需要对搭便车者征税，以迫使温室气体减排的步伐加快。这个联盟应该使用碳关税来阻止搭便车的企业压低价格,并与那些承担碳定价负担的公司进行不公平竞争。我们不能允许碳倾销。那些支持忽视碳排放成本和生态系统价值的自由市场经济理念的新自由主义者,将会坚决反对这一做法。我们应该对这种胡言乱语充耳不闻。领导人需要确保那些参与到确保地球宜居这一艰巨而重要的任务中的国家、企业和市场不会受到否认者的破坏。污染者必须付出高昂的代价,并因此受到压力,重新考虑并加入净零排放气候联盟。

在格拉斯哥 COP26 大会上及之后,采取的大胆行动必须支持和顺应市场情绪、故事和潮流的变化,这些变化在环境、社会和治理领域,在年轻投资者中,在某些工业部门,以及在目前正在抓住绿色机遇的有活力的领先企业中已经显现出来。在 COP26 期间实现飞跃性进步的领导者们不会走在市场潮流的前面,而是会乘势而上,在各个经济体、各行各业中将其发扬光大。在格拉斯哥采取果断行动可以再次确认并加快转变的速度。

市场在前进。领导者应对市场加以利用和鼓励,推进投资决策,转变投资战略,改变个人行为和选择。政府将扩大其政策转变的效果,利用其投资的影响,并向投资者再次确认绿色投资是一个不错的选择,包括"五十度绿"包含的各种绿色工具和手段。政府可以扩大棕色与绿色之间的差距,推动前者行业中的精明企业改变战略和商业计划,奖励领先者,鞭策落后者改进并转变计划和投资。

五、建立监督绿色经济的机构

在各国政府宣布积极的目标、确认转型路径、制定碳价和建立市场预期的同时,领导人还应该规划新的机制,以确保承诺得以兑现、目标得以实现、执行得以公平和准确衡量。温室气体减排和碳定价必须一致、严格，并得到有效的实施和约束。

各国需要在如何在全球范围内协调优先权制度、确保公平性和强制遵守方面达成共识。我们知道，无论在国际还是国内，没有合规保障，制度是不会起作用的。相反，从美国硫交易市场到改革后的欧盟碳交易市场，再到加利福尼亚碳交易市场，这些具有强制力的污染定价机制都能减少温室气体排放，并改变市场激励机制。

领导人需要一个全球机构对绿色全球化2.0过程进行管理和监督。他们应该建立一个世界碳组织，该组织可以与WTO的架构并行工作，并从中吸取经验教训。最终，绿色全球化2.0的顺利运行需要碳定价的恒定性、清晰度、透明度和执行力。世界碳组织可以帮助确保碳定价的一致性，并在对搭便车者或污染者征收碳税方面发挥作用。建立世界碳组织，对碳定价制度及其比较能力和净零目标的应用进行准司法监督和裁决，是正确的做法。各国政府需要避免大相径庭的机制、法规、碳定价措施和不规范的应用。碳定价和法规的"意大利面碗"现象无法顺利或公平地实现温室气体减排。

各国代表们不会再在格拉斯哥实现这种架构上的飞跃式进步。但未来各国对世界碳组织的需求将日益明显。随着各国实施碳定价和加强绿色全球化2.0，它们将需要一个机构来确保合规性和可比性，而世界碳组织就是一条通向一致国际碳价的明路。

正如各国领导人需要一个国际平台来确保贸易和转型的顺利进行，并实现共同的气候变化和脱碳目标，各国也需要强有力的国家监督机制。我们已经看到，一些国家设立了独立的碳委员会来监督其政府的行为，并对照既定承诺评估其实现净零排放的进展。英国、法国、爱尔兰、新西兰和瑞典都建立了这样的机构。所有其他国家都需要类似的机构，我称之为国家碳银行。

政治家们必须同意净零排放目标，并通过立法来实现这些目标。然后，他们应将报告进展、批评政策以及建议定价和供应变化的责任委托给类似央行的技术型专业机构。通过建立国家碳银行，领导人可以利用技术官僚[①]的可信度，提高可预测性，加强目标和政策方面的沟通，并在必要时建议和（理想情况下）要求调整碳价和市场监督。

国家实施气候变化净零目标需要监督和监管。如果没有监管和报告，市场和其他行为主体将不会自行其是。需要有国家碳银行和碳委员会来控制变化速度，根据既定目标衡量年度计划和绩效，监督和监察既定目标的实施和遵守情况。当政府将碳市场监督的权力下放给更适合日常监督和监管的专业组织时，政府就可以转向同样重要的任务，即加快技术创新、传播和颠覆。

六、加快技术创新和传播速度

要在 2050 年实现净零排放目标，我们的时间不多了。正如前文强调的那样，各国政府在集体和国家层面都是不可或缺的行动者。它们必须通过绿色产业政策，在新技术出现时为其提供支持，拉动我们的发展，并使技术推广的 S 形曲线更陡峭。我们可以看到，这在公用事业部门和可再生能源领域正在发挥作用，后者在经济性上已经达到了化石燃料的水平。我们还可以从电动汽车的发展和应用中看到这一点，电动汽车将在 21 世纪 20 年代加速发展。我们可以从电池技术效率的提高和价格的下降中看到这一点。在这些领域，我们可以看到政府的持续支持、激励措施的改变、S 形曲线的陡峭化、持续创新和价格下降。这些经济增长的新引擎揭示了气

[①] 技术官僚，特指通过技术专长获得政治权力的官员，强调其运用技术手段解决社会问题的治理模式。——译者注

候变化否认者论点的不足。新技术的成本并非一成不变或过高。相反，它们迅速下降。创新不仅没有放缓，反而在继续。技术创新是动态的、颠覆性的、持续的和迭代的。在转向和采用绿色技术的过程中，政府可以发挥关键作用。

从农业、建筑业到工业生产，再到航空和航运业，创新技术在未来的推广和应用仍面临巨大挑战。2021年，我们需要的工业转型才刚刚起步。各国政府必须通过改变监管、激励、支持、惩罚和产能清退等手段，加快变革和创新的步伐。我们知道，仅靠市场力量而不受监督，是无法实现气候变化净零目标的。政府必须继续为我们的转型进程制定保障制度、转型路径、阶段性目标和衡量标准。

在监管下，市场和企业将加快转型速度。在各行各业，领先的企业已经在这样做了，它们抓住了挑战，认识到减缓气候变化和净零排放目标对社会和企业的必要性。首批行动的企业已经见证了他们在扩大市场份额、提升股权价值和增强未来商业潜力方面的远见所带来的正面效应。随着许多市场和越来越多的公司达到气候变化论述的临界点，社区和选民也在同步前进。

2021年，在全球许多地区和社区，我们正处于一个叙事的临界点。这一潜在的关键性转变是由人口结构推动的，因为年轻、具有环保意识的工人和投资者正在主导和推动市场变革。作为回应，资产管理公司、银行家、金融家和前瞻性公司的CEO们要求在气候变化问题上采取行动，他们听到了投资者的要求，看到了绿色全球化2.0的形态逐渐清晰，他们希望引领而不是落后。激进主义团体也要求我们改变叙述和对话方式，其中包括"自由星期五"运动，以及在世界各地城市开展的"反抗灭绝"非暴力行动等。越来越多的公民和选民要求对气候变化采取行动。

2021年进行的一项民意调查表明，我们的气候故事正在改写。这是迄今为止就气候变化问题进行的规模最大的一次民意调查，调查对象包括50个国家的55万人,其中半数年龄在14—18岁。在所有国家中,64%的参与者认为气候变化是一个紧急情况,需要各国采取紧急应对措施。在英国和意大利,81%的受访者持这一观点。在美国,65%的人认为气候变化是一种紧急情况,这是一个重要的积极信号(BBC,2021)。选民们目睹了周围的气候变化,对此感到警惕,并希望采取行动。

政府领导人必须无惧激进的气候变化政策行动可能引起的反弹,抓住并支持已经开始的叙事转变,顺应选民的要求。格拉斯哥的领导人应同时做出更多努力,讲述真实数据支持的气候变化故事,在此基础上做出未来的选择。

七、进行对话

我们对气候变化叙事结构以及气候变化复杂性的理解各不相同。气候对话必须是持续的、民间的、面对面的,并建立在作为行动基础的事实所达成的共识之上。在许多地方,气候变化的事实并无争议。澳大利亚、西伯利亚和加利福尼亚州的森林大火,孟加拉国的洪水泛滥,都是显而易见的事实。然而,在一些社区,气候变化危机仍然存在争议。

要想在气候危机经济学方面取得突破,实施旨在避免触发气候临界点并在此之前实现净零排放的政策,我们就必须了解事实并达成共识,并在此基础上制定政策行动。这些对话如果得到适当的推动,就可以成为就气候变化和我们的应对措施达成新的、更广泛共识的基础。这些对话需要基于理性,摒弃政治色彩,并且植根于确凿无疑的科学数据之中。一旦社会各界就事实达成共识,就可以对行动和政策解决方案进行讨论并达成一致意见,从而实现共识上的转变。我已经阐述了这一过程的发展脉络:它始于否认,逐步转向倾听，然后发展为对话，进而达成共识，并最终落实为行动。这个过程需要领导力的引领。它可能缺乏魅力，显得乏味重复，但至关重要。这样的对话必须在各个社区的不同层面上持续进行。

这种老式的公民对话能与网络流行语、阴谋论和"另类事实"相提并论吗？在一个原子化、数字化的世界里，许多人只通过电子屏幕来获取虚假信息，将自己困在兔子洞般的信息茧房中，因此就气候危机进行面对面对话的呼声显得有些过时，甚至不合时宜。然而，社群式的对话有助于弥合内部的思想鸿沟，有助于重新建立对事实共性的认识以及对在地方和区域层面采取行动的意识。

我们通过改变规划、城市设计、采用可再生能源和电气化、改进交通、住房和建筑方式，在我们的街道上、在公园里，以及通过个人行为，直接影响着气候变化。也正是在我们的当地社区，这些气候变化对话才能产生最大的影响。

我一再强调，国家目标至关重要，改变激励措施、碳价信号，以及对市场和做法的监管也同样重要。这还不够。采取行动的权力和权威以及所需的配套资源应下放给社区，社区必须主动承担起应对气候变化的责任，并确定转型的道路。为了实现零排放目标，以及加强确保这一目标实现所需的当地和生活故事，社区、地区和城镇必须发挥自己的作用。他们需要深入了解气候变化，协助制定应对策略，并主导这项工作。当人们主导或拥有某样事物，并感到他们与其结果有利害关系时，他们便可以承担更多，为达成共同目标做出更多努力，并改变他们的个人行为。城镇和地区正在推动这一进程，支持对话，调整计划。如今，许多地方（但还不够多）正踏上净零排放的征程，重新设计和绿化社区，使社区更可持续、更宜居、更富有成效。随着当地社区环境的改善，绿色工业转型将促进经济增长和社会进步。

八、构建绿色全球化 2.0

绿色全球化 2.0 可以带来更广泛的增长、更多的技术岗位、不断扩大的劳动人口、更高的工资、更高的生产率,并结束长期经济停滞。罗伯特·戈登在 2016 年提出的创新终结和劳伦斯·萨默斯在 2014 年提出的长期停滞问题,都可以通过正在开始并必须加速的产业转型进程来解决。在可再生电气化的未来,构建、重建和重新设计"五十度绿"措施工具箱的过程将是本地化的、真实的和产业化的。绿色全球化 2.0 是一场覆盖整个经济、长达数十年、深入而广泛的实体经济变革。它将涉及我们所有人,影响我们所有人。这场变革的广度和深度意味着它可以为我们的经济和社会提供动力,帮助我们对经济的社会进行重新想象和塑造。

拜登总统抓住了这一点,希望加强美国应对气候变化带来的危险的计划。他明白,这将是未来经济增长的引擎。他指出:

> 我们是知道该怎么做的,只要去做就行了……我们正在应对这一生存威胁,过程中是可以确保未来的增长和繁荣的……让数百万美国人从事高薪的工会工作。

美国总统关于积极应对气候变化的叙述是关于动态增长和机会的,而不是关于去增长或仅仅关于危险和威胁的。拜登的美国绿化计划将使这个世界上最大的经济体开始致力于实现净零排放。政府的这一转变将通过政策行动、监管、激励措施、税收和市场转变来支持并加速转型。美国的绿色全球化 2.0 是一个过程,而不是一个事件。它将受到某些方面的抵制,比如落后者和污染者,以及那些在我们确保可持续发展的明天时会蒙受损失的人。但是,越来越多的政府、企业、活动家和选民都在寻求应对气候变化和改写我们的故事。这些领导人明白，公平和经济平等问题对结果至关重要。

人类需要公平。我们在童年和成年后的交往中都要求公平，拒绝那些一再破坏规则的人，也拒绝那些占便宜和拒绝合作的人。在未来几十年里，我们在应对和解决气候变化问题时也需要公平公正。各国政府需要认识到公平的必要性，并确保国家内部和国家之间的公正转型。这不是什么强行平等的概念。我们需要的是更好地分摊气候变化的成本和风险，以及分享转型带来的好处。绝不允许搭便车者白占便宜。

如果富裕国家的政府加大货币支持力度，在国际范围内实现公正转型也是可能的。我建议将发达国家每年提供的援助翻一番，从每年1 000亿美元增加到2 000亿美元。民意调查一再显示，发达经济体的民众不仅高估了目前微不足道的援助金额，还认为我们应该更加慷慨。这种利他主义的公众立场为我们提供了采取行动的机会，确保所有国家在2021年及以后承诺净零目标，并加快低收入国家的转型。

遗憾的是，这种适度的进一步投资和资源转移不太可能发生。发达国家不愿加大支持力度，即使它们能够在短短12个多月内花费14万亿美元采取财政措施来应对新冠疫情。不管怎么说，各国领导人需要认识到，拒绝支持低收入国家向净零碳排放转型，有可能会破坏COP大会的共同净零碳排放目标和全球共同利益。今天明智且低成本的多边适度投资将有助于确保我们实现共同的目标，并构建一个可持续的明天。这些投资可以提高增长率，同时造福新兴国家和发达国家的人民。

拒绝采取集体行动应对气候变化和支持公正转型，可能会破坏我们的净零目标，还可能会导致脆弱国家和地区更加不稳定，甚至助长国家崩溃，酿成社会、政治和经济危机以及人类悲剧。正如卡尼（Carney，2020）所言："你无法自我隔离于气候变化之外。明天在非洲、中美洲或其他地方，驱使人们跨越边境寻求生存。"

九、变革即将到来

为了人类和其他物种的生存，这场临界点竞赛我们必须胜利。气候故事正持续重写，而我们的叙事方式亦在快速演变。在气候临界点迫近之前，我们必须就全球行动达成共识，并且必须拒绝渐进主义的做法。我们需要新的故事，在新的理解基础上构建绿色、可持续的明天。许多人已经开始了这种重新想象。我相信，在政府、市场和企业之间，在选民之间，在各个地区，在我们的社区和城市，我们已经非常接近一个叙事的临界点。变革即将到来，而且越快越好。我们都需要尽自己的一份力量，加速实现这一共同的地球目标。

参考文献

1. BBC. (2021) 'Climate change: Biggest global poll supports "global emergency"', 27 January. [Online]. Available at: www.bbc.com/news/science-environment-55802902 (accessed: 24 May 2021).
2. Biden, J. (2021) 'Remarks by President Biden before signing executive actions on tack- ling climate change, creating jobs, and restoring scientific integrity', White House, Washington, DC, 27 January [Online].Available at: www.whitehouse.gov/briefing-room/speeches-remarks/2021/01/27/remarks-by-president-biden-before-signing-executive- actions-on-tackling-climate-change-creating-jobs-and-restoring-scientific-integrity (accessed: 19 February 2021).
3. Carney, M. (2020) BBC Reith Lectures. Lecture 4 [Online]. Available at: www.bbc.co.uk/programmes/articles/43GjCh72bxWVSqSB84ZDJw0/reith-lectures-2020-how-we-get-what-we-value (accessed: 14 January 2020).
4. Gordon. R. (2016) *The Rise and Fall of American Growth*. Princeton: Princeton University Press. Kerry, J. (2021) 'Opening statement at Climate Adaptation Summit 2021', Rotterdam, the Netherlands, 25 January [Online]. Available at: www.state.gov/opening-statement-at-climate-adaptation-summit-2021 (accessed: 19

February 2021).
5. Mann, M. (2019) Interview, Yale Climate Connections. The Yale Center for Environmental Communication, Yale School of the Environment, Yale University, New Haven, Connecticut.

后　记

变化初缓后急

本书于2021年3月完成后，叙事和气候变化政策的调整和转变加速并变得更雄心勃勃。美国政府于4月23日召开了一次线上气候峰会，拜登总统在会上承诺，到2030年，美国的温室气体排放量将比2005年的水平减少50%—52%。这是一个引人注目的重大承诺，其实施将对整个美国经济产生影响。在此次峰会上，中美两国还强调，将携手努力实现各自的气候目标。

美国极具雄心的承诺及盟国的其他承诺，正在共同改变和加速政策决策。在这场比赛中，人们竞相从气候危机中抓住绿色机遇。因此，美国和中国之间不断变化的关系，促使双方加速迈向更高的绿色经济目标，无论是共同的还是国家层面的。

对美国人来说，如今面临的挑战聚焦于如何实施和监督，以及如何调整金融和监管政策。然而，拜登的雄心壮志在国会面临挑战，尤其在参议院中的支持微弱，几乎完全依赖于副总统的决定性一票。总统能否将承诺变为现实？我们拭目以待。拜登正在迅速调整法规、激励机制和政策方向。但如果其绿色工业政策中的财政条例无法通过，效果将会十分有限。

中国也面临着巨大的挑战，但是，中国能以一种美国无法效仿的方式来指导经济转向，而且初步迹象表明，这种全面的调整已经开始。

我们看到的是一场大国间的竞赛，一方是美国绿色现代化的重新想象和再工业化，另一方是中国特色的绿色转型。

大国之间的竞争氛围和更强的气候雄心对于COP26来说是个好兆头。这意味着一些国家正面临着更大的压力，不得不承诺更多并实现更多成果（无论是俄罗斯、巴西、澳大利亚还是其他国家）。

美国和中国在公共政策上的重大进步意味着COP26可以将更多精力放在实施、执行、定价机制和监督机制上，从而促进全球范围的气候承诺从纸面走向现实。

这是一个好消息。归根结底，只有将气候变化承诺转化为最终结果的改变、温室气体的减排、市场情绪和预期的变化，以及绿色的商业战略和决策，这些承诺才有意义。

到2021年5月已经可见的转变让我们有理由乐观地认为，世界可能真的到了一个叙事和气候变化政策的临界点——终于到了。变化往往发生得过于缓慢，现在似乎正在加速。如果真是如此，我们就更有可能避开气候变化带来的不可逆临界点。

净零转型是可能的，也是可以实现的。我们可以做到，行动起来吧！

致　谢

我要感谢所有在研究、筹备本书期间给予我支持的人。我尤其要感谢唐·斯文霍尔特（Don Swenholt），是他让我按时完成了任务。我还要感谢迈克尔·克拉克（Michael Clark）、卡尔·兰考夫斯基（Carl Lankowski）、约翰·西尔维娅（John Silvia）和布赖恩·斯特吉斯（Brian Sturgess），感谢他们最初对写书计划的反馈。我也要感谢杰弗里·劳伦斯（Geoffrey Laurence），他构思、绘制并设计了本书（英文版）的封面。

我还必须感谢我的妻子珍（Jean），感谢她让我有足够的空间来完成这项工作，感谢她容忍我在整个写书过程中遇到困难时无休止地讨论。

写书是一项孤独的工作，但它也会影响周围的许多人，我非常感谢在这一过程中支持我的朋友和同事。我还要感谢我的好朋友黛安·斯塔姆（Diane Stamm），感谢她对文字的敏锐和细致。我真的很感激她的细心，以及她在我需要改进时知无不言的态度。我还要感谢我的研究员奥布里·拜鲁姆（Aubrey Byrum）的辛勤工作。

最后，我必须感谢两位出色的编辑艾米丽·罗斯（Emily Ross）和汉娜·里奇（Hannah Rich），是她们将这本书从雏形培育到出版。

斯图尔特·P. M. 麦金托什

华盛顿特区，2021 年 2 月

缩略语表

AI	人工智能
BES	生物多样性和生态服务系统
CCC	气候变化委员会
CCS	碳捕获与碳封存
CEO	首席执行官
CO_2	二氧化碳
COP	缔约方大会
COP26	第二十六届联合国气候变化大会
CORSIA	国际航空碳抵消和减排计划
DICE	动态综合气候经济模型
ECB	欧洲中央银行
EIB	欧洲投资银行
EPA	美国环境保护局
EPI	经济政策研究所
ESG	环境、社会和治理
ETF	交易型开放式指数基金
ETS	排放交易系统
EU	欧盟
EV	电动汽车
EV2G	电动汽车并网技术
GDP	国内生产总值

GND	绿色新政
G20	二十国集团领导人峰会
HCC	气候问题高级理事
IAMs	综合评估模型
IASB	国际会计准则理事会
IEA	国际能源署
IFC	国际金融公司
IMO	国际海事组织
IPCC	政府间气候变化专门委员会
MVP	最小可行产品
NCB	国家碳银行
NGFS	央行绿色金融网络
NOAA	美国国家海洋和大气管理局
OECD	经济合作与发展组织
PCF	永久冻土气候反馈
PE	私募股权投资
PETM	古新世—始新世极热事件
RGGI	区域温室气体倡议
SARS	严重急性呼吸系统综合征
SDGs	可持续发展目标
TCFD	气候相关财务信息披露工作组
UN	联合国
WCI	西部气候倡议
WCO	世界碳组织
WEF	世界经济论坛
WTO	世界贸易组织
XR	反抗灭绝运动

索 引

（此部分内容来自英文原书）

注：斜体页码指图，粗体页码指专栏。页码后的字母 n 表示尾注，如 105n1。

activism and protests: Extinction Rebellion (XR) 198, 212; school strike movement 198, 209, 211; and social media 210
Africa: carbon taxation **80**, 81; corruption 37; drought 36, 37; international aid 100; temperatures 36, **41**
agriculture and food production 227; animal breeds 174, 175–176; dietary habits 4–5, 179, **179–180**; economic viability 2; farm machinery 174, 175, *175*; fertilizers 176, **181**; GHG emissions 174, 175–177, 179, 180, **180–181**; green incentives 177–178; meat substitutes **179–180**; pressures on 35, 36, 179; rice 176; rock dust as GHG offset **176–177**
aid *see* international aid
air travel 17, 185–186, *186*, 187
Alaska, US **59**, 240
Amazon (company) 157, 227, 251
Amazon rainforest: dieback 2, **57–58**; fires 8, **57–58**, 100
ammonia as fuel **188**
Amsterdam, Netherlands 1, 220–221
Antarctica, ice sheet melt 2, **56–57**, *56*
Anthropocene epoch 2, 8, 21n1
Apple 157, 251, *252*
Arctic Circle *see* Alaska, US; boreal forests, dieback; Greenland; permafrost melt; Siberia
Arctic summer sea ice, loss **52–53**, *53*

Argentina *80*
asset managers, green investment 114; *see also* BlackRock
atmospheric CO_2 levels *see* carbon dioxide (CO_2) levels, atmospheric
Australia: AEC 150; agriculture 176; changing public consensus **149**, 150–151; climate change denial **149**; Climate Commission **149**; Climate Council **149**; fires 2, 8, 38, 42, 150; leadership **149**, 150–151; net-zero commitment 150; public perceptions of international aid 255, 256; response to Covid-19 pandemic 11; temperatures 2; tipping point 42, 150; wind energy 167
Australian Energy Council (AEC) 150
Austria 214, 231
AXA **133**

baby boomers, wealth transfer to later generations 109–110
Bahrain 35
Bangladesh 8, 36
Bank of England **123**, 127
banks and the finance sector: Basle Committee on Banking Supervision 122; investment in climate action and sustainability 113–114, **121–122**, **131–132**, **133–134**, 254–255; MDBs 127, 254; NCBs 138, 142–148, **142–144**, 151,

367

268; stress testing against climate change risk **123**; *see also* central banks
Barra, Mary 236
Basle Committee on Banking Supervision 122
batteries 172–173, *172*, **173**, 269; recharging using renewable energy **175**
Belgium 72
Belo Horizonte, Brazil 220
Beyond Meat **179–180**
Biden, Joe 3, 74, 75–76, 99, 215–216, 233–235, 242, 263, 271–272, 274
Big Climate Conversation (Scotland) 206, 207
biodiversity and ecosystem services (BES) 35; collapse 35, 36
BlackRock 112, 113, **131**, 232
BNP Paribas **133–134**
Bonnafé, Jean-Laurent **134**
boreal forests, dieback **58**
Brazil 76, 99, 100, 220; *see also* Amazon rainforest
Brewdog **180**
Brexit 101
Brown, Gordon 11, 242
building industry *see* construction industry
buildings, energy efficiency 218–219
Bush, George W. 11, **85**, 199
businesses *see* corporations
business leaders: air travel 186; CEO Action Group 241; net-zero commitment 98, 114–116, 120, **180**; *see also* corporations

California, US: building energy efficiency 219; carbon taxation *80*; ETS cap and trade 93; fires 2, 8, 38, 40, 42, 76, 199, 270; lighting 220; public consensus 215; vehicles and emissions 76, 93, **175**; *see also* Newsom, Gavin
CalPERS **129**
Canada: carbon taxation *80*, 82–84, **83–84**, 94, 266; fires 38; ice loss **53**
cap-and-trade schemes 77, 84; ETSs *see* Emissions Trading Systems (ETSs); *see also* carbon pricing and taxation
carbon border taxes 102–104, 138, 139–140, 267
carbon capture and storage (CCS) 182, **184**, 241
carbon dioxide (CO_2) levels, atmospheric: 2050 (without action) 1; long-term fluctuations *9*; recent trends 7, 8, *8*, *9*; *see also* greenhouse gases (GHG)

carbon dumping 139, 140, 267; *see also* carbon border taxes
Carbon Leadership Council 79, **83**, 94
carbon offset markets **88**, 125, 141; CORSIA 185–186
carbon pricing and taxation: Canada *80*, 82–84, **83–84**, 94, 266; carbon border taxes 102–104, 138, 139–140, 267; and CCS viability **184**; consistency between states 137, 138, 139, 140, 266; country comparisons 79–81, *80*; crisis responses 147; cross-sector incentives 105; dispute settlement 138, 139, 140, 141; enforcement 104, 266–267; high discount rates 32, 47; limitations 4, 84; lobbying against (imagined) 1; minimum prices 78, 79, 84, 94–96, 266; necessity 76–77; NGFS scenarios 94–96, *95*; predictability and transparency 146; rising prices 68, 77–79, *79*, 81, **81**, **83**, 84, 91, 94–96, *95*, 266; role of WCO 139; Sweden 79, *80*, 81–82, **81–82**, 94, 156, 266; *see also* cap-and-trade schemes
carbon sinks: peatland **180**; rock dust **176–177**; whales **126**
Carbon Tracker Initiative 164–165
Caribbean 37
Carney, Mark **83**, 99, **101**, 109, 115, 118, 120, 121, 142, 190, 272
cement and concrete 182–183, **183**
Cemex **183**
Central America 37
central banks: Bank of England **123**, 127; Carbon Leadership Council 79, **83**, 94; carbon pricing 94; and Covid-19 pandemic 13, 147; ECB 71, **124**, 127, 147; EIB **131–132**, 232; Federal Reserve Bank **102**, **124**, 127, 145, 146–147; NGFS *see* Network for Greening the Financial System (NGFS); role of 97, 123, **123–124**, 127, 228, 232; TCFD *see* Taskforce for Climate-Related Financial Disclosure (TCFD); World Bank 254; *see also* National Carbon Banks (NCBs)
CEO Action Group 241
CEOs *see* business leaders
Chevron **184**
Chile 167
China: carbon taxation *80*, 264; electric vehicles (EVs) 172; ETS cap and trade *89*, 91–92, 264; fossil fuels **91**, 264; industrial policies 158; investment in climate action and sustainability

索 引

265; leadership 72–73, 274; net-zero commitment 12, 72–74, *73*, 91, 264–265, 274; nuclear energy 264; reforestation 242, 264; relationship with EU 3–4; relationship with US 3–4, 11, 274; rice farming 176; solar energy 165, *166*, 242, 264; steel production 140; transformational capabilities 74, 241–242; wind energy 167, *167*, 264
circular economy 71, 105n1, *190*, 191
circular manufacturing **181**
Citizens for Tax Justice 251
Climate Action 100+ 113, **129**
Climate Action Network 232
Climate Change Advisory Council (Ireland) **143**
Climate Change Commission (UK) **184**
climate change crisis: in 2050 (imagined) 1–6; declarations of climate emergency 214–215, *214*; lack of precedent within human experience 25–26; scale and urgency 7–9; 'tragedy of horizons' 25
climate change denial: Australia **149**; DICE model 34, 47; punishment 103, 190; US 3, 99, 199–200, 215; *see also* false narratives and fake news
climate change narratives: about international aid 255–256; communication and engagement with communities 15–16, 197–198, 206, *207*, 216, 221–222, 270–271; conversations and commonalities 198, 228; declarations of climate emergency *see* climate emergency, declarations of; degrowth as 244; EU leadership in 241; Greta effect 209–212, *210*, 215; importance of narratives 196–197, 206–207; local resonance 208; spirituality 212–213; tipping points 262–263, 269–270, 274–275; *see also* communication and engagement with communities; false narratives and fake news; public consensus
climate change responses, 15 key lessons 10–18
Climate Commission (Australia) **149**
Climate Council (Australia) **149**
climate crisis economics: affordability 231–232; definition and scope 18–19, 23
climate emergency, declarations of 214–215, *214*
climate migration 2, 5, 36, 37
climate models *see* economic and climate models

Climate Policy Council (Sweden) **143–144**
climate refugees 43
climate risk disclosure: importance 118; metrics and standards 122–123; TCFD *see* Taskforce for Climate-Related Financial Disclosure (TCFD)
climate sensitivity 44–45, **44**
Clinton, Bill 158
coal *see* fossil fuels
coalition of the willing 100–104, 266–267
Committee on Climate Change (CCC) (UK) **142–143**
communication and engagement with communities: about climate change 15–16, 197–198, 206, *207*, 216, 221–222, 270–271; Big Climate Conversation (Scotland) 206, *207*; Denver, US (taxation) 202–203, *204*; importance 202; lessons 207–208, 217–218; Pensions Commission and public consultations (UK) 204–205; *see also* climate change narratives; experts, role in climate response; false narratives and fake news; local/regional actions; public consensus
community actions *see* local/regional actions
Coney Barrett, Amy 199–200
Conference of the Parties (COP) 14; *see also* COP26
conspiracy theories 200
construction industry 182–183, **183**
COP26: carbon pricing and taxation 77–78, 99–102; 'coalition of the willing' 100–104; focus on delivery and enforcement 69, 275; Johnson's leadership 242; as last chance to act in time 2–3; mandating TCFD **122**; potential stumbling-blocks 99–100; as tipping point 12–13, **59–60**, 96–98, 257, 274–275
corporations: carbon intensity and firm performance 115, *115*, 116–118, *117*; climate risk disclosure *see* climate risk disclosure; investment choices 111–112; as laggards/free-riders 117, *117*, 148, 233; as leaders *117*, 118, 190, 236; net-zero commitment 111–119, *117*, **133, 134, 168–169, 180, 183, 187–188**, 232; risk of bankruptcy with decarbonization 116, *117*, 190, 233; tax avoidance 157, 227, 250–253, *252*; *see also* business leaders; *specific corporations*

369

CORSIA (Carbon Offsetting and Reduction Scheme for International Aviation) 185–186
Covid-19 pandemic: impact on equity investments 112; impact on EU ETS 96; impact on international aid 100; lessons 10–18, 263
crisis responses, 15 key lessons 10–18
crucibles for change, crises as 10, 21
cyclones 37–38; *see also* storms and hurricanes; typhoons
Cyprus 35

damage function 34, 35
decarbonization *see* net-zero emissions
degrowth *see* economic degrowth
denialists *see* climate change denial
Denmark 72, *80*, 244
Denver, US 202–203, *204*
DICE model *see* Dynamic Integrated Climate-Economy (DICE) model
dietary habits 4–5, 179, **179–180**
diffusion *see* technological diffusion
diffusion price matrix 158–160, *159*
DiNapoli, Thomas **129**
disclosure *see* climate risk disclosure
discount rates 31–33, 47, 265
dispute settlement: carbon pricing 138, 139, 140, 141; trade 139
Draghi, Mario 147
drought 26, 36, 37
Dublin, Ireland 219–220
Dynamic Integrated Climate-Economy (DICE) model 30–36, **44**, 45, 46–47, 94, 96

economic and climate models: circular economy 71, 105n1, *190*, 191; climate sensitivity 44–45, **44**; consistency with net-zero goal 24; ethical and political judgements in 30; expanding horizons (thinking globally and longer-term) 25; fat tail risks 24, 39–40, *40*, 42–43, *43*, 45–46; IAMs *see* Integrated Assessment Models (IAMs); imperative of net-zero goal 47; Jackson and Victor models 243, 244; refinement 45–46; understanding limits 24; *see also* climate change narratives; economic narratives
economic costs 34–35
economic degrowth: vs economic growth 226–227, 242–243; 'rebranding' 243–244

economic growth: fallacious assumptions about 33–34; Green Globalization 2.0 9, 20–21, 68, 103, 225–230, 271–272
economic narratives 27–29, 108–109, 112, 196–197; *see also* economic and climate models; Keynesian economics; neoliberalism
Economic Policy Institute (EPI) 237
ecosystem collapse 35
Edinburgh, Scotland 214, 219
Egypt, historical droughts 26
Eisenhower, Dwight D. 234
electric vehicles (EVs) 170–174, 269; in agriculture 175, **175**; air travel 186; batteries 172–173, *172*, 269; China 172; Europe and the EU 170, 171, **175**, 220; EV2G **173**; Japan 172, **175**; Norway 76, 172, **173**, **175**, 216, 219, 236; UK 171; US 76, 172, **173**, **175**, 216, 219, 236
emerging economies, green investment opportunities 127
Emissions Trading Systems (ETSs): China 89, 91–92, 264; EU 89, 90–91, *90*, 96, 266; GHG (globally) 88, *89*; limitations 88, 90–91; SO_2 (US) 84, **85–88**, *86*, 88; US 92–93; *see also* carbon pricing and taxation
employment growth in green economy 233, 236–240, 242
energy production and storage *see* batteries; fossil fuels; power stations; renewable energy
enforcement: importance 104, 138–139, 267–268; WCO 138, 139–142, 151, 268; *see also* regulation and oversight
Environmental Protection Agency (EPA) **85**, **87**
environmental, social, and governance (ESG) issues: Gen X and millennials prioritizing 109–111; narrative shift towards ('green wave') 12–113
equity: in climate response *see* fairness, in climate change response; employment opportunities in green economy 237, 238–239; *see also* inequity and inequalities
ethical considerations: Adam Smith's work 48–50; *homo economicus sympatico* 50–52, **51**, 111, 229, 245; horizon-broadening 29, 31, 32; importance 48; individuation 25; shared burden 14; value calculations 14
European Central Bank (ECB) 71, **124**, 127, 147

European Court of Justice (ECJ) 104
Europe and the EU: agriculture 177; air travel 185–186; carbon taxation *80*; as coalition of the willing 101; declarations of climate emergency 214; electric vehicles (EVs) 170, 171, **175**, 220; employment growth in green economy 240; ESG investment value 113; ETS cap and trade *89*, 90–91, *90*, 96, 266; fossil fuels 164; glaciers melting **54**; Green Deal 70–71, **132**, 240, 241; investment in climate action and sustainability 70–71, 240–241, 265; as leader in climate change narrative and action 240–241, 265; net-zero commitment 70–72, *71*, **132**; relationship with China 3–4; response to Covid-19 pandemic 13; stagnation 33; temperatures 36; variable responses of member states 71–72; *see also specific countries; specific member states*
European Green Deal 70–71, **132**, 240, 241
European Investment Bank (EIB) **131–132**, 232
Eurozone crisis (2011) 147, 257n4
exchange traded funds (ETFs) 112, 169
experts, role in climate response 13–14
Extinction Rebellion (XR) 198, 212

fairness, and international aid 255–256, 272
fairness, in climate change response: employment growth 233, 236–240, 242; shared responsibilities 15, 227, 229, 245, 246–247, 272; socially inclusive states and communities 244–245; taxation policies 249–250, 251–253; *see also* equity
fairness, research studies 245–246
false narratives and fake news: Luntz memo 199–200, 215; QAnon 200; and social media 16, 200–202, *201*; *see also* climate change denial
farming *see* agriculture and food production
fat tail risks 24, 39–40, *40*, 42–43, *43*, 45–46
Fauci, Anthony 13
Federal Reserve Bank **102**, **124**, 127, 145, 146–147
feedback loop effects: in climate change 2; in climate change responses 98, 114, 228, 233, 237; in green economic growth 228, 237, 256, 265; in narratives 197; technological diffusion 158–160, *159*, *161*
fertilizers 176, **181**
financial crisis (2008) 11
Financial Stability Board 118, 122, 141

Fink, Larry **131**; *see also* BlackRock
Finland: carbon taxation *80*, 81; fairness in 244; reduced GHG emissions 71
fires: Amazon rainforest 8, **57–58**, 100; Australia 2, 8, 38, 42, 150; Canada 38; Siberia 2, **58**; US 2, 8, 38, 40, 76
floods 1, 8, 36–37; *see also* sea level rising
food production *see* agriculture and food production
forest dieback 2, **57–58**
fossil fuels: China **91**, 264; disinvestment **87**, 97, **122**, 128, **129–130**, **131**, **132**, 164; employment in extraction industries (US) 237; Netherlands 220–221; peak demand 163, 164; subsidies 163; Sweden **81**; UK 164
France: BNP Paribas **133–134**; carbon taxation *80*; electric vehicles (EVs) 171, 220; HCC **144**; mandating TCFD **121–122**; net-zero commitment 72, **144**; reduced GHG emissions 71; reforestation 156, **178**; *see also* Paris, France
Francis *see* Pope Francis
Frankfurt, Germany, building energy efficiency 219
free-riders *see* laggards and free-riders
Fridays for Future *see* school strike movement

General Motors 216, 236, 251
generational differences in attitudes 109–111, 210, 211, 269
Gen X, attitudes 109–111
Georgiou, Andreas 250, 257n4
GE Renewable Energy 169, **169–170**
Germany: building energy efficiency 219; as under-delivering 72; electric vehicles (EVs) 171, **175**; industrial policies 157; low Rhine water levels 38; public perceptions of international aid 256; recession (2018) 38; response to Covid-19 pandemic 10; solar energy 165, *166*; wind energy *167*, **169**
glaciers, melting 1, **54**, *54*
Glasgow, COP26 *see* COP26
global temperatures: 2020 7–8; 2050 (without action) 1; and climate sensitivity **44**; as fat tail risk 39–40; flattening the curve 46, *47*; Paleocene-Eocene Thermal Maximum (PETM) **41–42**; Paris Agreement goal 24; record-breaking 7–8; Younger Dryas period 26, **41**; *see also* temperatures
Gonzalez, Fernando **183**

371

Gordon, Robert 230, 271
Gore, Al **82**
Gorgon Carbon Dioxide Injection Project **184**
governments, role of (overview) 13, 26, 27, 97, 118, 124–125, 127–128, 175, 189, 247, 265–269; *see also* carbon pricing and taxation; green industrial policies; Green New Deals (GNDs); international coordination and cooperation (in general); leadership; regulation and oversight; taxation
Greece: government debt 257n4; taxation policies 250
green bonds **133**, **134**
green border tariffs *see* carbon border taxes
green cement 183, **183**
greenhouse gases (GHG): agricultural/food production emissions 174, 175–177, 179, 180, **180–181**; aviation emissions 185, 187; cement production emissions 182, 183; city emissions 218; and climate sensitivity **44**; disclosure of emissions (TCFD) **119**; EU targets 70–72, **71**; industrial manufacturing emissions 182, 185, 187; rail transport 187; road freight 187; sea freight 187; vehicle emissions 81, **88**, 174; *see also* carbon dioxide (CO₂) levels, atmospheric; carbon pricing and taxation; net-zero emissions
green industrial policies: construction industry 183; European Green Deal 70–71, **132**, 240, 241; France 156, **178**; Green New Deals (GNDs) 3, 74, 229–230, 231–233, 240; importance 154–155, 189, 269; incentives for agriculture 177–178; Norway 156; 'regulatory guardrails' 156, 235; Sweden 156; US 3, 156, 165, 233–235, 264, 271–272; *see also* electric vehicles (EVs); renewable energy; technological diffusion; technological innovation
Greenland 2, **55**, *55*
Green New Deals (GNDs) 3, 74, 229–230, 231–233, 240; European Green Deal 70–71, **132**, 240, 241
greenwashing 71, 111–112, 241
Guterres, António 69

Harlaw Hydro, Scotland 220
Haute Conseil pour le Climat (HCC) (France) **144**
heat stress 36
Hickenlooper, John 203

home working 17
homo economicus sympatico 50–52, **51**, 111, 229, 245
Hoover, Herbert 27
hurricanes *see* storms and hurricanes
hydropower 220

Iberdrola Group 168, **168–169**
ice core data 8
Iceland, carbon taxation *80*
ice loss 1, 2, **52–53**, *53*, **54**, *54*, **55**, *55*, **56–57**, *56*
income inequalities *see* wealth inequalities
India: as laggard state 76, 99; leadership 99; susceptibility to BES shock 35; temperatures 36
individual and societal actions and responsibilities: expanding horizons (thinking globally and longer-term) 23, 26–27; generational differences in attitudes 109–111, 210, 211, 269; *homo economicus sympatico* 50–52, **51**, 111, 229, 245; investment choices 110–111; lessons from response to Covid-19 pandemic 14–15; *see also* communication and engagement with communities; public consensus
industrial manufacturing *see* manufacturing industries
industrial policies: examples 156–158; *see also* green industrial policies
Industrial Revolution, Adam Smith's work 48–50
inequity and inequalities: intergenerational 32–33; tax avoidance 157, 227, 250–253, *252*; unemployment and underemployment 238–239; *see also* equity
innovation *see* technological innovation
Institute for European Environmental Policy (IEEP) 177
insurance and reinsurance sector **132–133**; International Association of Insurance Supervisors 123
Integrated Assessment Models (IAMs): DICE 30–36, **44**, 45, 46–47, 94, 96; limitations 29–30
intergenerational inequity 32–33
Intergovernmental Panel on Climate Change (IPCC) 182
International Accounting Standards Board (IASB) 123
international aid 253–257, 272–273; impact of Covid-19 pandemic 100

索 引

International Association of Insurance Supervisors 123
international coordination and cooperation (in general) 11; *see also* coalition of the willing
International Energy Agency (IEA) 73, 91
International Maritime Organization (IMO) 187
International Organization of Securities Commissions 122–123
investment funds, green investments 127, **130**
investment in climate action and sustainability: asset managers 114; banks and the finance sector 113–114, **121–122, 131–132, 133–134**, 254–255; China 265; corporate investors 111–112; emerging economies 127; ESG issues *see* environmental, social, and governance (ESG) issues; ETFs 112, 169; Europe and the EU 70–71, 113, 240–241, 265; Gen X and millennials 109–111; GNDs *see* Green New Deals (GNDs); impact of Covid-19 pandemic 112; individual investors 110–111; insurance and reinsurance sector **132–133**; investment funds 127, **130**; pension funds 97, 113, **129–130**, 164; Principles for Responsible Investment 123; renewable energy 165–166; scams 124, 126–127, **126**; and TCFD **121–122**; total estimated value (2016–2030) 116; US 74, 234, 236, 264, 265; US ESG investment value 112; *see also* international aid
Iraq, temperatures 8, 36
Ireland: carbon taxation *80*; Climate Change Advisory Council **143**; as under-delivering 72; taxation policies 251; *see also* Dublin, Ireland
Israel 35
Italy: electric vehicles (EVs) 171; net-zero commitment 72; solar energy 165

Japan: carbon capture and storage (CCS) 241; carbon taxation *80*; electric vehicles (EVs) 172, **175**; industrial policies 158; net-zero commitment 241; response to Covid-19 pandemic 10, 11, 14–15, 16; solar energy 165, 241; stagnation 33
John Deere **175**
Johnson, Boris 10, 11, 99, 217, 242

Kazakhstan 35, *89*
Kelly, Kevin 201–202

Kerry, John 264
Keynesian economics 27, 28
Kluth, Andreas 200
Korea *see* North Korea; South Korea

Lagarde, Christine 71
laggards and free-riders: carbon border taxes 102–104, 138, 139–140, 267; corporations 117, *117*, 148, 233; listed 76; punishment 68, 102–104, 190, 246, 267; tax avoidance 157, 227, 250–253, *252*
Latvia *80*
leadership **149**; Australia **149**, 150–151; Brazil 100; business leaders *see* business leaders; China 72–73, 274; corporations as leaders *117*, 118, 190, 236; EU 240–241, 265; importance during crises 10–11, 263; India 99; Russia 99–100; UK 28, 99, 217, 242; US 3, 75–76, 92, 99, 215–216, 263–264, 274; *see also specific leaders*
Lemierre, Jean **133**
Leyen, Ursula von der 70
Liechtenstein 79–81, *80*
lighting 218, 220
local consultation *see* communication and engagement with communities
local/regional actions 198, 218–222, 240, 270–271; *see also specific regions/cities*
London, UK: declaration of climate emergency 214; GHG emissions 218; rising sea levels 1, 37
low-income countries: climate migration 5; support from richer nations *see* international aid
Luntz, Frank (memo) 199–200, 215

Maersk **187–188**
Makihara, Ben 253
Malta 35
MAN Energy Solutions **188**
manufacturing industries 181–183, **181, 183**, 185
markets, role in net-zero emissions target 9–10, 17–18, 19, 48, 127–128, 147, 267; *see also* cap-and-trade schemes
meat substitutes 179, **179–180**
Mexico *80*
migration, climate 2, 5, 36, 37
millennials, attitudes 109–111
minimum viable product (MVP) 161, **162**
Mitsubishi Corporation 251–253
models *see* economic and climate models
Modi, Narendra 99

373

multilateral development banks (MDBs) 127, 254
multiplier effect *see* feedback loop effects
Munich Re **132**

narratives (in general) 196–197; *see also* climate change narratives; communication and engagement with communities; economic narratives; false narratives and fake news; public consensus
National Carbon Banks (NCBs) 138, 142–148, **142–144**, 151, 268
Nazareth, Annette 125
negative interest rates 231
neoliberalism 28–29, 267
Netherlands: as under-delivering 72; fairness in 244; fossil fuels 220–221; *see also* Amsterdam, Netherlands; Utrecht, Netherlands
Network for Greening the Financial System (NGFS) 94–96, *95*, **101–102**, 141, 232
Net-Zero Asset Owner Alliance **133**
net-zero emissions: 2050 goal 9, 67; Australia 150; business leaders commitment 98, 114–116, 120, **180**; China 12, 72–74, *73*, 91, 264–265, 274; coalition of the willing 100–104; corporate commitment 111–119, *117*, **133**, **134**, **168–169**, **180**, **183**, **187–188**, 232; EU 70–72, *71*, **132**; France 72, **144**; glidepaths *71*, *73*, *75*; importance for models and policies 47; international cooperation (need for) 11; Italy 72; Japan 241; laggards *see* laggards and free-riders; Northern Ireland 217; role of markets and economics (overview) 9–10, 17–18, 19, 48, 127–128, 147, 267; Scotland 206, 217; setting ambitious targets 69–70; shipping industry 187; Sweden 72, **143**; turning commitments into action 67, 69; UK 72, **142–143**; US 12, 74–76, *75*, 99, 234, 274; Wales 217
Neuman, Alfred E. 34
Newsom, Gavin 76
New York Pension Fund **129–130**
New Zealand: carbon taxation *80*; ETS cap and trade *89*; mandating TCFD **122**; response to Covid-19 pandemic 11
Nordhaus, William 30; *see also* Dynamic Integrated Climate-Economy (DICE) model
Northern Ireland 217

North Korea: ETS cap and trade *89*; industrial policies 158; response to Covid-19 pandemic 11, 16
Norway: carbon taxation *80*, 81; electric vehicles (EVs) 156, 171; fairness in 244; green industrial policy 156; *see also* Oslo, Norway
nuclear energy 264

Obama, Barack **32**, 74
offset markets *see* carbon offset markets
Organisation for Economic Co-operation and Development (OECD) 239, 251
Oslo, Norway, declaration of climate emergency 214
oversight *see* regulation and oversight

Pacific island nations 42–43
Pakistan 35, 36
Paleocene-Eocene Thermal Maximum (PETM) **41–42**
Paris Agreement: corporate alignment with 123; net-zero emissions by 2050 9, 67; temperature rise goal (1.5°C) 24; US$100 billion annual transfer by 2020 253–254, 255, 256–257; US and 74, 75, 92, 216, 234
Paris, France 214, 220
Passive House standards 219
peatland restoration **180**
pension funds, green investments 97, 113, **129–130**, 164
Pensions Commission and public consultations (UK) 204–205
PepsiCo **181**, *252*
permafrost climate feedback (PCF) 59
permafrost melt **59–60**, *60*
Pillay, Dilhan **130**
Poland *80*
polar vortexes 38
Pope Francis 25, 212–213
Portugal: carbon taxation *80*; wind energy **169**
Powell, Jay 145
power stations: closures 72, 164; fossil fuels **85**, **91**, 164, 164; GHG ETS (China) 91; hydropower 220; and RGGI (US) 92–93; SO_2 reductions (US) **85–87**, *86*
Principles for Responsible Investment 123
private equity (PE) investments, US 157
protests *see* activism and protests
public consensus: changing mindsets **149**, 150–151, 181, 197, 207–209, 211, *211*, 215–216, 269–270; generational

differences in attitudes 109–111, 210, 211, 269; Greta effect 209–212, *210*, 215; *see also* climate change narratives; communication and engagement with communities; individual and societal actions and responsibilities
public consultation *see* communication and engagement with communities
Putin, Vladimir 99–100

QAnon 200

rail transport 187
reforestation 156, **178**, **180**, 242, 264
refugees, climate *see* climate refugees
Regional Greenhouse Gas Initiative (RGGI) 92–93
regulation and oversight: Adam Smith's views 50; air travel (CORSIA) 185–186; central banks as regulators **123–124**, 127; construction industry 182–183; ETS *see* Emissions Trading Systems (ETSs); existing regulating bodies (overview) 122–123; on green industrial policies 156, 235; importance 4, 13, 20, 48, **86**, 109, 137, 138–139, 151, 183; mandating TCFD 121–122, **121–122**; minimum carbon pricing 78; national institutions responsible for (examples) **142–144**; NCBs (technocratic oversight) 138, 142–148, **142–144**, 151, 268; NGFS 94–96, *95*, **101–102**, 141, 232; offset markets 125, 141; regulatory flexibility **86–87**; vigilance against abuse and misuse 125–127; WCO 138, 139–142, 151, 268; *see also* enforcement
remote and home working 17
renewable energy: employment opportunities 170; falling costs 165, 166–167, *166*, *167*, 170; growth 164–165; growth (need for) 163–164, 167; hydropower 220; recharging batteries **175**; solar *see* solar energy; wind *see* wind energy
reporting climate risk *see* climate risk disclosure
rice farming 176
risks, fat tail 24, 39–40, *40*, 42–43, *43*, 45–46
river levels, low 38
rock dust, spreading as GHG offset **176–177**
Roman Empire, collapse 26

Russia: as laggard state 76, 99; leadership 99–100; permafrost melt **59**; temperatures 36, **59**

scams 124, 126–127, **126**
Scandinavia, boreal forest dieback 58
school strike movement 198, 209, 211
Scotland: Big Climate Conversation 206, *207*; fairness in 244; hydropower 220; net-zero commitment 206, 217; reduced GHG emissions 71; reforestation **180**; wind energy 166, **168–169**; *see also* Edinburgh, Scotland
Scottish Power 166, **168–169**
S-curve, of technological diffusion 158–159, *159*, 170, 189, 226, 239–240, 269
sea level rising 1–2, 37, 42–43; *see also* floods; ice loss
Seattle, US 219
secular stagnation 33, 189, 228, 229, 230, 238, 239, 271
shipping 186–188, **187–188**
Siberia: boreal forest dieback **58**; fires 2, **58**; permafrost melt **59**; temperatures 8, 38
Singapore: industrial policies 158; response to Covid-19 pandemic 10, 11, 16; Temasek **130**
Slovenia, carbon taxation *80*
Smith, Adam 48–50
social media: and activism 210; and false narratives/fake news 16, 200–202, *201*
solar energy 160, 164–165, *166*; China 165, *166*, 242, 264; Europe 162, 165, *166*, 221; Japan 165, 241; UK *166*; US 165–166, *166*, **173**, 235, 237, 240
South Korea 10
Spain: solar energy *166*; wind energy *167*
species extinctions 2
spiritual dimension to climate change narrative 212–213
stages of grief 227
steel production 140, 218
storms and hurricanes 8, 37; *see also* cyclones; typhoons
Suga, Yoshihide 241
sulfur (sulphur) dioxide (SO_2) ETS (US) 84, **85–88**, *86*, 88
Summers, Lawrence 228, 271
Sweden: carbon taxation 79, *80*, 81–82, **81–82**, 94, 156, 266; Climate Policy Council **143–144**; fairness in 244; green industrial policy 156; net-zero

375

commitment 72, **143**; reduced GHG emissions 71
Swiss Re 2, 35, 36
Switzerland: carbon taxation *80*; ETS cap and trade *89*; UBS **134**

Taskforce for Climate-Related Financial Disclosure (TCFD) 118–120; France **121–122**; making mandatory 121–122, **121–122**; reporting requirements **119**; supported/required by investors **129**, **130**, **132**; uptake 120–121, 183, 232
taxation: carbon *see* carbon pricing and taxation; Denver, US (community consultation) 202–203, *204*; Greece 250; Ireland 251; and social inclusivity 244; suggested policies and reforms 249–250; tax avoidance 157, 227, 250–253, *252*; US 157, 235, 249, 251
technological diffusion 189–190, 226; diffusion price matrix 158–160, *159*; international aid and support for 254; S-curve 158–159, *159*, 170, 189, 226, 239–240, 269; waves of 160, *161*
technological innovation: accelerating 160, 269; ammonia as fuel **188**; CCS 182, **184**, 241; iterative 161–162, **162**; renewable energy 160
Temasek **130**
temperatures: Africa 36, **41**; Australia 2; Europe 36; global *see* global temperatures; heat stress 36; Iraq 8, 36; Russia 36, **59**; Siberia 8, 38
Thailand: floods 1, 37; response to Covid-19 pandemic 10
Thames Barrier, London 37
Thatcher, Margaret 28
'Thunberg-Attenborough Plan' 254
Thunberg, Greta: in 2050 (imagined) 5; Greta effect 209–212, *210*, 215; quoted 7, 33, 43, 109, 209, 210; school strike movement 198, 209, 211; speech to 2019 UN Climate Action Summit 32–33, 209–210; speech to 2019 WEF 209
tipping points: 2021 (and COP26) as 12–13, 96–98, 257, 274–275; Australia 42, 150; in climate change narratives (declaration of emergency) 214–215, *214*; current estimates 43, **44**, **52–60**; explanation 42, 43; and fat tail risks 42–43, *43*; Paleocene-Eocene Thermal Maximum (PETM) **41–42**; race of 262–263, 273; Younger Dryas period 26, **41**

trade dispute settlement 139
'tragedy of horizons' 25
'tragedy of the commons' 26–27
Trump, Donald 10, 11, **32**, 74, 99, 145, 157, 199, 216, 250
Turkey, leadership 100
Turner, Adair 204, 205
typhoons 8, 36–37; *see also* cyclones

UBS **134**
unemployment and underemployment 238–239; *see also* employment growth in green economy
United Arab Emirates, wind energy 167
United Kingdom: Brexit 101; carbon taxation *80*; CCS requirements **184**; city GHG emissions 218; Committee on Climate Change (CCC) **142–143**; declarations of climate emergency 214; devolution 217; electric vehicles (EVs) 171; fossil fuels 164; leadership 28, 99, 217, 242; net-zero commitment 72, **142–143**; Pensions Commission and public consultations 204–205; reduced GHG emissions 71; response to Covid-19 pandemic 10, 11, 15; solar energy *166*; stagflation (1970s) 28; wind energy 167, **169**; *see also* Edinburgh, Scotland; Johnson, Boris; London, UK; Northern Ireland; Scotland; Wales
United States of America: agriculture 177; air travel 185–186, *186*; carbon taxation 79, 235, 236; changing public consensus 215–216; climate change denial 3, 99, 199–200, 215; cyclones 38; electric vehicles (EVs) 76, 172, **173**, **175**, 216, 219, 236; employment growth in green economy 236, 237, 240; ESG investment value 112; ETS cap and trade 92–93; Federal Reserve Bank **102**, **124**, 127, 145, 146–147; fires 2, 8, 38, 40, 76; floods 37; fossil fuels 164, 235; glaciers melting **54**, *54*; green industrial policy 3, 156, 165, 233–235, 264, 271–272; high discount rates **32**; hurricanes 37; industrial policies 156–157; inflation (1970s) 145, 146–147; investment in climate action and sustainability 74, 234, 236, 264, 265; leadership 3, 75–76, 92, 99, 215–216, 263–264, 274; net-zero commitment 12, 74–76, *75*, 99, 234, 274; New York Pension Fund **129–130**; and Paris Agreement 74, 75, 92, 216, 234; polar vortex 38; as polluting state 155; public

perceptions of international aid 255–256; relationship with China 3–4, 11, 274; response to Covid-19 pandemic 10, 11, 15–16, 145; response to Great Depression 27–28; SO₂ ETS 84, **85–88**, *86*, 88; solar energy 165–166, *166*, **173**, 235, 237, 240; stagnation 33; taxation policies 157, 235, 249, 251; vehicle fuel economy and emissions standards **88**; wind energy 167, *167*, *168*, **173**, 235, 237; *see also* Alaska, US; California, US; Denver, US; Seattle, US; *individual Presidents*; *specific US presidents*
Utrecht, Netherlands 221

value reappraisal 18
vehicles and transport: air travel 17, 185–186, *186*, 187; city centre transport 219–220, 221; electric *see* electric vehicles (EVs); farm machinery 174, 175, **175**; fuel economy and emissions standards (US) **88**; GHG emissions 81, **88**, 174; railways 187; road freight 174, 187, 219–220; shipping 186–188, **187–188**; taxation 77, 93, 171
Vietnam: floods 1, 37; response to Covid-19 pandemic 10
Volcker, Paul 145, 146–147

Wales 217
Walkers **181**
wealth inequalities 228, 230–231, 233, 247–249, *248*
weather events, extreme: cyclones 37–38; economic costs 35; fires *see* fires; floods 1, 8, 36–37; frequency 38–39; polar vortexes 38; storms and hurricanes 8, 37
Western Climate Initiative (WCI) 93
whales, as carbon sinks **126**
wildfires *see* fires
wind energy 160, 164–170, *167*, **168–169**, *168*, **169–170**, *169*; *see also* renewable energy
wind turbines *168*, **169–170**, *169*
Winters, Bill 125
World Bank 254
World Carbon Organization (WCO) 138, 139–142, 151, 268
World Economic Forum (WEF) 163
World Trade Organization (WTO) 104, 139
World War II 155, 238, 239

Xi, Jinping 72, 73, 91, 264, 274

Yellen, Janet 79, 142, 152n1
Younger Dryas period 26, **41**